TERENCE CONRAN

DER GARTEN ALS WOHNRAUM

BAICOLI
F M A
LONDON

Terence Conran

DER GARTEN ALS WOHNRAUM

Gartenmöbel, Zäune, Pavillons und viele andere Gestaltungsentwürfe für den Garten, aus Holz und Stein liebevoll gefertigt

Unter Mitarbeit
von John McGowan
und Roger DuBern

DUMONT

Die Deutsche Bibliothek – CIP-Einheitsaufnahme

Conran, Terence:
Der Garten als Wohnraum : Gartenmöbel, Zäune, Pavillons und viele andere Gestaltungsentwürfe für den Garten, aus Holz und Stein liebevoll gefertigt / Terence Conran. Unter Mitarb. von John McGowan und Roger DuBern. [Aus dem Engl. von Barbara Müller und Peter Gillhofer]. – Köln : DuMont, 1998
Einheitssacht.: Terence Conran's garden DIY <dt.>
ISBN 3-7701-4634-4

Umschlagabbildung: Nadia Mackenzie

Titel der englischen Originalausgabe:
Terence Conran's Garden DIY

Aus dem Englischen von Barbara Müller und Peter Gillhofer
Umschlaggestaltung: Groothuis + Malsy, Bremen
Satz der deutschen Ausgabe: Fotosatz Froitzheim, Bonn

ISBN 3-7701-4634-4 Printed in China

Besonderer Hinweis

Bevor Sie an die Verwirklichung der Projekte des Buches gehen, prüfen Sie bitte die Bauvorschriften. Fachmännischer Rat ist wichtig bei Arbeiten, die Installation und Elektrizität betreffen. Obwohl die Anleitungen in diesem Buch nach bestem Wissen und mit Sorgfalt gemacht wurden, kann der Verlag keine Verantwortung übernehmen für Nachteile, Schäden oder Verletzungen, die bei Befolgen der Arbeitsanleitungen entstehen.

Alle in diesem Buch enthaltenen Angaben, Daten, Ergebnisse etc. wurden vom Autor nach bestem Wissen erstellt und von ihm und dem Verlag mit größtmöglicher Sorgfalt überprüft. Gleichwohl sind inhaltliche Fehler nicht vollständig auszuschließen. Daher erfolgen die Angaben etc. ohne jegliche Verpflichtung oder Garantie des Verlags oder des Autors. Beide übernehmen deshalb keinerlei Verantwortung und Haftung für etwaige inhaltliche Unrichtigkeiten und deren sämtliche Folgewirkungen.

Inhalt

Einführung

Wenn Sie einen Garten haben, ist »Do-it-yourself« sicher kein Fremdwort für Sie. Pflanzen, sähen, mähen, Grassoden stechen, umzäunen und pflastern – all diese Arbeiten machen die meisten Gartenbesitzer selbst, da nur wenige ein so großes Grundstück haben und über die Mittel verfügen, daß sie sich einen Gärtner leisten können.

Dieses Buch knüpft an die Tradition der Hobbygärtnerei an. Es enthält eine ganze Reihe Konstruktionsvorschläge, angefangen von ganz einfachen bis zu echt komplizierten, für Dinge wie Pflanzbehälter, Sitzplätze, Spaliere und sogar für ein Sommerhäuschen. Sie alle sind klassisches Gartenzubehör, jedoch wird ihrem Aussehen nur allzu oft zu wenig Beachtung geschenkt.

Gehen Sie mit Selbstvertrauen an die einzelnen Projekte heran. Wenn Ihnen erst einmal ein einfaches gelungen ist, werden Sie sich auch an kompliziertere Arbeiten wagen. Als Anfänger sollten Sie mit den einfachsten Formen und Werkzeugen umgehen lernen und sich dann mit wachsender Geschicklichkeit schwierigeren Aufgaben zuwenden.

Der Garten als Betätigungsfeld für Do-it-yourself-Aktivitäten bietet im übrigen gar nicht den Rahmen für Präzision und Perfektion. Etwas Verwittertes oder Rustikales paßt meist viel besser in diese Umgebung. Die Materialien müssen nicht teuer sein, und das, was Sie daraus herstellen, wird wohl in den meisten Fällen weniger Kosten verursachen, als man in einem Gartencenter für das entsprechende Fertigprodukt ausgeben müßte.

Das ist aber nicht immer der Fall. So kauft man Spaliergitter beispielsweise günstiger fertig, da allein das Holz dafür schon mehr kosten würde. Man muß abwägen und vergleichen, was sich eher rentiert: fertig kaufen oder selbermachen.

Nicht zu bezahlen ist allerdings die Freude und Zufriedenheit, etwas selbst gemacht zu haben, das genau den eigenen Bedürfnissen und dem Platz, den man zur Verfügung hat, entspricht. Oft ist ein selbstgemachtes Stück besser gestaltet als ein gekauftes und, was noch wichtiger ist: es entspricht dem eigenen Geschmack und Stil.

Terence Conran.

Die Gartenanlage

Eine gute Gestaltung erkennt man, nach den Worten von Sir John Soane, daran, daß sie einen Funken Gewagtes und Überraschendes enthält. Zwar bezog sich Soane dabei auf Inneneinrichtungen, doch gilt dieses wichtige Prinzip genauso auch für die Anlage von Außenräumen. Nichts ist langweiliger als ein Garten, den man mit einem Blick überschauen kann. Wie reizvoll ist es dagegen, durch einen Garten zu spazieren, in dem man hinter jeder Biegung unvermutet auf etwas Neues stößt.

Es ist zum Glück nicht schwer, dieses Moment der Spannung in einen Garten einzubringen. Pfade müssen nicht geradlinig verlaufen; sie können sich um Konstruktionen herumschlängeln, die einzelne Bereiche aufteilen und voneinander trennen. Pflanzenbewachsene Spaliere sind ein einfaches Gestaltungsmittel: lebendige Vorhänge, durch die man hindurchspazieren kann.

Noch wichtiger aber ist die Anlage verschiedener Ebenen. In diesem, wie auch in vielen anderen Punkten der Gartengestaltung, kann man eine Menge von japanischen Gärten lernen. Unterschiedliche Höhen vermitteln den Eindruck von Bewegung, sie beleben selbst das langweiligste Stückchen Erde. Und da Pflanzen sehr gerne über Ränder hängen oder an Wänden entlangkriechen, bietet ein Höhenwechsel unendliche Möglichkeiten, architektonische Formen und Bepflanzungen optisch ineinanderfließen zu lassen und Linien weicher zu gestalten.

Spaliere, Pflanztröge nahe am Haus, schnellwachsende Kriech- und Kletterpflanzen an den Mauern verbinden ein Haus mit seiner Umgebung und bilden schon in kürzester Zeit einen regelrechten Garten. Besondere Architekturdetails eines Hauses, wie beispielsweise dekorative Giebelschutzbretter, lassen sich sehr schön in die Gartenanlage integrieren, wenn man selbst Hand anlegt. Manchmal hilft bereits ein so einfaches Mittel wie das Aufgreifen einer Türfarbe für die Sitzgruppe oder die Pflanzbehälter, daß ein einheitlicher Gesamteindruck entsteht und das Haus optisch mit dem Garten verbunden wird.

Ein Garten ist ein Ort organischen Wachsens; von daher sollte man auch für Konstruktionen und Ausstattung so weit wie möglich auf organische Materialien zurückgreifen. Plastik hat mit Pflanzen nichts zu tun; es paßt einfach nicht zu ihnen. Künstliche Materialien fallen in einem Garten immer auf, da sie nicht auf natürliche Weise verwittern. Holz, Stein, Terracotta, Ziegel und in einigen Fällen auch Metall fügen sich gut in einen Garten ein. Sie harmonieren miteinander, und ihre Oberflächen und Strukturen lassen sich interessant variieren. Besonders reizvoll an diesen Materialien sind ihre Alterungs- und Verwitterungserscheinungen: sie oxidieren, bleichen aus, werden fleckig, setzen Flechten und Moos an und verschmelzen dadurch mit dem Garten. Ausstellungsgärten sehen daher oft unnatürlich neu und sauber aus, da sie keine Zeit hatten zu altern. Man kann den Alterungsprozeß künstlich beschleunigen, wenn man findet, daß der Garten zu neu erscheint. Holz wirkt verwitterter, wenn man es mit Salz oder Haushaltsbleiche schrubbt, und Beton und Terracotta werden rasch mit Flechten bewachsen, wenn man die Oberflächen mit nicht pasteurisierter Milch, Zimmerpflanzendünger oder Jauche bestreicht.

DER AUSSENRAUM

Eine gute Gartengestaltung erkennt man daran, daß ein auf individuelle Bedürfnisse zugeschnittener Außenraum geschaffen wird. Er spiegelt persönlichen Stil und Vorlieben wider und paßt zu den Materialien, Strukturen und Details des Hauses. Der Garten sollte eine natürliche Erweiterung des Hauses darstellen keinen unharmonischen Kontrast. Der zeitlos ungezwungene Stil englischer Landhäuser, die großräumigen Terrassenstrukturen moderner Stadtgärten und die beschauliche Schönheit japanischer Landschaftsarchitektur sind Quellen der Inspiration für die Gartengestaltung.

Damit ein Garten wirklich einladend wirkt, muß er ein bißchen verwildert und unvollkommen sein, aber er verträgt durchaus auch Farbe. Viele Gartenliebhaber sind bei der Auswahl des Gartenzubehörs viel zu vorsichtig und wählen nur die traditionellen Farben Weiß und Dunkelgrün, die sich vor dem Hintergrund kaum abheben. Die Gärten des Mittelmeerraums sind mit ihren leuchtenden Farbtupfern sehr reizvoll, und man muß sich von der landläufigen Meinung lösen, daß diese kräftigeren Farbakzente in Ländern mit weniger intensiver Sommersonne nicht zur Wirkung kommen. Farben strahlen etwas sehr Positives aus und verleihen dem Garten auch im Winter, wenn er einiges von seinem Reiz eingebüßt hat, einen fröhlichen Anstrich. Gelb paßt beispielsweise sehr gut zum frischen Sommergrün, aber auch zu den Grautönen des Winters. Auch Blau (Dunkelblau oder Graublau) eignet sich vorzüglich für den Garten. Wenn man sich sein Gartenzubehör selbst baut, kann man es streichen, wie man will, und ist nicht auf die wenigen und langweiligen Farbtöne der handelsüblichen Produkte angewiesen.

Und schließlich braucht ein Garten, wie ein Zimmer auch, einen Blickfang: ein Weg muß irgendwohin führen, der Blick durch die Pergola soll dem Betrachter einen Reiz bieten, die regelmäßige Anordnung von Beeten verlangt einen attraktiven Mittelpunkt. Jeder gestaltete Bereich sollte stimmig und wohldurchdacht, nicht halbherzig aussehen. Ein großer Terracottatopf voll üppig blühender Pflanzen, ein einladender Ruheplatz im Schatten, eine Terrasse unter einer gestreiften Markise, ein Gartenteich mit Fischen oder ein paar originelle Behälter wirken nur dann angenehm aufs Auge, wenn sie sich harmonisch in ihre Umgebung einfügen. In diesem Buch werden eine ganze Reihe hervorragender Ideen vorgestellt, die Ihre Phantasie anregen sollen; d. h. sie sollen lediglich als Grundlage für eigene Pläne und Vorstellungen dienen. Der Garten ist ein Ort, an dem man seiner Persönlichkeit Ausdruck verleihen und sich genau die Umgebung schaffen kann, in der man sich gerne aufhalten möchte.

PRAKTISCHE HILFEN

Bei der Anlage eines neuen Gartens sollte man sich zunächst einen Plan machen, der sowohl praktische wie auch ästhetische Gesichtspunkte berücksichtigt. Ein Fotoapparat ist bei der Planung ein wertvolles Hilfsmittel: man fotografiert den Garten von verschiedenen Blickpunkten im Haus aus (auch von den oberen Stockwerken) und umgekehrt. Eine einfache Zeichnung des Grundstücks mit den ungefähren Größenangaben ist eine sinnvolle Grundlage für die Planung von Wegen, Beeten und Terrasse. Bei einer ganz regelmäßigen Gartenanlage wird man wohl eine Maßstabsskizze oder einen Plan der symmetrisch angeordneten Beete mit den Verbindungswegen anfertigen. Eine eher unregelmäßige, natürliche Anlage erfordert vor allem die Planung der Wege und der sich daraus ergebenden Beetformen. Allzu häufig werden Wege ohne Bezug auf die Beete angelegt; die Anlage wirkt dann unkoordiniert und planlos. Auch notwendige Höhenveränderung sollte man in dem Plan vermerken.

Die Gartenplanung

Zwar lassen sich klimatische Bedingungen in einem Garten nicht radikal verändern, aber doch mildern. Starke Winde beispielsweise können bis zu einem gewissen Grad durch Hecken, Zäune oder Spaliere abgehalten werden. In einer trockenen Gegend schafft man mit einem Teich ein feuchtes Mikroklima, in dessen Umkreis feuchtigkeitsliebende Pflanzen gedeihen. Schatten läßt sich auf vielerlei Art gewinnen, indem man entweder künstliche Bedingungen schafft oder natürliche ausnützt: Markisen, Bäume, wilder Wein oder Kletterpflanzen an Spalieren oder Drahtgittern sind gute Schattenspender.

Es gibt noch viele andere Dinge, die auf die letztendliche Gestaltung Einfluß haben:

- die Plazierung von Komposthaufen, Geräteschuppen und Nutzgarten
- der Wasseranschluß
- die Einrichtung von Eßbereichen und Sitzgelegenheiten
- der Grill
- Bereiche, in denen Kinder spielen können und Spielgeräte aufgestellt werden
- unveränderliche Bestandteile wie ausgewachsene Bäume, bestehende Mauern und Grenzen
- optische Störpunkte, die man tarnen möchte
- das Bedürfnis nach einem Bereich, der von außen nicht eingesehen werden kann
- Lärm aus Nachbargärten
- besondere Bedingungen, wie etwa die extremen Temperaturunterschiede, denen ein Dachgarten ausgesetzt ist
- die Zeit, die man mit der Pflege des Gartens verbringen kann
- die finanziellen Möglichkeiten, die einem zur Verfügung stehen

Jeder Garten profitiert von einer sorgfältigen Planung, und das Gedeihen der Pflanzen hängt stark davon ab, ob man die grundlegenden Voraussetzungen dafür geschaffen hat.

Gesamtanlage und Details

Ein Garten gewinnt sehr durch überraschende Einblicke, wie sie versteckte Ecken und verschieden hohe Ebenen bieten. Verkleidungen eignen sich im Freien sehr schön zur Gestaltung von Oberflächen und zur Abgrenzung von verschiedenen Sitz- und Eßebenen sowie von Pflanzbeeten (oben). Lauben und Spaliere können ein sehr schöner Blickfang, manchmal auch ein reizvoller Farbtupfer im Garten sein (oben links und gegenüber).

Farbe im Garten

Bei Gartenmöbeln, Zubehör und gestalterischen Elementen hat die Farbgebung lange Zeit keine wesentliche Rolle gespielt (nächste Seite). Farbig gestrichene Pflanztröge, Sitzplätze, Spaliere, Zäune und Mauern heben aber den Gesamteindruck eines Gartens.

1. TEIL

SITZ- UND ESSPLÄTZE

In einen Garten gehört ein Platz, an dem man sich hinsetzen kann, um all das zu betrachten und zu genießen, was man geschaffen hat und darüber nachzudenken, wieviel Arbeit immer noch zu tun bleibt. Jedem Sitzbereich, egal ob es eine Bank an einem schattigen Plätzchen oder eine Veranda mit Tisch und Stühlen, Markise und Grill ist, kommt eine zentrale Bedeutung bei der Gartenanlage zu; daher muß man sich schon bei der ersten Planung Gedanken darüber machen. Wählt man einen sonnigen oder lieber einen schattigen Flecken?

Bleibt man nahe beim Haus, oder ist ein etwas abgelegenerer Platz geeigneter? Wenn man im Freien auch essen möchte, braucht man zumindest Halbschatten. Das Essen im Freien, an einem derartigen Ort, ist einer der schönsten Lebensgenüsse.

Der Sitzplatz im Garten lädt zum Lesen ein, oder man genießt einen guten Tropfen; man schaut den Kindern beim Spiel zu, nimmt eine Mahlzeit ein, oder man betrachtet ganz einfach seine Umgebung. Gartenmöbel können in jeder beliebigen Art gestaltet werden, je nach der Funktion, die sie erfüllen sollen. Die Art des Sitzplatzes sollte in die Gesamtanlage und den Stil des Gartens passen. Die Licht- und Schattenverhältnisse sind dabei gut zu bedenken.

Sitz- und Essplätze

Sitzgelegenheiten und Tischplatten müssen gegen einsickerndes Wasser geschützt sein, damit sie nicht faulen oder rosten. Bei Klappmöbeln kann das Wasser gut ablaufen; den gleichen Zweck erfüllen Oberflächen aus Lattenrosten oder mit Löchern. Es gibt inzwischen auch Außenfarben, die einen wesentlich besseren Schutz für die Gartenmöbel bieten als die herkömmlichen Vorstreichfarben und Lacke.

Die meisten Gartenmöbel, vor allem die aus Gußeisen oder lackiertem Metall, sind häufig recht überladen. Tische und Sitzgelegenheiten mit klaren Linien, egal ob diese geschwungen oder rechtwinklig sind, sehen wesentlich stabiler aus und passen viel besser ins Freie. Schlichte Gartenmöbel lenken die Aufmerksamkeit auch nicht von den Pflanzen ab. Dabei ist Schmiedeeisen durchaus nicht grundsätzlich abzulehnen. Bänke mit schmiede- oder gußeisernem Gestell, aber einer glatten Lattenlehne und -sitzfläche, können sehr hübsch wirken und sind sicher bequemer als reines Metall, das in der Sonne sehr heiß wird.

Die Sitzgelegenheiten dürfen aber auch originell sein. Im 19. Jahrhundert nagelte man roh behauene Äste zu gotisch nachempfundenen Bänken zusammen, was sehr witzig aussah. In die gleiche Richtung gehen Bänke auf Baumstümpfen, eine mit Sand gefüllte Schornsteinkappe als Tischfuß oder eine Steinplatte, die in eine rechteckig beschnittene Hecke eingelassen ist, bei der das Blätterwerk ans natürliche Polsterlehne dient. Geradezu unwiderstehlich wirkt ein Baumsitz, der um den ganzen Stamm herumgeht, als eine Art Baumhaus am Boden.

Neben den Möbeln, die eigentlich immer im Freien bleiben, gibt es auch viele verschiedene Stühle und Sessel zu kaufen, die man genausogut im Haus verwenden kann. Lackierte Holzbänke, Rohrstühle, Rattan- und Korbsessel, Klappstühle aus Segeltuch und metallene Parkstühle lassen sich im allgemeinen leicht hin- und hertragen.

Leben im Freien

Mit abgestuften Sitzflächen aus Holz (oben) lassen sich vielseitig verwendbare, unterschiedliche Ebenen im Garten gestalten. Eine im Fischgrätenmuster gepflasterte Terrasse im Schatten alter Platanen (rechts) bietet einen herrlichen Eßplatz im Freien.

Nächste Seite: *Variationen zum Thema Sitzgelegenheiten.*

Sitz- und Essplätze

Auch bei den Gartentischen hat man die Wahl zwischen fest montierten oder tragbaren, die man je nach Bedarf aufstellt. Besonders geeignete Materialien für Tischplatten sind Stein, Marmor und Keramik. Klappbare Metalltische, wie man sie aus französischen Parks kennt, sind billiger.

Sitzplätze, die zum Teil im Schatten liegen, werden meist als angenehmer empfunden. Bei einer Terrasse mit direkter Sonneneinstrahlung gibt es viele geeignete und elegante Lösungen, um Schatten zu schaffen. Dabei kann man sich einige Inspirationen aus der Welt des Yacht-Sports holen. Sonnensegel, lackierte Holzgitter für Kletterpflanzen und Segeltuch in klaren, kräftigen Farben, mit Ösen an einem einfachen Metallrahmen befestigt, erinnern alle ein bißchen an die Seefahrt. Eine typisch mediterrane Lösung des Problems ist ein simples Metallgerüst oder Gestell, über das Wein gezogen wird. Ein dünnes Gitterwerk über den Köpfen bricht das Sonnenlicht in kleine Quadrate und nimmt ihm die Intensität. Genauso wirkungsvoll sind beispielsweise Ladenmarkisen mit Einziehmechanismus, Segeltuch an einem Holz- und Drahtrahmen oder ein großer Schirm, wie man ihn auf Märkten verwendet. Etwas künstlerischer wirkt vielleicht ein heller, gemusterter Stoff, den man an Stangen knotet. Auch von Zeltformen kann man sich Ideen abschauen. Einfarbiges Segeltuch (eventuell an der Unterseite bemalt) oder breite blau-weiße Streifen wirken flott, frisch und anziehend.

Die meisten Menschen wollen heutzutage nicht nur im Freien essen, sondern dort auch die Speisen zubereiten. Ein Grillplatz ist ausgesprochen einfach selbst zu bauen. Ziegel oder Steine eignen sich für die Konstruktion am besten. Es empfiehlt sich, den Boden um und unter dem Grill zu pflastern, das vereinfacht das Reinigen sehr. Wenn man nur wenig Aufwand betreiben will, kauft man sich einen gußeisernen Grill und stellt ihn auf einen Ziegel- oder Steinsockel. Eine eigenhändig gebaute Grillanlage umgibt man am

Gartenbank 22
Achteckige Baumbank 30
Grill 38
Markise 42
Holztisch 44
Materialien 146

besten mit Schamottesteinen, zum Schutz gegen die große Hitze.

Die Stelle für den Grill muß sorgfältig ausgewählt werden, denn neben der verursachten Hitze entsteht auch ziemlich viel Rauch. Kochdünste und Rauch sollten nicht ins Haus oder, was noch schlimmer ist, zum Nachbarn ziehen. Überhängende Pflanzen werden leicht versengt oder verbrennen sogar; angrenzende Mauern werden vom Ruß geschwärzt, wobei das allerdings nicht einmal häßlich sein muß.

Weiterhin kann eine gute Gartenbeleuchtung den Eßplatz im Freien wesentlich bereichern. Die Anlage der Außenbeleuchtung verlangt ein wenig Sensibilität, denn exponierte, grelle Beleuchtungskörper nehmen dem Garten all seinen Zauber. Dem gegenüber schaffen raffinierte, diffuse Lichtquellen sofort eine märchenhafte Atmosphäre. Die Gartenbeleuchtung sollte so unauffällig wie möglich angebracht sein, beispielsweise in Wände eingelassen oder auf andere Art abgeschirmt werden.

Bei der Wahl der Gartenmöbel ist Einfachheit oberstes Stilgebot, da ansonsten die Pflanzen in ihrer Wirkung in den Hintergrund treten. Natürlich müssen die Möbel auch praktisch sein und sollten zu dem architektonischen Gesamtbild passen. Man kann noch einen Schritt weitergehen und die Möblierung der Innenräume mit bedenken.

SITZPLÄTZE IM FREIEN

Eine Sitzgruppe im Freien, die auch als Eßplatz dienen soll, muß geschützt sein und braucht etwas Schatten. In der vollen Mittagshitze zu sitzen, wird sehr schnell unangenehm. Auf der anderen Seite möchte man auch nicht unbedingt wegen ein paar Regentropfen gleich ins Haus umziehen. Als Lösung bieten sich eingebaute Terrassen, Balkone, Markisen und Spaliere an, die einen Baldachin aus Wein oder Kletterpflanzen tragen.

GARTENBANK

Bei der Auswahl der Gartenmöbel zeigen viele einen recht konservativen Geschmack. Selbst wenn sie bei ihrer Wohnungseinrichtung einen modernen, gelegentlich sogar avantgardistischen Stil an den Tag legen, halten sie es doch bei der Gestaltung ihrer Lebensräume im Freien eher mit der Tradition. Schmiedeeiserne Sitzgelegenheiten spiegeln den typisch viktorianischen Geschmack wider, und in den letzten Jahren waren die Designs von Sir Edwin Lutyens mit ihrer Anlehnung an klassische Bogenformen außerordentlich gefragt.

Dieser Gartenbank hier, mit ihrer senkrechten Lattenlehne, dem einfachen, flachen Sitz und den geraden Beinen, wohnt etwas von der strengen, funktionalen Schönheit der Shaker-Möbel des 19. Jahrhunderts inne. Im Vergleich zu vielen käuflichen Produkten wirkt die Bank ausgesprochen schlicht, dennoch erfordert ihre Herstellung einiges Geschick. Zum Teil liegt das daran, daß man bei Gartenmöbeln eben einen etwas höheren Qualitätsstandard ansetzt als bei anderem Gartenzubehör.

Auch wenn man die Gartenmöbel im Winter ins Haus bringt, sind sie bis zu einem gewissen Grad der Witterung ausgesetzt. Stehendes Wasser wirkt sich auf Oberflächen innerhalb kurzer Zeit zerstörerisch aus. Bei dieser Bank neigt sich der Sitz ganz leicht nach hinten und läßt zur Lehne hin einen schmalen Schlitz offen, durch den das Wasser abfließen kann. Die geraden Kanten der Füße wurden abgeschrägt, damit keine größeren Schäden entstehen, wenn man mit dem Rasenmäher aus Versehen dagegenstößt.

Ein etwas kritischer Punkt im Design ist die Höhe der Bequemlichkeit der Rückenlehne. Im eigentlichen Sinn gemütlich ist die Bank wohl nicht zu nennen, obgleich sie sich mit einem langen Polster sicher auch im Haus als Sitzgelegenheit eignet.

Mut zur Farbe bringt in jedem Fall Leben in den Garten. Gelb und verschiedene Blautöne sehen sommers wie winters gleich gut aus und wirken reizvoller fürs Auge als ein ruhiges Dunkelgrün oder Weiß.

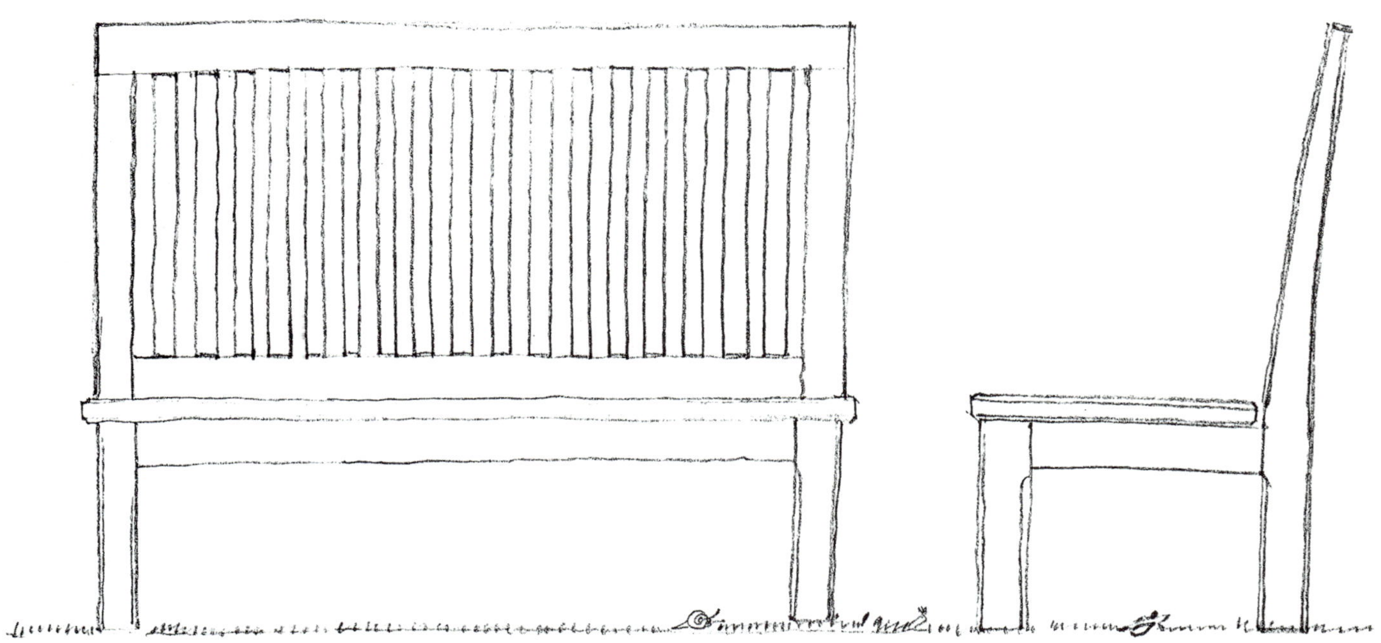

Gartenbank

Die Gartenbank ist wohl das vertrauteste Möbelstück im Garten. Es ist wahrscheinlich in jedem Fall billiger – und befriedigender –, sie selbst zu bauen, als eine zu kaufen. Falls nötig, kann man das hier vorgestellte Modell an die Größe und Proportionen des eigenen Gartens anpassen oder es entsprechend den persönlichen Bedürfnissen abändern. Der Platz für die Bank ist mit Sorgfalt auszuwählen, denn sie ist immer ein Blickfang. Andererseits macht sie sich auch gut an einem Ort der Zuflucht in einer lauschigen und schattigen Ecke des Gartens.

Man kann die Gartenbank aus Hartholz bauen, aber es ist wesentlich billiger und umweltbewußter, wenn man Weichholz von guter Qualität verwendet. In diesem Fall ist es sehr wichtig, das Holz während des Bauens mit einem guten Holzschutzmittel zu behandeln. Man trägt das farblose Holzschutzmittel auf die zugeschnittenen Einzelteile auf, bevor man sie miteinander verbindet. Die Haltbarkeit der Verbindungsstellen wird nicht beeinträchtigt, wenn das Holzschutzmittel vor dem Zusammenleimen 24 Stunden trocknen kann. Nach dem Zusammenbau trägt man eine zweite Schicht des Schutzmittels auf, und darüber kommt dann der endgültige Anstrich.

Das farblose Holzschutzmittel läßt die Entscheidung noch offen, ob man die Bank zum Schluß lackieren möchte oder sie lieber mit wasserabstoßender Holzbeize, wie sie häufig für Fensterrahmen verwendet wird, behandeln will. Wenn man die Bank lackieren will, empfiehlt sich ein Außenlack oder Imprägnier-Verfahren. Diese Farben enthalten meist eine Grundiermasse, die in das Holz eindringt; eine zweite Bearbeitung mit dem Holzschutzmittel erübrigt sich dann.

Um die Haltbarkeit zu erhöhen, verwendet man für das Rahmengestell am besten Zapfenverbindungen und für die Latten der Rückenlehne und die Bretter des Sitzes Dübel. Wenn man sich exaktes Verzapfen nicht zutraut, kann man auch die ganze Bank zusammendübeln. Bei den Dübelverbindungen muß man sorgfältig darauf achten, daß jede Verbindung vor dem Zusammensetzen mit einem wasserfesten Qualitätsholzleim eingestrichen wird und daß die Verbindungen solange zusammengeklammert bleiben, bis der Leim ganz abgebunden hat.

Materialien

Teil	Menge	Material	Länge
HINTERE BEINE	2	100 × 75 mm gehobeltes Weichholz	1035 mm
VORDERE BEINE	2	75 × 75 mm gehobeltes Weichholz	430 mm*
SEITL. RAHMENLEISTEN	4	75 × 50 mm gehobeltes Weichholz	480 mm
VORDERE LEISTE	1	wie oben	1790 mm
UNTERE LEHNENLEISTE	1	140 × 32 mm gehobeltes Weichholz	1790 mm
OBERE LEHNENLEISTE	1	75 × 50 mm gehobeltes Weichholz	1880 mm*
LATTEN FÜR LEHNE	32	38 × 25 mm gehobeltes Weichholz	Abstand zw. d. Leisten
SITZBRETTER	4	140 × 32 mm gehobeltes Weichholz	1865 mm
DÜBEL (zwischen Sitz und unterer Lehnenleiste)	5	Hartholzdübel ab 12 mm	ca. 95 mm
DÜBEL (zur Befestigung von Sitzbrettern und Latten)	nach Bedarf	Hartholzdübel ab 8 mm	ca. 40 mm

* Überlänge, wird nach der Befestigung auf die richtige Länge zurechtgeschnitten

Werkzeuge

- WERKBANK (fest oder tragbar)
- REISSMESSER
- METALLMASSBAND
- METALLINEAL
- ANSCHLAGWINKEL
- STICHSÄGE (oder Kreissäge)
- FUCHSSCHWANZ (oder Dekupiersäge)
- STEMMEISEN
- STREICHMASS
- ZAPFENSTREICHMASS
- BOHRMASCHINE
- HOLZBOHRER – 8 mm
- HOLZBOHRER – 12 mm
- BOHRLEHRE
- EIN PAAR SCHRAUBZWINGEN (oder Gurtzwingen)
- SCHLICHTHOBEL (Hand- oder Elektrohobel)
- GRUNDHOBEL und FASERHOBELMESSER für HANDHOBEL
- HOLZHAMMER
- TELLERSCHLEIFMASCHINE (oder Schleifpapier)

Klebstoff 146
Farbe 146
Konservierungsmittel 146
Weichholz 148
Dübel 154
Zapfverbindung 154

ZUSAMMENBAU DER GARTENBANK

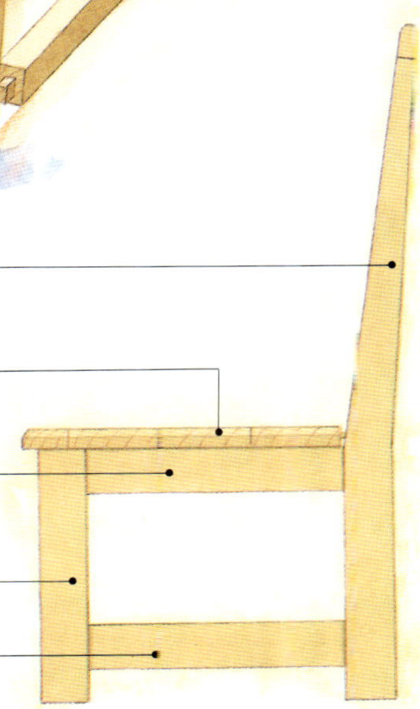

SEITENANSICHT

Gartenbank

Rahmen für die Sitzfläche

Zuschnitt der vorderen Beine

Die Vorderbeine werden mit Überlänge zugeschnitten – im ganzen mindestens 430 mm lang –, dann mißt man von unten 400 mm für die endgültige Länge ab. Zur Markierung zieht man rund um das Bein an allen vier Seiten eine Linie (siehe handwerkliche Techniken). Die Beine legt man zur Seite, bis man sie braucht.

Zuschnitt der hinteren Beine

Die hinteren Beine werden jeweils aus einem Vierkantholz mit den Maßen 100 × 75 mm zugeschnitten. Mit Hilfe eines vorderen Beins wird das hintere Bein markiert. Man legt dazu das vordere Bein von unten schräg nach oben auf die Breitseite des Holzes (Abb. 1). Dabei ist zu beachten, daß das vordere Bein noch zu lang ist, d. h. man richtet sich beim Abmessen nach der Markierungslinie. Die Form des vorderen Beins wird auf dem hinteren Bein angezeichnet.

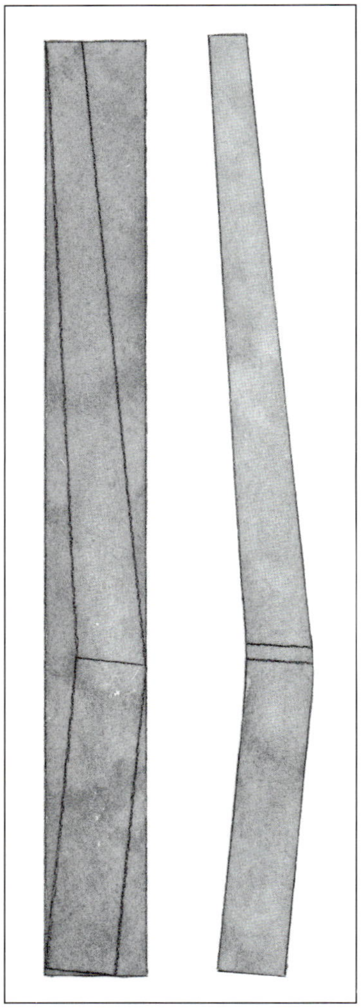

1 Zuschnitt der hinteren Beine
Ein vorderes Bein wird schräg auf das Holz des hinteren Beins gelegt und angezeichnet. An der Oberkante mißt man von der Rückseite 35 mm weg und verbindet die Punkte mit der Endmarkierung des vorderen Beins. Die Form wird ausgeschnitten, und die hinteren Kanten werden abgerundet. Die Dicke der Sitzfläche wird parallel zur Höhe der vorderen Beine angezeichnet.

An der Oberkante des hinteren Beins mißt man an beiden Seiten von der Rückseite weg 35 mm ab und verbindet diese beiden Punkte mit den beiden oberen Ecken von der Markierung des vorderen Beins. Dadurch erhält man die Form des hinteren Beins (Abb. 1).

Das erste markierte Bein wird ausgesägt, wobei die Vorderkanten scharf geschnitten und die Hinterkanten abgerundet werden. Die vordere Stirnseite wird längs und quer zu den Seiten glattgehobelt, da die Verbindungen von dieser Kante aus gemessen werden.

Mit dem fertigen Bein wird das andere angezeichnet und ebenfalls ausgesägt. Nachdem beide Beine zugeschnitten sind, wird mit Hilfe eines Sitzbrettes und dem Anschlagwinkel die Dicke der Sitzfläche parallel zur Höhe der vorderen Beine angezeichnet.

Anzeichnen der Verzapfungen

Man nimmt eines der vorderen Beine und legt an die Längenmarkierung eine der Seitenleisten (mit der Breitseite) an (Abb. 2). Auch hier ist zu beachten, daß das Bein noch zu lang ist. Die Unterkante der Leiste wird an dem Bein markiert. Von dieser Linie aus mißt man 50 mm nach oben für die Höhe des Schlitzes. Die Linien werden auf die beiden Innenseiten verlängert (siehe handwerkliche Techniken).

Für die Verbindung der unteren Leiste mißt man an der Rückseite des Beins 60 mm von unten nach oben und dann noch einmal 50 mm für die Höhe des Schlitzes. Mit einem Anschlagwinkel überträgt man alle Markierungen auf die Rückseite des anderen vorderen Beins und zieht sie dann dort bis zur Innenseite durch.

Ebenfalls mit dem Anschlagwinkel überträgt man die Länge und Position der Schlitze von den vorderen Beinen auf die Vorderseiten der hinteren Beine.

Dann nimmt man ein 19 mm-Stemmeisen und ein in dieser Breite eingestelltes Zapfenstreichmaß. Die Halterung ist so anzubringen, daß der Schlitz genau zwischen den Kanten der Seitenleisten zentriert ist (nicht der Beine).

An den Vorderseiten der hinteren Beine und an den Innenseiten der vorderen Beine werden die oberen Schlitze angerissen. Dabei mißt man immer von den Außenkanten her, damit die Vorderleiste und die oberen Seitenleisten bündig aneinanderstoßen.

An den Enden der vier Seitenleisten werden die Zapfen angerissen (Abb. 3), ebenso auch die Zapfen an den beiden Enden der vorderen Leiste.

Die Stifte des Zapfenstreichmaßes werden jetzt mittig auf das Bein eingestellt. Dann reißt man die unteren Schlitze in der Mitte der Innenseiten von allen vier Beinen für die unteren Seitenleisten an. Von jedem Ende der Seitenleisten werden 50 mm nach innen gemessen und der Zapfen markiert. Dann zieht man die Markierung um alle vier Seiten. Mit dem Anschlagwinkel überträgt man die Linien auf alle Seitenleisten. Von jedem Ende der Vorderleiste mißt man ebenfalls 50 mm nach innen und zieht die Linien wie zuvor um alle vier Seiten. Für eine stabile Konstruktion ist es notwendig, daß die Abstände zwischen den Zapfen oder Seitenleisten exakt markiert werden. Die Größe des oberen Zapfens wird 50 mm vom unteren Rand aller oberen Leisten markiert, d. h. die Zapfen schließen glatt mit der unteren Kante ab.

An den beiden unteren Leisten sitzen die Zapfen in der Mitte. Man mißt also von der unteren Kante weg erst 10 mm ab und dann noch 50 mm, entsprechend der Zapfengröße (Abb. 3).

Das Schneiden der Verbindungen

Die Schlitze werden etwas tiefer als 50 mm geschnitten (siehe handwerkliche Techniken, Verzapfung); anschließend sägt man die Zapfen aus.

Man setzt die Teile probeweise zusammen, um zu überprüfen, ob sie auch passen. Die Zapfenenden der vorderen Leiste und die vorderen Zapfenenden der beiden oberen Seitenleisten müssen in einem Winkel von 45° abgeschrägt werden, damit sie fest sitzen (Abb. 4).

Die überstehende Länge der vorderen Beine wird am oberen Ende abgesägt, damit die vorderen Beine auf gleicher Höhe mit den Seitenleisten abschließen.

Die Rückenlehne

Einpassen der unteren Rückenleiste

Man benötigt ein Stemmeisen, 12 mm, und stellt das Zapfenstreichmaß auf genau diese Breite ein. Die Stifte setzt man so an, daß der Zapfen die Fortsetzung der Leistenrückseite bildet und die Verbindung glatt abschließt (Abb. 1 S. 28). Der Schlitz wird an den inneren Seiten der hinteren Beine angezeichnet, ebenso die glatt abschließenden Zapfen der unteren Rückenleiste.

Die untere Rückenleiste wird nach den Markierungen für die Sitzfläche ausgerichtet, so daß sie rechtwinklig zur oberen Vorderseite des hinteren Beins steht (Abb. 1 S. 28). Die Position der Leiste wird angezeichnet, desgleichen oben und unten ein Vorsprung von 15 mm.

An der unteren Rückenleiste werden von den Enden jeweils 50 mm abgemessen und von den Kanten 15 mm nach innen für die Zapfenvorsprünge. Vor dem Aussägen der Zapfen muß man noch einmal überprüfen, ob die Länge zwischen den Vorsprüngen mit der Vorderleiste übereinstimmt. Dann sägt man die Zapfen und meißelt die Zapflöcher 50 mm tief aus.

Einpassen der oberen Rückenleiste

Von der Oberkante des hinteren Beins mißt man 50 mm nach unten und zieht die Linie mit dem Anschlagwinkel um alle vier Seiten. Die Markierungen werden auf das andere Bein übertragen. Am Zapfenstreichmaß, das immer noch auf 12 mm eingestellt ist, werden die Stifte genau in der Mitte, zwischen den Markierungslinien, angesetzt (Abb. 2 S. 28). Dann zeichnet man an beiden Beinen die Zapfen an.

2 Schlitze der vorderen Beine
Die Position der Leiste wird am Bein markiert. Die Schlitze liegen mittig zur Kante der vorderen und oberen Seitenleiste sowie an der unteren Seitenleiste.

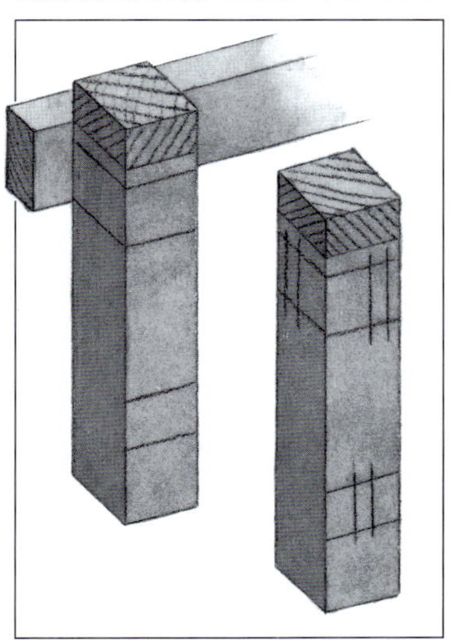

3 Zapfen der vorderen und seitlichen Leisten
***Oben.* Die Zapfen werden zurechtgesägt. *Unten.* An der unteren Seitenleiste sitzt der Zapfen in der Mitte.**

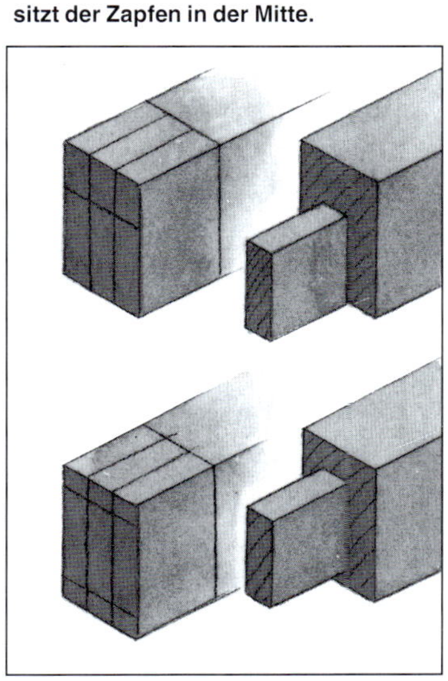

4 Probeweises Zusammensetzen der vorderen Beine mit Vorderleiste und Seitenleisten.
***Links.* Die Positionen der Schlitze am vorderen Bein. *Detailpunkt.* Die Draufsicht zeigt, daß die Vorderleiste und die obere Seitenleiste mit den Außenkanten des vorderen Beins abschließen. *Rechts.* Die Zapfenenden werden abgeschrägt.**

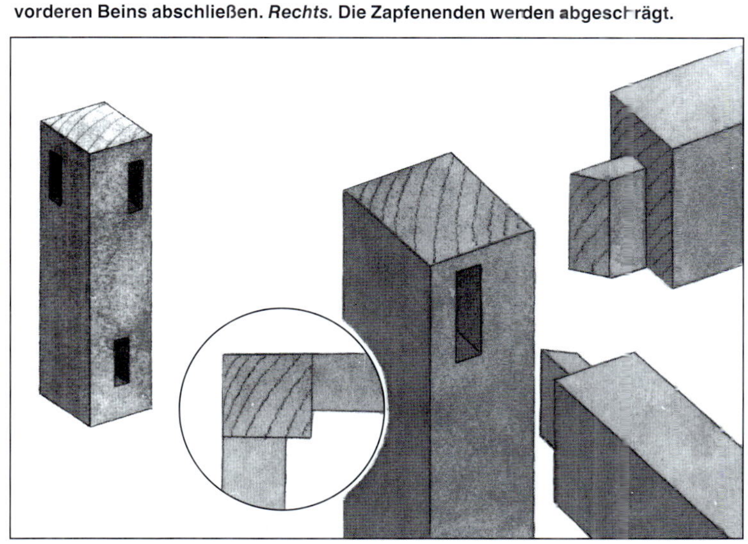

Gartenbank

Die obere Leiste wird 50 mm länger als benötigt zugeschnitten, doch man markiert mit der unteren Leiste die richtige Länge zwischen den Vorsprüngen und zieht die Linien an jedem Ende der oberen Leiste um alle vier Seiten. Von diesen Linien aus markiert man 50 mm nach außen (zu den Enden hin).

Mit dem immer noch auf Zapfenbreite eingestellten Zapfenstreichmaß wird der Schlitz von vorne gesehen am unteren Ende der Leiste markiert (Abb. 2). Von der Innenseite der Beine aus zeichnet man jeweils 50 mm für die Breite der Zapfen an, so daß diese bündig abschließen.

Die Schlitze werden 50 mm tief eingeschnitten und die Zapfen in entsprechender Länge ausgesägt. Die hinteren Beine werden probeweise mit der oberen und der unteren Leiste zusammengesetzt und dann die überstehenden Enden abgeschnitten, so daß die obere Leiste glatt mit der Außenseite der Beine abschließt.

Die obere Leiste muß entsprechend der Verjüngung der hinteren Beine an der Rückseite abgeschrägt werden (Abb. 3). Dazu zieht man die Außenlinie der Beine weiter bis auf die Leiste und verbindet dann die beiden Punkte auf der Oberkante der Leiste miteinander.

Man nimmt die Leiste wieder von den Beinen herunter und entfernt das überflüssige Holz mit einem Elektrohobel oder einer Handsäge. Die Fläche ist lang, man muß daher sehr sorgfältig arbeiten. Zum Schluß wird die Oberfläche der Leiste glattgeschliffen.

Einpassen der Latten

Die Breite der Latten für die Rükkenlehne und die Abstände der Zwischenräume sind eine Geschmacksfrage. Bei der Bank hier wurden Latten, 38 × 25 mm, im Abstand von 19 mm gesetzt.

Am einfachsten paßt man die Latten mit jeweils zwei Dübeln oben und unten ein. Die Position der Dübel wird mit einer Bohrlehre festgelegt. In diesem Fall hier wurden Dübel, 8,0 × 40 mm, verwendet. Eine noch festere Verbindung der Latten mit der oberen und der unteren Leiste erreicht man durch Verzapfung.

Detail der Gartenbank

Die Außenkanten der Beine, Rahmenleisten, Sitzbretter usw. werden aus Schönheitsgründen vor dem endgültigen Zusammenbau abgeschrägt.

1 Anpassen von unterer Lehnenleiste und hinterem Bein

Die untere Lehnenleiste sitzt rechtwinklig und bündig an der vorderen Schräge des hinteren Beins und verläuft in einer Linie mit der Hinterkante der Sitzbretter. Die Schlitze werden an der Innenseite der hinteren Beine angezeichnet und die Zapfen an der unteren Leiste bündig ausgefräst.

2 Anpassen von oberer Lehnenleiste und hinterem Bein

Die Schlitze werden an den Enden der oberen Leiste markiert (Überlänge nicht vergessen!) und ausgefräst. Die Position der Leiste wird oben auf den hinteren Beinen angezeichnet, und die Zapfen werden bündig ausgefräst. Die überstehenden Enden der Leiste werden abgesägt, damit sich eine glatte Kante mit den Beinen ergibt.

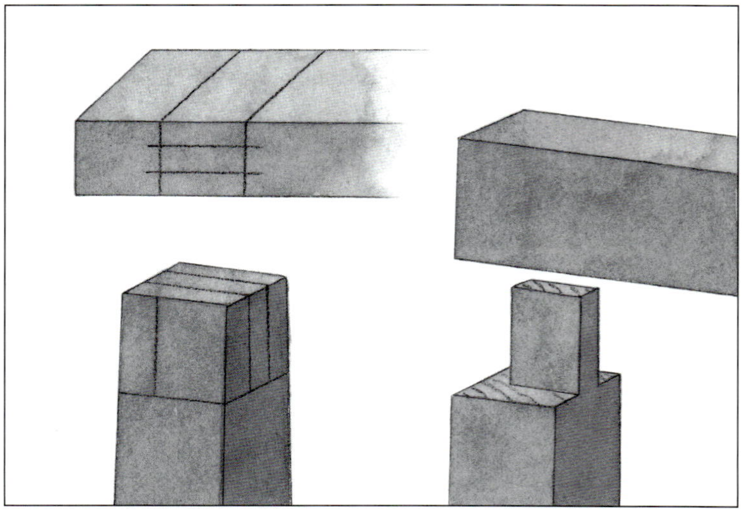

Schraubzwinge 145
Holzkeile 148
Bohren 150
Planung 150
Dübel 154
Zapfverbindung 154

An den Enden der Latten werden die beiden Dübellöcher markiert (Abb. 4) und unter Zuhilfenahme einer Bohrlehre mit einem Holzbohrer, 8 mm, 22 mm tief gebohrt.

Entlang der Oberseite der unteren Leiste und der Unterseite der oberen Leiste wird eine Mittellinie gezogen, auf der die Bohrlöcher liegen.

Man rechnet die Position der einzelnen Latten im gleichmäßigen Abstand auf einer der Leisten aus. Entlang der Linie werden die Mittelpunkte der Bohrlöcher angezeichnet. Die beiden Leisten werden mit Schraubzwingen zusammengeklemmt und die Dübelmarkierungen von der einen Leiste auf die andere übertragen. Die Bohrtiefe der Löcher beträgt 22 mm.

Man setzt die Bank zunächst probeweise zusammen. Die Kanten der vorderen und hinteren Beine, der unteren Seitenleisten, der Unterseite der oberen Seitenleisten, die Kante der unteren Lehnenleiste und die Unterseite der vorderen Leiste werden von Hand oder mit einem elektrischen Hobel abgeschrägt. An allen Teilen werden mit Sandpapier die Flächen und Kanten geglättet und die Bleistiftmarkierungen entfernt. Die fertigen Seitenteile werden mit einem aufquellenden, wasserfesten Leim zusammengeklebt. Mit Schraubzwingen werden die Seitenteile solange fest zusammengehalten, bis der Leim völlig abgebunden hat.

An diesem Punkt muß die Höhe der hinteren Beine leicht korrigiert werden, damit die Sitzfläche nach hinten etwas abfällt und das Regenwasser gut ablaufen kann. Man stellt das Seitenteil dazu auf eine ebene Fläche und schiebt ein etwa 15 mm dickes Stückchen Holz unter die Vorderkante der vorderen Beine (Abb. 5).

Mit Hilfe eines anderen Stückchen Holzes in gleicher Dicke wird am hinteren Bein und an den Seiten und der Rückseite des vorderen Beins der richtige Winkel angezeichnet. Die Beine werden entsprechend den Markierungen abgesägt. Das gleiche wiederholt man am anderen Seitenteil. Die Vorderleiste und die untere Rückenleiste werden mit den Seitenteilen verleimt, anschließend klebt man alle Dübel und Latten in die untere Rückenleiste. Dann trägt man auf die Oberkanten der Latten, die Dübel und die Zapfen der Lehne Leim auf und paßt die obere Rückenleiste ein.

Der Sitz ist eine durchgehende Fläche, die aus einer Reihe zusammengedübelter, schmaler Holzbretter besteht. Unter Verwendung einer Bohrlehre dübelt man die einzelnen Bretter mit Dübeln, 8,0 × 40 mm, zusammen. Der Abstand zwischen den Dübeln soll 150 bis 225 mm betragen.

Nach dem Dübeln klebt man die Bretter mit einem aufquellenden, wasserfesten Holzleim zusammen und spannt das Ganze mit Schraubzwingen an eine feste, auf die Arbeitsfläche genagelte Leiste.

Nachdem der Leim getrocknet ist, schleift man die Oberfläche glatt und legt die Sitzfläche auf den Rahmen. An der Rückseite bleibt ein 4 mm breiter Spalt für den Ablauf des Regenwassers. An den Seiten und vorne soll der Sitz 19 mm überstehen. Man zeichnet eine entsprechende Linie und paßt die Sitzfläche der Markierung an.

Die vorderen und seitlichen Oberkanten werden mit einem Falzhobelmesser für Handhobel oder einem Elektrohobel 12 mm abgeschrägt.

Die Sitzfläche wird nach unten mit verzinkten Stahlwinkeln – zwei an jeder Seite und drei vorne – befestigt, die man mit den Sitzleisten und der Unterseite der Sitzfläche verschraubt.

Damit die Sitzfläche fest bleibt, bohrt man an fünf Stellen durch die hintere Leiste mit einem Holzbohrer, 12 mm, Löcher in die Sitzfläche. Dann schneidet man fünf Dübel, 12 mm, in einer Länge von ungefähr 95 mm zurecht. Mit einem Fuchsschwanz oder einer Nagelspitze kerbt man die Dübel zweimal über die ganze Länge 2–4 mm tief ein, damit überschüssiger Leim und Luft entweichen können, wenn die Dübel eingeschlagen werden.

Man füllt wasserfesten Leim in die Löcher und treibt die Dübel mit einem Holzhammer hinein. Nachdem der Leim getrocknet ist, sägt man die überstehenden Dübelenden ab, so daß die Leiste wieder glatt ist. Die Unterkanten der Beine werden abgeschrägt.

3 Zuschnitt der oberen Rückenleiste

Die Fortsetzung der Verjüngung des hinteren Beins wird an der Rückenleiste markiert.

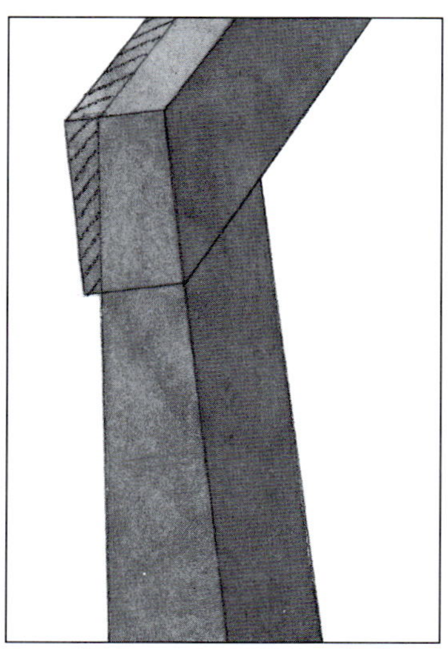

4 Einpassen der Rückenlatten

Auf den Leisten wird die Position der Latten und Dübel angezeichnet. Mit jeweils zwei Dübeln werden die Latten zwischen die Leisten gesetzt.

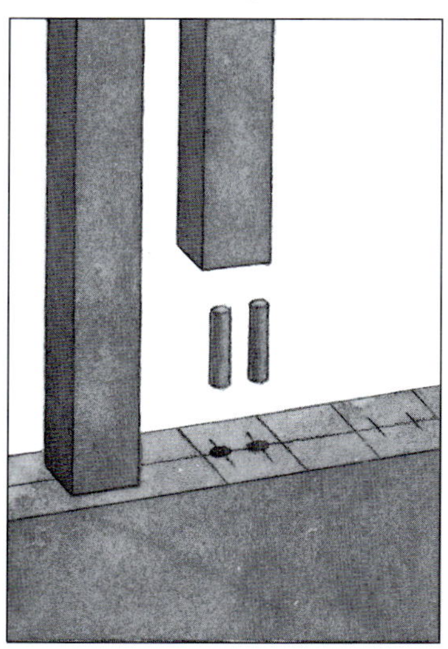

5 Abschrägen der Beine

***Oben.* Die Seitenteile der Bank werden auf eine ebene Fläche gestellt; unter die vorderen Beine legt man ein Stück Holz.**

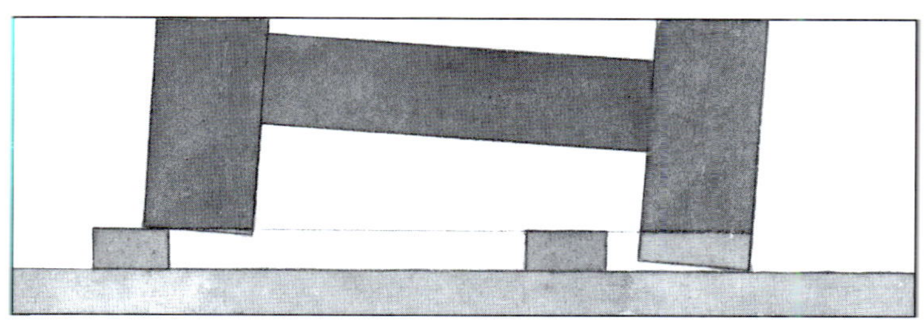

6 Querschnitt durch die Sitzfläche

***Unten.* Die Sitzbretter stoßen aneinander und werden mit Dübeln verbunden.**

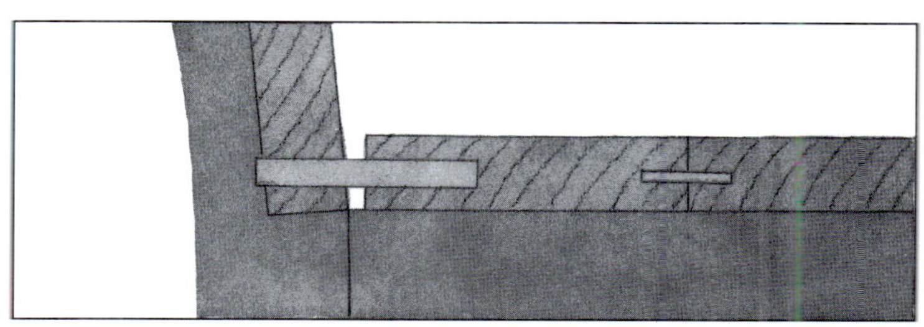

Achteckige Baumbank

Noch in dem kleinsten Garten kommt eine Baumbank gut zur Geltung. Die meisten anderen Sitzgelegenheiten wirken nun einmal wie Möbelstücke, eine Bank um einen Baum herum aber ist eine ganz besondere Attraktion für sich.

Kinder haben großen Spaß daran, auf und unter dieser schattigen Plattform zu spielen oder um sie herumzutoben, und es scheint ihnen ein nie endendes Vergnügen zu bereiten, wenn sie dort mit dem Rücken zueinander oder zu ihren Eltern sitzen.

Die Bank sieht zwar kompliziert aus, ist aber tatsächlich ziemlich einfach zu bauen. Trotzdem verlangt ihre Konstruktion einen gewissen Zeitaufwand. Da die Rückenlehne nach innen geneigt ist, gestaltet sich das Zuschneiden der Latten etwas schwieriger. Doch um unnötige Komplikationen zu vermeiden, wurden zwischen den Latten Abstände gelassen, wodurch man etwaige Unstimmigkeiten ausgleichen kann.

Die Form wurde auch noch an anderen Stellen vereinfacht. Die Rahmenkonstruktion ist simpel und ohne komplizierte Verzapfungen möglich.

Weichholz läßt sich gut verarbeiten; ein weiterer Grund, warum Konstruktionen wie diese hier einfach zu bauen sind. Allerdings muß das Weichholz zunächst mit einem Holzschutzmittel und abschließend mit Holzbeize oder, wie hier, mit Farbe behandelt werden. Je nachdem, wo die Bank stehen wird, entscheidet man sich vielleicht für eine leuchtendere Farbe; ein kräftiges Blau beispielsweise kann sehr hübsch wirken.

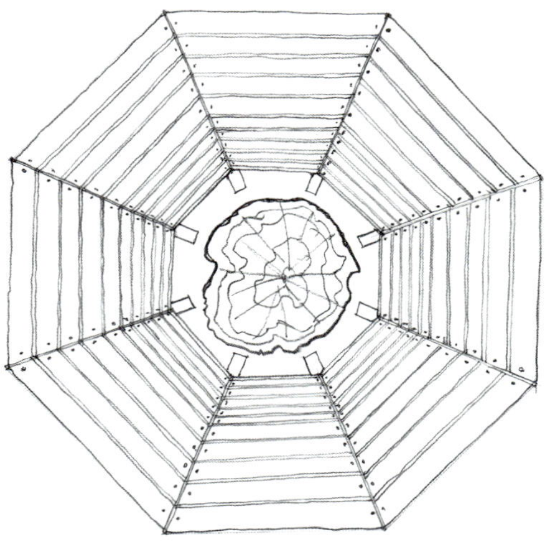

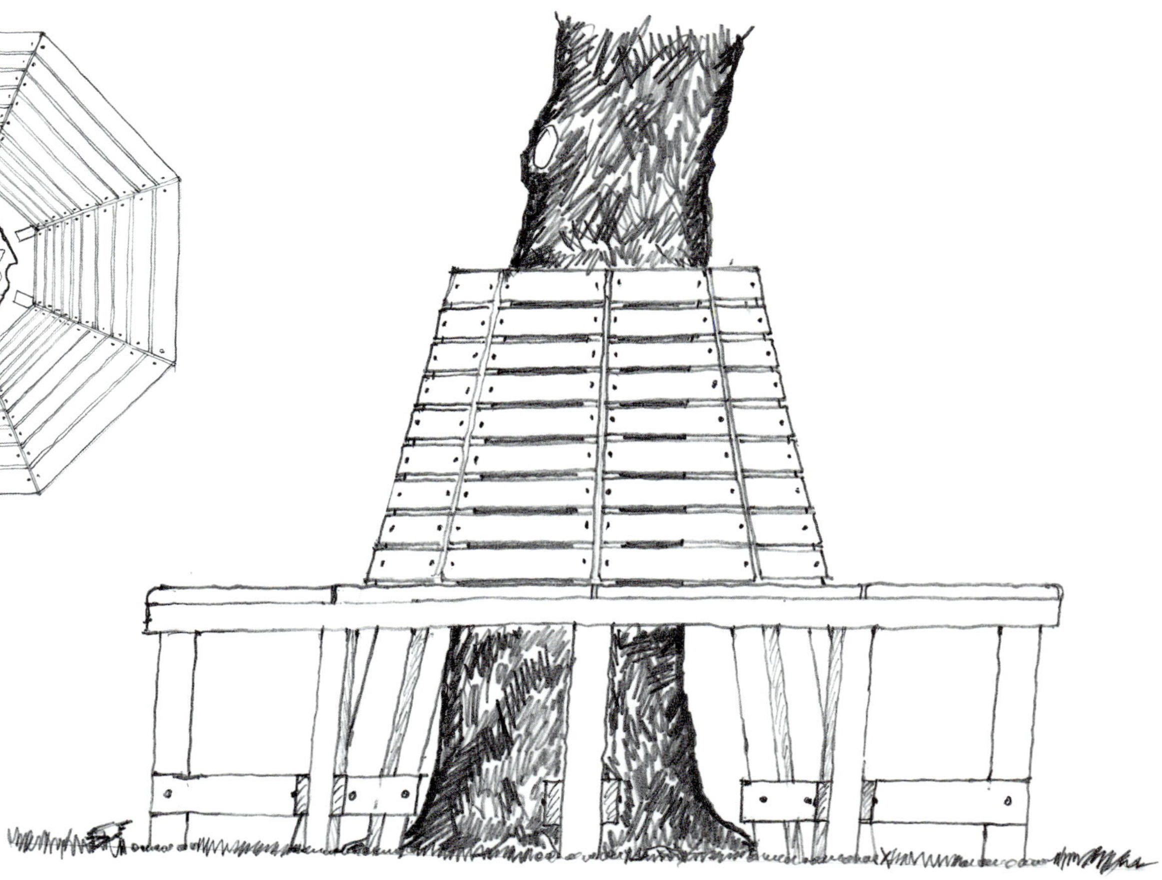

Achteckige Baumbank

Werkzeuge

WERKBANK (fest oder tragbar)
STAHLMASSBAND
STAHLLINEAL
ANSCHLAGWINKEL (oder Kombinations-Winkelmaß)
SCHMIEGE
WINKELMESSER
ELEKTRISCHE KREISSÄGE – am besten fest montiert
FUCHSSCHWANZ
BOHRMASCHINE
BOHRER – ca. 3 mm Durchmesser
VERSENKBOHRER
SCHRAUBENZIEHER
KLAUENHAMMER
VERSENKER
KNEIFZANGE
SCHLICHTHOBEL (manuell oder elektrisch)

Materialien

Teil	Menge	Material	Länge
HINTERE BEINE	8	75 × 50 mm gehobeltes Weichholz	1050 mm
VORDERE BEINE	8	wie oben	500 mm
RAHMENLEISTEN	32	75 × 25 mm gehobeltes Weichholz	530 mm
LATTEN FÜR DIE SITZFLÄCHEN	48	wie oben	nach Bedarf
SCHUTZLEISTEN	8	wie oben	nach Bedarf
LATTEN FÜR DIE RÜCKENLEHNEN	72	50 × 16 mm gehobeltes Weichholz	nach Bedarf
BEFESTIGUNGEN FÜR DIE SCHUTZLEISTEN	8	25 × 25 mm gehobeltes Weichholz	150 mm kürzer als die Schutzleisten
Außerdem: wasserfester Holzleim; verzinkte Holz-Senkschrauben, 8,0 × 38 mm			

Die Größe der achteckigen Baumbank hängt von der Dicke des Baums ab, für den sie gedacht ist. Dabei muß man bedenken, genügend Platz für die Ausdehnung des Stammes zu lassen, wenn der Baum wächst. Einige Bäume wachsen schneller als andere; die hier abgebildete Bank wurde um einen kleinen Walnußbaum gebaut. Dieser gehört zwar zu einer langsam wachsenden Spezies, wir haben aber den Durchmesser oben an der Rückenlehne trotzdem mit 600 mm bemessen. Die Grundkonstruktion besteht aus acht einzelnen Rahmen, auf denen die Sitz- und Rücklehnenleisten befestigt sind. Die Rahmengröße ist festgelegt, aber die Länge der Latten variiert entsprechend dem inneren Durchmesser der Bank.

Die Bank wird in zwei Teilen hergestellt und unverleimt zusammengesetzt, so daß man die beiden Hälften leicht wieder auseinandernehmen und um den Baum festschrauben kann.

Die einzelnen Rahmenteile werden zugeschnitten.

Die Vorderseiten (75 mm breit) der hinteren Beine werden von der Mittellinie aus in einem Winkel von 22,5° abgeschrägt (Abb. 1). Am besten verwendet man eine im richtigen Winkel geneigte Kreissäge dazu. Eingestellt wird sie mit einer Schmiege an einem Winkelmesser. Abschließend werden die Flächen mit einem Hand- oder Elektrohobel geglättet.

1 Abschrägen der hinteren Beine

An der Vorderseite der Beine zieht man eine Mittellinie. Von dieser Linie ausgehend werden die Beine 22,5° abgeschrägt.

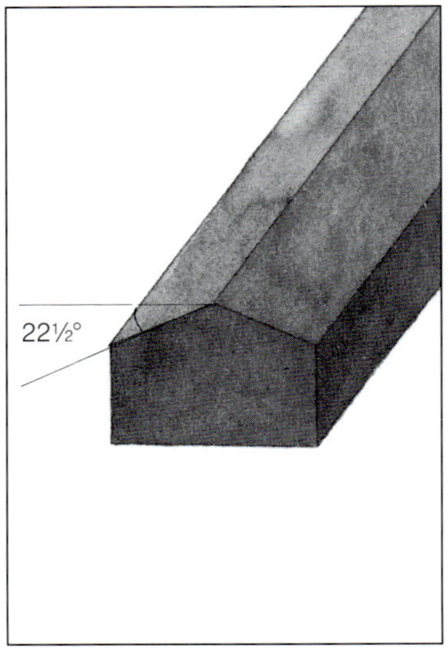

2 Herstellung der Abstandsschablone

Aus einem Stück alten Karton schneidet man die Schablone für die Abstände nach den unten angegebenen Maßen zu. Man verwendet die Schablone, damit die vorderen und hinteren Beine immer im gleichen Abstand mit den Rahmenleisten verbunden werden.

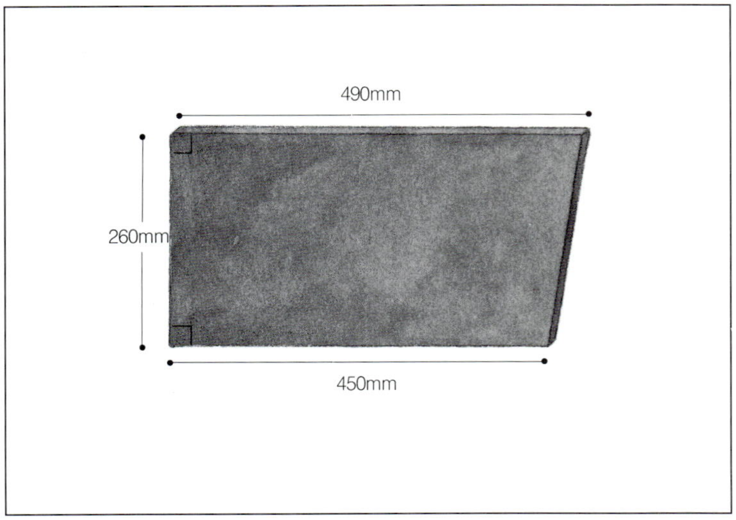

Kreissäge 145
Flächen 145
Weichholz 148

Zusammenbau der achteckigen Baumbank

Achteckige Baumbank

Detail der Beine

Kiesgefüllte Löcher unter den vorderen und hinteren Beinen geben einen festen Stand, außerdem fließt das Wasser gut ab. Die Beine stehen somit nie auf feuchtem Boden und faulen weniger schnell.

Aus einem Stück festen Karton oder Sperrholz stellt man nach den angegebenen Maßen (siehe Abb. 2 S. 32) eine Schablone her, mit deren Hilfe man die Rahmenleisten an den vorderen und hinteren Beinen befestigt.

Man nagelt sich vorübergehend eine Leiste auf die Werkbank, damit man eine gerade Kante hat, gegen die man das jeweilige Bein stellen kann. Dann legt man die vorderen und hinteren Beine eines Rahmens auf die Werkbank, obenauf die Rahmenleisten und dazwischen die Abstandsschablone (Abb. 1). Das hintere Bein muß schräg entlang der hinteren Schablonenkante liegen, das vordere Bein sollte mit der vorderen Schablonenkante bündig abschließen. Die Beine stoßen unten an die Leiste, die auf die Werkbank genagelt wurde.

Die untere Rahmenleiste soll ca. 12 mm über das vordere Bein überstehen, die obere schließt mit Vorder-und Oberkante des vorderen Beins bündig ab.

1 Zusammenbau des Rahmens

Man legt die vorderen und hinteren Beine eines Rahmens entsprechend der Schablonenform auf eine ebene Fläche. Die obere Rahmenleiste liegt auf der Schablone und schließt oben und an der Seite mit der vorderen Leiste bündig ab. Die untere Rahmenleiste steht 12 mm über das vordere Bein hinaus.

2 Fertige Rahmenkonstruktion

***Oben.* Die Rahmenleisten werden auf die Beine geleimt und geschraubt und dann am hinteren Bein so zurechtgeschnitten, daß die Kanten die gleiche Schräge wie das Bein haben und ca. 12 mm überstehen. *Unten.* Am fertigen Rahmen kann man erkennen, wie die Leisten an den vorderen und hinteren Beinen festgeschraubt wurden.**

Abschrägen 144
Bohren 150
Planen 150
Schrauben 150

Wenn man keine geeignete Werkbank hat, kann man die einzelnen Teile auch auf einen glatten Boden legen und die Beine gegen eine Wand stoßen lassen.

Die obere Rahmenleiste wird zunächst mit wasserfestem Holzleim befestigt. Dann bohrt man die Löcher vor und verschraubt die Leiste je zweimal an jedem Ende mit den vorderen und hinteren Beinen. Auf die gleiche Art wird auch die untere Leiste an den Beinen befestigt.

Dann dreht man den Rahmen um und befestigt die beiden anderen Rahmenleisten oben und unten ebenso. Dabei ist es ganz wichtig, daß diese Leisten exakt mit denen auf der anderen Seite übereinstimmen und an der Oberkante, auf der die Sitzlatten befestigt werden, bündig abschließen (Abb. 2).

Zum Schluß werden bei der fertigen Rahmenkonstruktion die Rahmenleisten an der Rückseite entsprechend der Schräge der hinteren Beine zurechtgeschnitten, wobei man 12 mm überstehen läßt (Abb. 2). Man zieht dazu eine Linie an den Leistenseiten und sägt das überflüssige Holz ab.

Auf die gleiche Art konstruiert man auch die restlichen sieben Einzelrahmen.

Die Sitzlatten werden aus glattgehobeltem Weichholz, 75 × 25 mm geschnitten. Die Maße der Sitzrahmen sind festgelegt, so daß die Anzahl der benötigten Latten immer gleich bleibt, egal wie groß der fertige Sitz ist. Die Länge der einzelnen Latten muß man allerdings selbst berechnen. Sie hängt von dem inneren Durchmesser der Bank ab, der sich wiederum nach der Dicke des Baumstammes richtet, um den herum die Bank gebaut wird.

Zum Abmessen der Länge der Sitzlatten stellt man die acht Rahmen in ungefähr der richtigen Position mit dem nötigen Abstand zum Stamm um den Baum herum. Dabei beachtet man die Größe des inneren Durchmessers und den Platz, den der Baum zum Wachsen braucht.

Wenn man die Sitzrahmen ordentlich aufgestellt hat, mißt man den Abstand zwischen den Mittellinien der hinteren Beine in Sitzhöhe und berechnet den Durchschnitt (›x‹ in Abb. 3). Dies ergibt die Länge der Innenkante der innersten Sitzlatten (in unserem Fall 380 mm).

Die Länge ›x‹ markiert man auf der rückwärtigen Kante eines Stücks Lattenholz und zeichnet dann an jedem Ende mit Hilfe der Schmiege einen Winkel von 112,5° an. Diese Latte kann man dann als Ausgangspunkt für eine Skizze in Originalgröße von einem Sitzflächenabschnitt verwenden (Abb. 4), nach der man dann die restlichen fünf Latten in der richtigen Länge zuschneiden kann.

In die originalgroße Skizze trägt man zunächst die Abmessung der innersten Latte (lichtes Maß) ein und benutzt sie zur Winkeldarstellung. Die Winkellinien führt man nach außen fort. Mit der Schmiege überprüft man nochmals das richtige Winkelmaß. Am Sitzrahmen mißt man die Länge von der Mitte des hinteren Beins bis zur Vorderkante des Rahmens ab (›y‹ in Abb. 3). Die Länge ›y‹ trägt man dann in der Skizze an den Winkellinien ein und gibt noch 20 mm für die Dicke der Schutzleiste vorne an der Sitzfläche hinzu. Die beiden Endpunkte der Länge ›y‹ plus den 20 mm werden verbunden. Die Linie verläuft parallel zu der hinteren Kante und bildet die Vorderkante der Sitzfläche.

Nun kann man die benötigten Abstände zwischen den Latten berechnen. Die innerste Latte wird auf der Skizze an der hinteren Kante angelegt. Man schneidet grob fünf weitere Latten zu, achtet aber darauf, daß sie in jedem Fall sehr lang sind. Diese Latten legt man zusammen direkt an die hinterste Latte an. Dann mißt man den verbleibenden Abstand zur Vorderkante der Sitzfläche und teilt diesen durch fünf. Das ergibt den jeweiligen Abstand zwischen den einzelnen Latten. Wenn man breitere Abstände wünscht, hobelt man von der innersten Latte etwas ab, so daß sie schmaler wird.

Mit Hilfe einer der Latten und einer Leiste oder einem Stück Holz, die genau auf Abstandsbreite zugeschnitten sind, zeichnet man alle sechs Latten in der Skizze ein. Anschließend kann man an dem Plan die exakte Länge für alle Latten abmessen.

3 Abmessen der Sitzlatten

Um die Länge der innersten Latte zu berechnen, mißt man den Abstand zwischen den Mittellinien der hinteren Beine in Sitzhöhe (›x‹). Für die Berechnung der Abstände zwischen den einzelnen Latten mißt man den Abstand zwischen der Mittellinie eines Hinterbeins und der Vorderkante des Rahmens (›y‹).

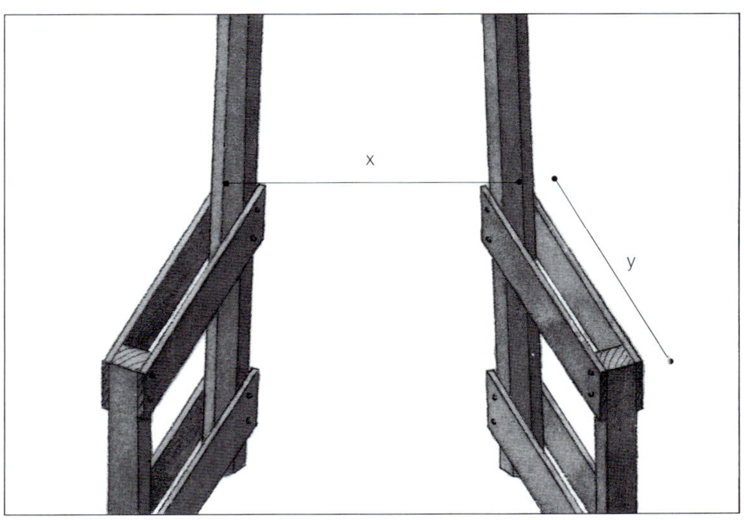

4 Skizze in Originalgröße von einem Sitzflächensegment

Man zeichnet die Länge ›x‹ an und trägt dann die beiden Linien ›y plus 20 mm‹ an jedem Ende im Winkel von 112,5° an. Auf dem Plan legt man sechs Latten hintereinander an der Linie ›x‹ an und mißt den verbleibenden Abstand zur Vorderkante. Diese Länge geteilt durch fünf ergibt die Größe der Lattenzwischenräume.

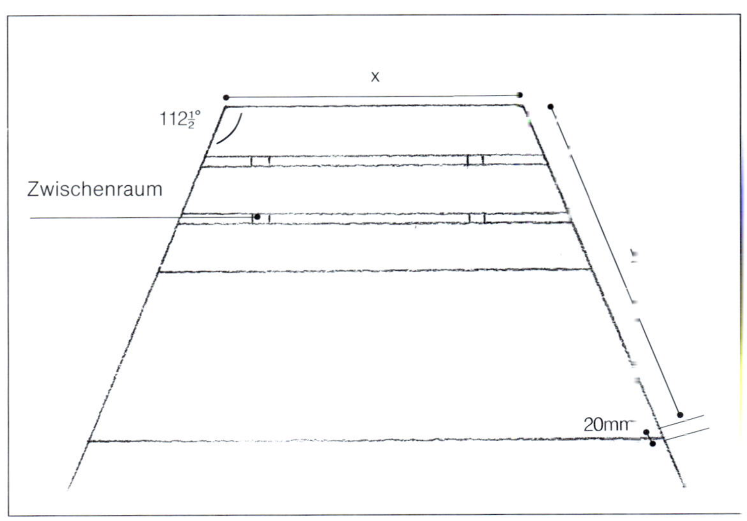

ACHTECKIGE BAUMBANK

Nun schneidet man alle Latten für ein Sitzsegment zu. Damit zwischen den einzelnen Sitzflächen ein kleiner Abstand entsteht, schneidet man die Latten an jeder Seite immer 2 mm kürzer als abgemessen. Die zugeschnittenen Latten des ersten Sitzsegments kann man als Schablonen für die restlichen verwenden.

Als erstes bringt man die innerste Latte an. Dazu legt man die erste Latte hinten quer über zwei Rahmen. Zur Mitte der hinteren Beine bleiben jeweils 2 mm Abstand. Dann leimt und schraubt man die Latte mit jeweils einer Schraube an jeder Seite auf die oberen Rahmenleisten (Abb. 1).

Jetzt nimmt man einen weiteren Rahmen und eine andere Innenlatte und legt sie im gleichen Abstand an. Auch diese Latte wird wie beschrieben verleimt und dann angeschraubt.

Auf diese Art stellt man zwei Teile mit jeweils drei Sitzsegmenten her. Es ist sehr wichtig, daß man zwei Segmente, die einander gegenüberliegen, nur probeweise zusammensetzt. Hier muß man die Latten wieder entfernen, damit man die Bank um den Baum herum anbringen kann.

Die weiteren Latten werden der Reihe nach, beginnend mit der nächstkürzeren von innen nach außen angebracht (Abb. 2). Dazu legt man eine Abstandsleiste (oder ein Abstandsholz) zwischen die Latten. Dann paßt man ein Ende der neuen Latte an eine Seite an, die man außen an eine bereits befestigte Latte hält. Die neue Latte wird dann an jedem Ende mit dem Sitzrahmen verleimt und festgeschraubt.

Die zweitkleinste Latte wird rundherum auf allen acht Sitzen befestigt, wobei man daran denken muß, daß zwei Segmente wie schon bei der innersten Latte nur probeweise zusammengesetzt werden. Auf diese Art und Weise bringt man alle Latten an; an den Stellen, die man später noch einmal öffnen muß, wird kein Leim verwendet.

Bevor die vordersten Latten befestigt werden, verbindet man sie mit den Schutzleisten (Abb. 3). Man schneidet eine Holzleiste, 75 × 25 mm, in der längsten Abmessung der vordersten Latte zu und schrägt die Kanten an jedem Ende so ab, daß sie den Winkel der Sitzlatten fortsetzen. Zur Befestigung von Leiste und Latte aneinander schneidet man ein Vierkantholz, 25 × 25 mm, so zu, daß es 150 mm kürzer als die Schutzleiste ist, und leimt und schraubt es mittig zwischen die beiden. Die Vorderkante der Latte muß bündig mit der Stirnseite der Schutzleiste abschließen. Der Vorgang wird für alle weiteren Schutzleisten wiederholt.

Die Vorderkanten der vordersten Latten werden abgerundet, damit man einen glatten Rand erhält. Dann leimt und schraubt man sie an die Rahmen. Nicht vergessen: an zwei Segmenten wird noch nicht verleimt.

Die Rücklehne jedes Sitzsegments besteht aus jeweils neun Latten, die aus 50 × 16 mm gehobeltem Weichholz zugeschnitten werden. Die Latten sind nicht gleich lang, sondern werden nach oben hin immer kürzer, da die hinteren Beine nicht gerade stehen.

Man bestimmt den Abstand zwischen den einzelnen Latten und verwendet als Abstandshalter Holzstücke in der entsprechenden Dikke. Beim Zusammenbau legt man als erstes in Sitzhöhe ein Abstandshölzchen an, so daß die Rückenlehne mit einem Spalt beginnt. Darüber legt man die erste Latte, zunächst noch in Überlänge; zurechtgeschnitten wird sie erst später. An den Enden markiert man die Mittellinie der hinteren Beine (Abb. 4). Man stellt eine Schmiege auf diesen Winkel ein und schneidet die Latte auf die markierte Länge zurecht. Mit der entsprechend eingestellten Schmiege werden dann alle Latten der untersten Reihe zurechtgeschnitten. Anschließend leimt und schraubt man sie rundherum an die Stirnseiten der hinteren Beine. Auch hier werden an den gleichen Stellen wie zuvor die Latten nicht geleimt, sondern nur lose zusammengeschraubt.

Mit den Abstandshölzern bestimmt man die richtige Position für die nächsthöhere Latte (Abb. 4), markiert die Enden wie zuvor und schneidet sie auf die richtige Länge zu. Alle acht Latten werden wie bereits beschrieben angebracht.

1 Befestigung der innersten Sitzlatten

Die Skizze dient zur Orientierung, doch an den Enden werden die Latten 2 mm kürzer geschnitten. Im Abstand von 2 mm zur Mittellinie der hinteren Beine wird eine Latte dann auf den Rahmenleisten befestigt. Das gleiche wiederholt man rundherum, doch an zwei gegenüberliegenden Seiten werden die Latten ohne Leim befestigt.

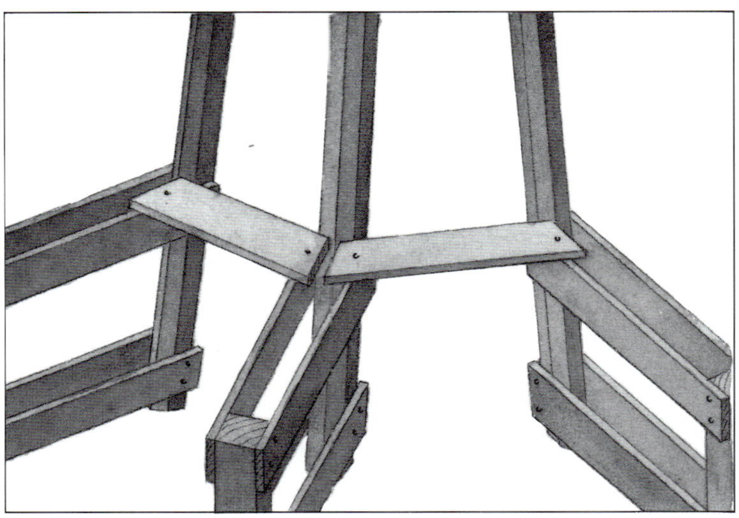

2 Befestigung der weiteren Latten

Für die nächstgrößere Latte werden die Abstandshölzer oder -leisten an die innerste Latte angelegt, sodann die zweite an den Enden mit der ersten in eine Linie gebracht und am Rahmen befestigt. Erneut arbeitet man rund herum, ehe dann die nächstgrößeren Latten angesetzt werden.

Man fährt auf diese Weise Runde für Runde fort, bis die Rückenlehne fertig ist (in diesem Fall hier neun Runden). Wenn die hinteren Beine über die oberste Latte hinausstehen, kann man sie auf die Oberkante zurückschneiden, da das hübscher aussieht.

Man nimmt die Latten an den beiden Stellen, wo sie nicht verleimt wurden, wieder heraus, so daß man nun die Bank in zwei »Hälften« hat (eigentlich zweimal drei Achtel).

Man trägt die beiden Teile zum Baum und setzt sie teilweise, allerdings wieder ohne Leim, zusammen, so daß man am Boden markieren kann, wo die Beine zu stehen kommen. Daraufhin wird die Bank abermals auseinandergenommen.

Für jedes der 16 Beine gräbt man an den markierten Stellen Löcher, 150 mm im Durchmesser und 150 mm tief, und füllt diese mit Kies. Durch den Kies kann das Wasser gut ablaufen, und die Beine werden so vor dem Verfaulen geschützt. Außerdem erreicht man auf diese Weise leichter einen guten Stand der Bank. Vor dem Anstrich muß man das Holz auf alle Fälle mit einem guten Holzschutzmittel einlassen. Nachdem es getrocknet ist, kann man darüber streichen (das gilt für die meisten farblosen und Fäulnisschutzmittel). In diesem Fall hier wurden zwei Schichten aufgetragen, die jeweils vollkommen durchtrockneten, und die Beine mehrere Tage in Schalen mit dem Mittel gestellt.

Sobald das Holzschutzmittel ganz getrocknet ist (man sollte mindestens eine Woche warten), kann die Bank angestrichen werden. Wir verwendeten Mikropur-Farbe, bei der man außer dem Schutzmittel keine Vorstreichfarbe benötigt; sie ist speziell für Außenanstriche auf Holz geeignet. Wenn man lieber mit Holzbeize arbeitet, kann man die Bank auch mit einem wasserabstoßenden Schutzlack versehen.

Nach dem Anstreichen mit Farbe oder Holzbeize wird die Bank um den Baum zusammengebaut.

3 Herstellung der Schutzleiste

Oben. Mit einem Vierkantholz wird die Schutzleiste an der vordersten Latte befestigt. _Unten._ Die Vorderkante wird abgerundet.

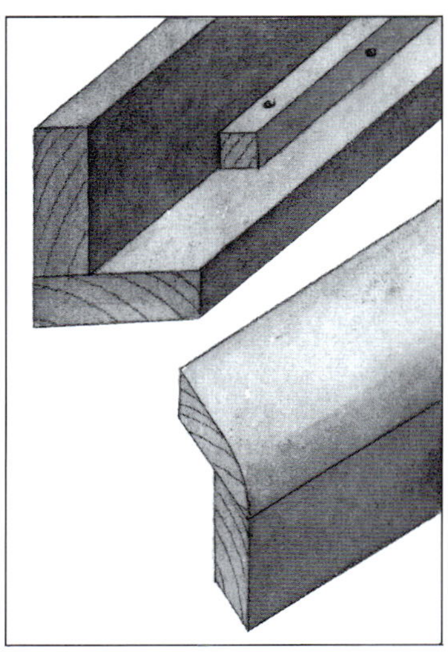

4 Anbringen der Rücklehnenlatten

Die Lehnenlatten sind vorerst zu lang. Mit Abstandshölzern oder einer Abstandsleiste wird die Position der jeweiligen Latte bestimmt. An den Enden der Latte markiert man die Mittellinie der Hinterbeine. Die Latten werden entsprechend zurechtgeschnitten, dann erneut angelegt, verleimt und verschraubt.

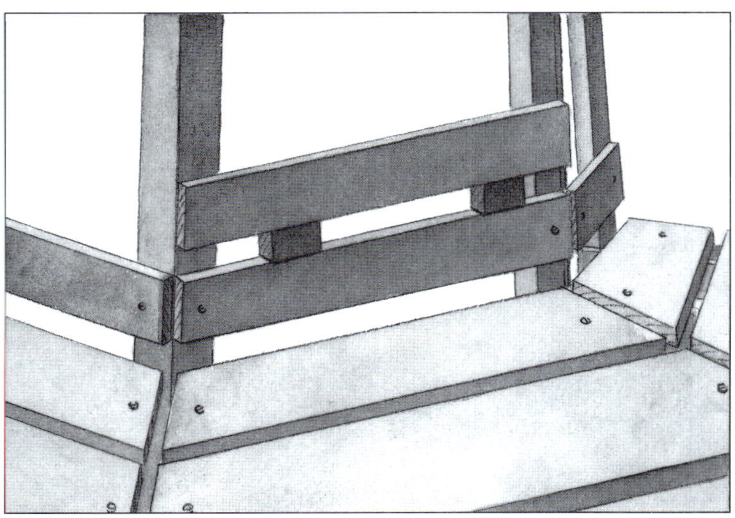

GRILL

Mit dem Grill gibt es meistens Probleme, egal ob er selbstgebaut oder gekauft ist. Ein sehr weitverbreiteter Mangel ist beispielsweise die niedrige Höhe, die den Koch dazu zwingt, die Speisen in einer unbequem gekrümmten Haltung zuzubereiten. Eine weitere, häufig beobachtete Konstruktionsschwäche liegt in einer Grillfläche, die nur wenige Grillportionen aufnehmen kann.

Der hier vorgestellte Grill vermeidet diese beiden Fehler. Zudem bietet er Raum und Abstellflächen für das Bereitstellen der Speisen, die Aufbewahrung des Brennstoffs sowie für Pfannen und Geschirr.

Wenn man nur wenig grillen möchte, läßt sich die großzügige Grillfläche mit ein paar Handgriffen verkleinern. Man stellt dazu einfach ein paar Ziegel in der Mitte auf und verringert so den Glutraum. Der Unterbau der Grillfläche besteht aus mehreren einzementierten Winkeleisen. Die ganze Konstruktion wird vor eine Ziegelmauer gebaut. Mit der Zeit wird der Ruß die Wand schwärzen, was durchaus reizvoll aussehen kann. Wenn man keinen solchen Platz zur Verfügung hat, kann man eine kleine Ziegelwand errichten oder den Grill frei aufstellen.

Ein besonderer Vorteil dieser Konstruktion ist der Platz neben und unter dem Grillbereich. Oben gibt es zwei große Flächen zum Abstellen von Pfannen und Geschirr mit vorbereitetem Essen. Unter dem Grill kann man Holz lagern. Wenn der Grill oft und lange genug benutzt wird, heizt sich die ganze Konstruktion auf und das Holz wird »ofengetrocknet«.

GRILL

Es ist einfach ein selten schönes Erlebnis, mit der Familie und Freunden einen warmen Sommerabend im Freien bei einem guten Essen zu verbringen. Ein Grill verleiht dem Sitzplatz im Garten einen zusätzlichen Reiz. Allerdings muß man darauf achten, daß keine Hängepflanzen und anderen Gewächse in der Nähe sind, die während des Grillens Feuer fangen könnten.

Der hier abgebildete Grill wurde aus den Ausschußziegeln errichtet, die den Ziegeln der Mauer, vor der er steht, entsprechen. Gebrauchte Ziegel sind geringfügig länger als neue. Aber die hier zugrundegelegten Maße sind ohnehin nur ungefähre Angaben, und man kann für den Bau des Grills jede Art von Ziegeln verwenden. Die Grillfläche ist groß genug für beträchtliche Essensportionen, doch man kann sie auch beliebig schmaler konstruieren. Der Grill sollte vor einer schon bestehenden Mauer errichtet werden, aber auch frei stehen. Man baut ihn entweder auf die Bodenplatten oder verlegt diese anschließend um den Grill herum. Entscheidet man sich für die zweite Möglichkeit, wird man die Platten passend zurechtschneiden müssen; außerdem muß man ein Fundament ausheben, auf das die erste Ziegelreihe gelegt wird. Das Fundament soll 150 mm tief sein und rundum 200 mm über die äußere Wand des Grills hinausreichen. In die Vertiefung füllt man 100 mm Schotter, stampft ihn fest und bedeckt das Ganze mit einer 50 mm dicken Betonschicht. Man überprüft, ob die Oberfläche plan ist und läßt das Fundament ungefähr einen Tag trocknen und aushärten.

Einfacher ist es allerdings, wenn man den Grill auf einen bereits plattierten Unterbrund bauen kann. Die Platten müssen jedoch plan verlegt und gut fundiert sein. Den Boden unter dem Grillplatz schützt man am besten mit einer dicken, strapazierfähigen Polyäthylenplane. Dazu legt man die Polyäthylenplane einfach auf den Boden, wo der Grill errichtet werden soll, baut diesen darauf und schneidet am Schluß die überstehende Plane ab. Die Kunststoffplane schützt den Boden vor Verschmutzungen durch nassen Zement und hält das Ziegelwerk von unten trocken und sauber.

Man setzt die Ziegel so, wie es in den Skizzen 1–3 angegeben ist (siehe auch Arbeitstechniken, Maurerarbeiten). Man merkt schnell, daß es hilfreich ist, während des Bauens immer wieder nachzumessen, damit die Seitenwände exakt im rechten Winkel zur Rückwand stehen. Aus drei Leisten im Längenverhältnis 3:4:5 läßt sich ganz einfach ein Maurerwinkel herstellen. Man nagelt die Leisten zu einem Dreieck mit einem rechten Winkel zusammen. Eine sinnvolle Größe für ein Winkelmaß ist 450 mm für die Basis, 600 mm für die Höhe und eine Hypotenuse von 750 mm. Alle Leisten werden zunächst etwas zu groß berechnet, dann in den exakt richtigen Maßen zusammengenagelt oder -geschraubt und zum Schluß die überstehenden Teile abgesägt.

Mit Hilfe eines Senkbleis und dem Maurerwinkel vergewissert man sich, daß die Ziegel jeder Lage gerade aufeinander liegen; mit der Wasserwaage überprüft man ihre senkrechte Position.

Nach der siebten Lage Ziegel werden über den mittleren Teil die Winkeleisen zementiert, auf denen die Ziegel für die Feuerstelle angeordnet werden. Diese Ziegel sollen erst am Schluß darauf gelegt werden. Dann mauert man die achte bis elfte Lage Ziegel. Darüber betoniert man, von einer Seitenwand zur anderen, Flachstahlstreifen.

Auf den Streifen wird Mörtel verteilt und die zwölfte Lage Ziegel darüber gemauert. Zum Schluß gibt man den Mörtel auf die Winkeleisen im Mittelbereich und legt die Ziegel Kante an Kante darauf.

Nachdem der Mörtel getrocknet ist, werden in die elfte und zwölfte Ziegellage Löcher für die Stahlhalter gebohrt (ideal sind Schrauben mit abgezwickten Köpfen), auf die der Grillrost über der Feuerstelle aufgelegt wird. Man mißt die Größe der Grillöffnung aus und läßt sich bei einem Schmied oder Stahlhersteller den Grillrost anfertigen. Der äußere Rahmen wird dann aus Flachstahlbändern zusammengeschweißt. Für den Rost werden Rundeisen im Abstand von 25 mm in den Rahmen geschweißt.

WERKZEUGE

- MAURERKELLE
- SPITZKELLE
- MAURERFÄUSTEL
- STEINMEISSEL
- SCHAUFEL
- EIMER
- MAURERWINKELMASS
- WASSERWAAGE (lang)

MATERIALIEN

- ZIEGEL – 231 neue oder gebrauchte
- MÖRTEL – aus Zement und Bausand im Verhältnis 1:6
- STAHLWINKELEISEN – 4 Stück, 1016 mm lang
- FLACHSTAHLBÄNDER – 6 Stück, 100 × 300 mm
- FLUSSTAHL – für den Grillrost; die benötigte Menge wird am fertig gemauerten Grill ausgemessen

1 Draufsicht auf die 1., 3., 5. und 7. Lage Ziegel

Die Ziegel werden wie abbgebildet gemauert; auf die 7. Lage werden die Winkeleisen, die die Feuerstelle tragen, betoniert. *Unten.* Draufsicht auf die 2., 4. und 6. Lage Ziegel. Mit Hilfe von Dreiviertelziegeln werden die einzelnen Lagen versetzt gemauert.

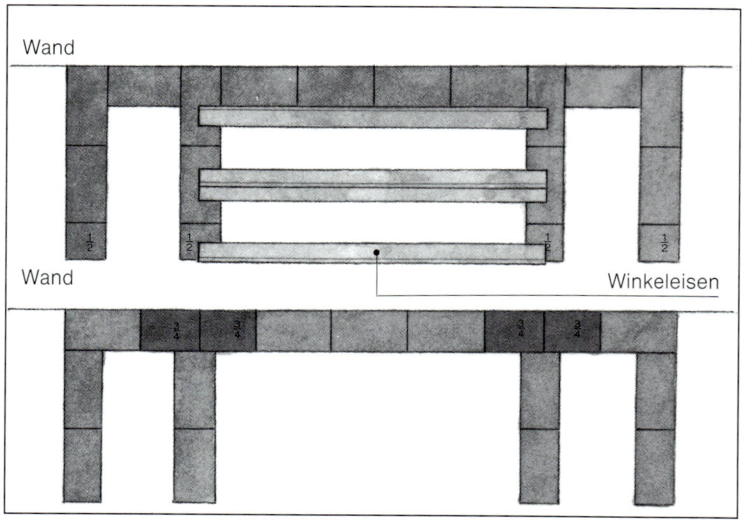

Fundament 156
Steine 157

Zusammenbau des Grills

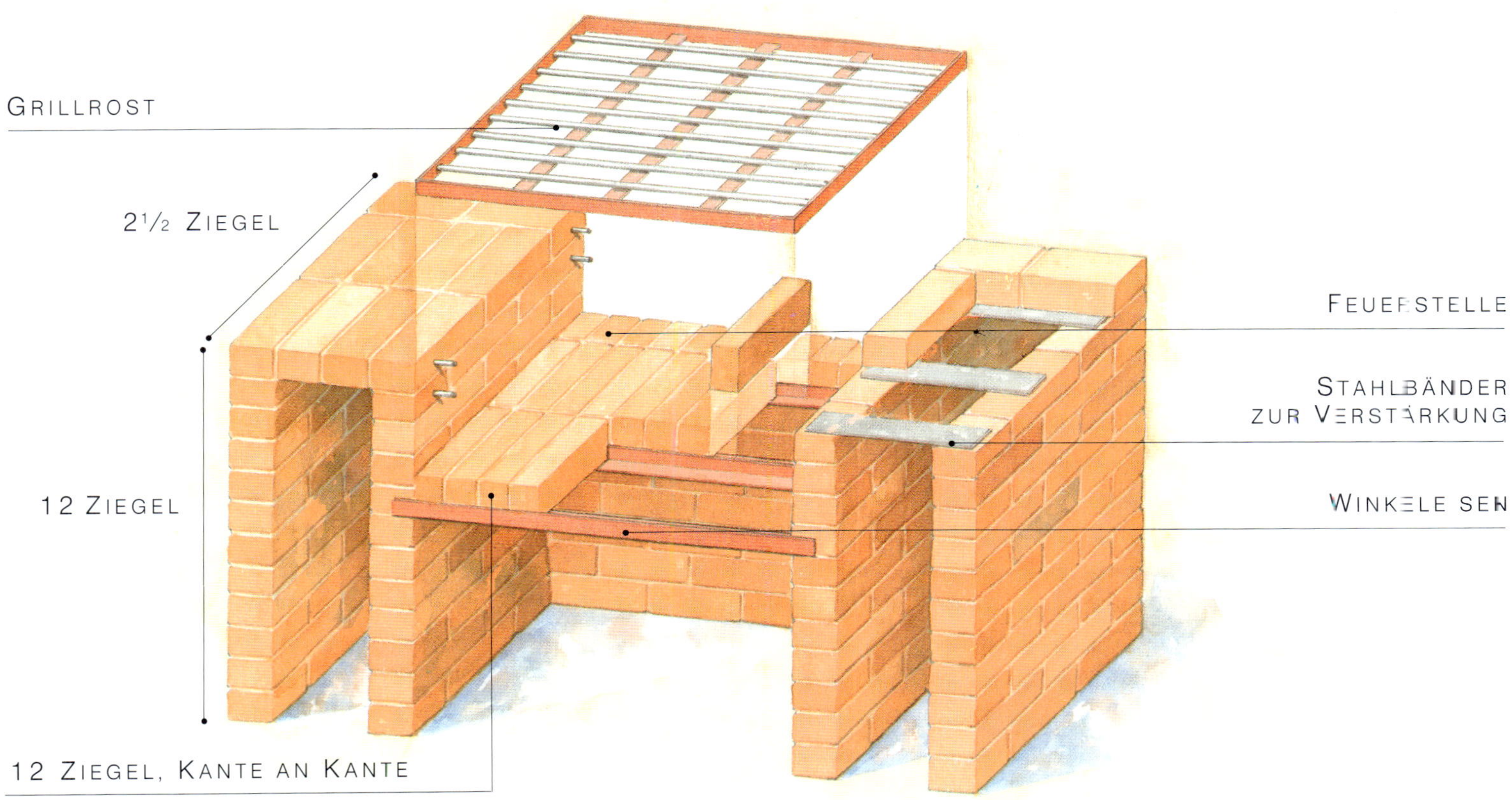

2 ***Oben.*** **Draufsicht auf die 8. Lage Ziegel**
Zwei Reihen von je zwölf Ziegeln werden Kante an Kante auf die Winkeleisen gelegt und bilden die Feuerstelle.
Unten. **Draufsicht auf die 9. und 11. Lage Ziegel**
Ab der 9. Lage werden die Ziegel nur noch an den Seitenteilen gemauert.

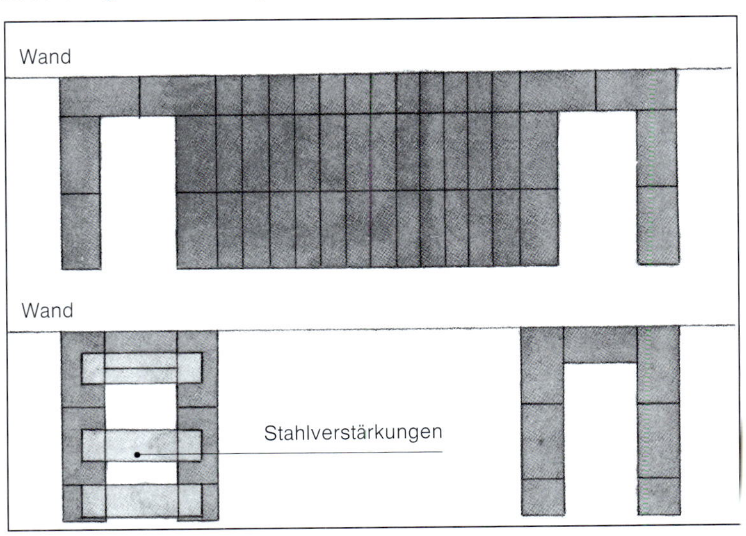

3 ***Oben.*** **Draufsicht auf die 10. Lage**
Auf jedes Seitenteil werden sechs Ziegel gemauert.
Unten. **Draufsicht auf die 12. Lage**
An den Seitenteilen bilden je zehn Ziegel auf den Stahlbändern die Abdeckung.

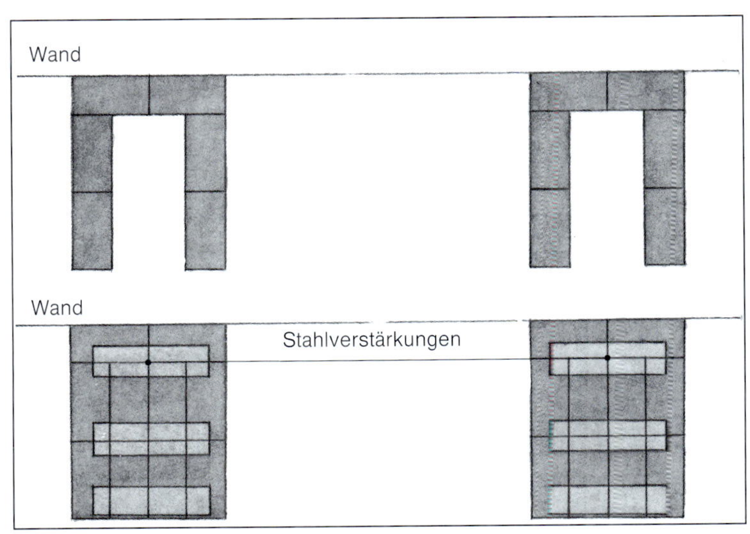

MARKISE

Eine Markise über einer Terrasse oder einem Sitzbereich vermittelt ein Gefühl der Abgeschlossenheit; außerdem bietet sie Schutz vor schlechter Witterung.

Die Pergola läßt sich im Prinzip in jeder beliebigen Größe, entsprechend der jeweiligen Terrasse oder Veranda, bauen. Für das Gerüst verwendet man gehobeltes, mit Holzschutzmittel behandeltes Holz. Ideal ist Rote Zeder, doch ein mit wasserabstoßender Beize behandeltes, normales Weichholz ist genauso geeignet.

Die Stützen aus Vierkantholz, 100 × 100 mm, müssen hoch genug sein, so daß man unter der Pergola eine lichte Höhe von mindestens 2,30 m gewinnt. Man stellt die Stützen im Abstand von 2,40 m auf und verbindet sie durch Trägerbalken, 50 × 80 × 175 mm, mit der Hauswand. Die vorderen, freistehenden Stützen werden über die ganze Länge mit einem durchlaufenden Querholz, 100 × 38 mm, im richtigen Abstand zueinander gehalten und stabilisiert.

Bei dem hier abgebildeten Beispiel wird die Terrasse an einem Ende von einer Mauer eingegrenzt, so daß man an der Hauswand weder Stütze noch Träger braucht. Statt dessen schraubt man ein Stück Holz, 100 × 50 mm, an die Wand, dessen Oberkante in gleicher Höhe mit den Oberkanten der Trägerbalken verläuft. Damit die Befestigung sicher ist, verwendet man Hochbelastungsdübel.

An der Hauptwand des Hauses können die Trägerbalken von verzinkten Hängeeisen getragen werden, die man in die Hauswand dübelt und schraubt. Die Träger werden mit den Hängeeisen verschraubt. Als alternative Möglichkeit bietet sich an, einen Balken, 100 × 50 mm, mit Hochbelastungsdübeln waagrecht an der Wand anzubringen, auf dem die Deckenträger in der richtigen Höhe aufliegen. Die Nägel zur Befestigung werden schräg durch die Seiten der Trägerbalken in die Oberseite des Balkens getrieben (siehe: Handwerkliche Techniken, schräges Nageln).

Ungewöhnlich aber sehr praktisch ist der gedeckte Teil der Pergola an der Hauswand. Dadurch erhält man eine stets geschützte und schattige Fläche im hinteren Sitzbereich, außerdem wird die Pergola stabiler; sie kann sich bei stürmischem Wetter nicht seitlich verschieben. Ein weiterer Vorteil ist, daß die Fensterrahmen des Hauses somit nicht dem Regen ausgesetzt sind. Die abnehmbare Markise aus Segeltuch ist für die wärmeren Monate des Jahres gedacht. Sie wird über die Trägerbalken gehängt und mit Bändern an ihnen festgebunden. Die Bänder sind mit Velcro-Befestigungen gesichert. An den beiden Enden versteift man die Markise, indem man sie jeweils um eine Hartholz- oder Raminleiste, 19 × 9,5 mm rollt und anklammert. Als erstes werden die Stützpfosten in der benötigten Länge zurechtgesägt. Dabei gilt es zu bedenken, daß die Trägerbalken leicht schräg angebracht sind und man eventuell an der Hausmauer nicht viel Spielraum in der Höhe hat, an der die Hängeeisen oder der Querbalken angebracht werden können. Außerdem muß man sich entscheiden, wie man die Pfosten am Boden verankern will. Sockelhalterungen, in die die Pfosten eingepaßt werden und die man am Boden verschraubt, sind die einfachste Lösung (Abb. 2). Eine andere Möglichkeit sind in den Boden einzementierte Bolzen, die dann in jeden Pfosten von unten hineingebohrt werden. Oder man bricht mit Hammer und Meißel jeweils ein Loch aus dem Bodenbelag heraus und betoniert die Pfosten ein.

Nachdem man die Länge bestimmt hat, werden die Pfosten oben abgeschrägt und die Fugen für die Trägerbalken ausgesägt. Dafür sägt man einen Schlitz in der Dicke der Trägerbalken; die tatsächliche Dicke wird weniger als 50 mm betragen. Ein Großteil des Holzes kann weggesägt werden, und den Rest säubert man mit einem Meißel aus.

Wenn die Trägerbalken an der Hauswand mit Hängeeisen befestigt werden, bringt man diese als nächstes an. An der Hauswand wird eine Linie angzeichnet, damit die Hängeeisen auch alle auf gleicher Höhe sind, und die Waagrechte mit der Wasserwaage nachgeprüft. Für die Befestigung der Hängeeisen verwendet man Dübel und

1 Detail des Pergoladachs

Die Träger werden vorne von Vierkantpfosten, 100 × 100 mm, getragen und an der Rückseite an der Hausmauer abgestützt. Schatten liefert der fest abgedeckte Teil und die abnehmbare Segeltuchmarkise.

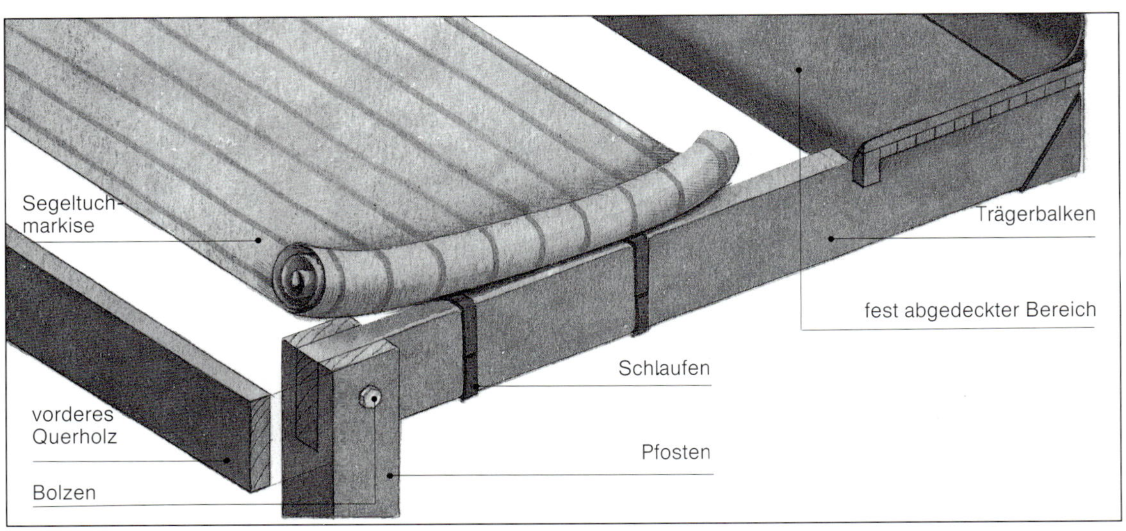

2 Stützpfosten

Die Metallhalterungen werden in den Boden geschraubt oder mit Bolzen befestigt.

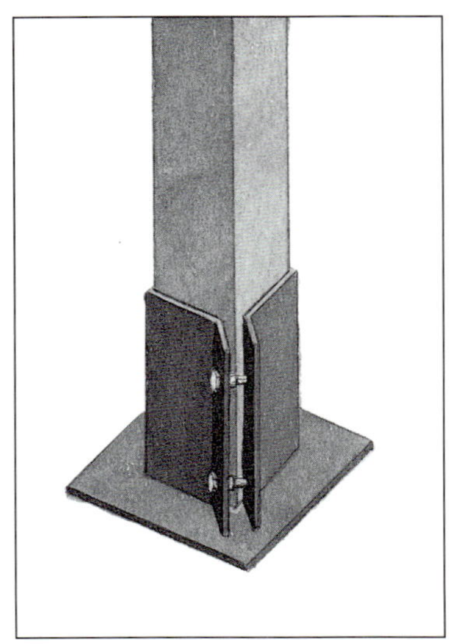

Bohren 150
Dübel 151
Schrägnageln 151
Befestigungsplatz 152

verzinkte Schrauben. Sollen die Träger dagegen auf einem Querbalken aufliegen, so wird dieser mit Hochbelastungsdübeln in der Wand verankert. Die Deckenträger werden zwischen Hängeeisen, bzw. Querbalken und Stützpfosten eingehängt. Am Pfosten dient ein Bolzen zur Befestigung, in die Hängeeisen werden sie hineingeschraubt. Mit dem Querbalken werden die Träger durch schräg angesetzte Nägel verbunden (Abb. 3). Das vordere Querholz wird aber an den Stützpfosten festgenagelt.

Jetzt muß man nur noch die feste Abdeckung anbringen (Abb. 4). Über die Trägerbalken nagelt man Latten, 38 × 12 mm, aus Zedernholz oder eingelassenem Weichholz. Den Abschluß nach vorne bildet eine Latte, 38 × 25 mm, die jeweils an den Deckenträgern eingekerbt und rechtwinklig an die vorderste Latte angepaßt wird. Die Oberseite bedeckt man mit einer 915 mm breiten wetterfesten Spanplatte und legt darüber Dachpappe. Die Verbindung zum Haus hin dichtet man über die ganze Länge mit Bitumenstreifen ab.

3 Befestigung der Trägerbalken an der Wand

Links. Hängeeisen werden in einer Linie in der richtigen Höhe angezeichnet und in die Wand geschraubt; dann hängt man die Träger ein und schraubt sie fest. _Rechts._ Ein Querbalken, 100 × 50 mm, wird waagrecht an der Wand befestigt; an ihn nagelt man die Träger schräg von der Seite aus an.

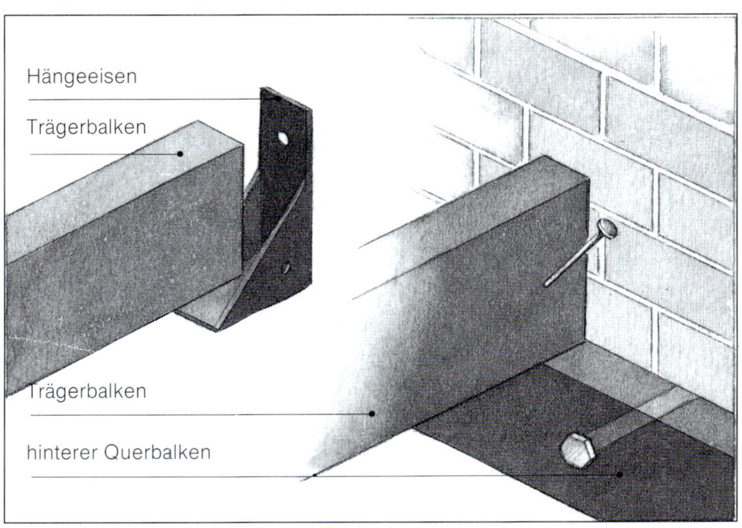

4 Feste Abdeckung

Auf die Trägerbalken werden Weichholzlatten genagelt. Die Leiste vor den Latten wird jeweils an den Trägern eingekerbt. Man deckt diesen Bereich mit einer wetterfesten Spanplatte und Dachpappe ab. Mit Bitumenstreifen wird die Verbindung zur Hauswand abgedichtet.

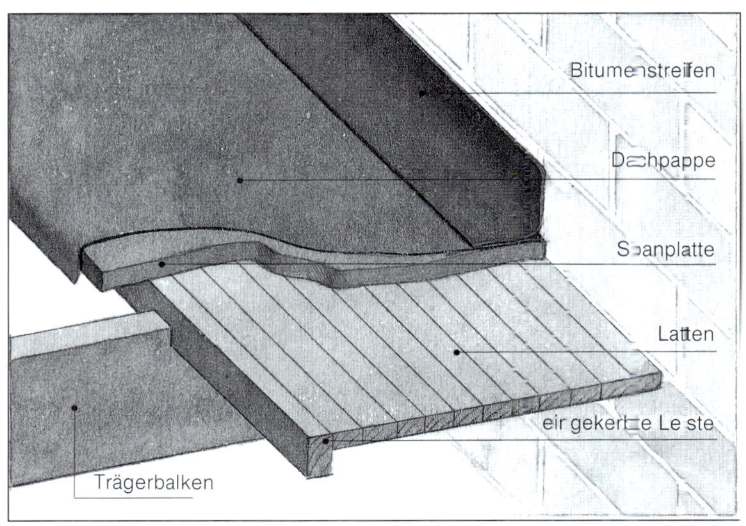

HOLZTISCH

Dieser robuste Gartentisch macht sich in jeder Anlage im Freien sehr gut. Der hier abgebildete Tisch st nur 375 mm hoch, doch die Höhe läßt sich beliebig verändern, indem man den Sockel entsprechend hoch baut. Bei einer Höhe von 750 mm beispielsweise läßt sich dieser Tisch mit Gartenstühlen drumherum sehr gut als Eßtisch verwenden.

Bis auf den gemauerten Sockel ist der Tisch ganz und gar aus solidem Holz gefertigt. Ideal ist ein mit Holzschutzmittel behandeltes Weichholz. Man kann zwar auch Hartholz verwenden, doch steigert das die Kosten enorm, weil man sehr viel Holz braucht.

Die Tischplatte aus Holz, 75 × 50 mm, besteht aus zwölf rechteckigen Rahmen, die von der Mitte aus immer größer werden. Zwischen jedem Rechteck besteht ein Zwischenraum von 5 mm, der automatisch dadurch entsteht, daß man 50 mm breites gehobeltes Holz für die Tischplatte verwendet. Gehobeltes Holz wird in der angegebenen Breite zugeschnitten und dann an jeder Seite glattgehobelt, so daß die tatsächliche Breite nur noch 45 mm beträgt.

KONSTRUKTION

Man beginnt damit, den Sockel aus Ziegeln oder aus wiederaufbereiteten Stein- und Betonblöcken zu bauen (siehe Handwerkliche Techniken). Der Sockel sollte einen Umfang von 560 × 560 mm und eine Höhe von ungefähr 225 mm haben, wenn der Tisch der Abbildung entsprechen soll. Für einen Eßtisch müßte der Sockel etwa 600 mm hoch gemauert werden.

Die Tischplatte wird auf zwei kreuzförmigen Trägern, die diagonal auf dem Sockel befestigt werden, angebracht. An der Stelle, an der die Träger aufeinanderliegen, müssen sie eingekerbt werden, damit sie ineinander passen (siehe Handwerkliche Techniken). Wie man auf der Seitenansicht (Abb. 2) erkennen kann, werden die Enden der Träger auf den letzten 300 mm von ursprünglich 75 mm auf 25 mm abgeschrägt. Die Träger werden an der Verbindungsstelle mit wasserfestem Holzleim zusammengeleimt. Nachdem man die Klemmzwingen angelegt hat, überprüft man noch einmal auf Winkligkeit, bevor der Leim abbindet.

Wenn man kein vorbehandeltes Holz verwendet, dann empfiehlt es sich, jetzt die beiden Träger mit einem guten, wasserabstoßenden Holzschutzmittel einzulassen. Nach 24 Stunden wird eine zweite Schicht aufgetragen.

Die Träger werden mit Hochbelastungsdübeln auf dem Sockel angebracht. Dazu bohrt man Löcher in den Sockel und in das Trägerkreuz. Bevor die Bolzen fest verkeilt werden, überprüft man mit der Wasserwaage, ob die Träger vollkommen waagrecht liegen, und korrigiert notfalls mit Unterleghölzchen.

GESTALTUNG DER TISCHPLATTE

Die Tischplatte besteht aus konzentrischen Rahmen, die jeweils ineinander passen. Der Mittelpunkt

MATERIALIEN

Teil	Menge	Material	Länge
SOCKEL	nach Bedarf	Ziegel o. Betonblöcke	nach Bedarf
TRÄGER FÜR DIE TISCHPLATTE	2	gehobeltes Holz 75 × 50 mm	1700 mm
RAHMEN FÜR DIE TISCHPLATTE	4	gehobeltes Holz 75 × 50 mm	1200 mm
	4	wie oben	1100 mm
	4	wie oben	1000 mm
	4	wie oben	900 mm
	4	wie oben	800 mm
	4	wie oben	700 mm
	4	wie oben	600 mm
	4	wie oben	500 mm
	4	wie oben	400 mm
	4	wie oben	300 mm
	4	wie oben	200 mm
	4	wie oben	100 mm

Dazu: Hartholzdübel, ca. 9,5 mm × 1,5 m zur Verbindung der Ecken in 100 mm lange Stücke geschnitten; 4 Hochbelastungsdübel, mit denen die Kreuzträger am Sockel befestigt werden; wasserfester Holzleim.

1 Gemauerter Sockel

Der Tisch ruht auf einem in entsprechender Höhe gemauerten Ziegel- oder Steinsockel. Die Mitte wird mit Schotter aufgefüllt und mit Beton abgeschlossen.

2 Herstellung der Kreuzträger

Die Träger werden in der Mitte eingekerbt, so daß man sie x-förmig, im rechten Winkel ineinanderlegen kann. Die Trägerunterseiten werden an den Enden auf einer Länge von 300 mm abgeschrägt.

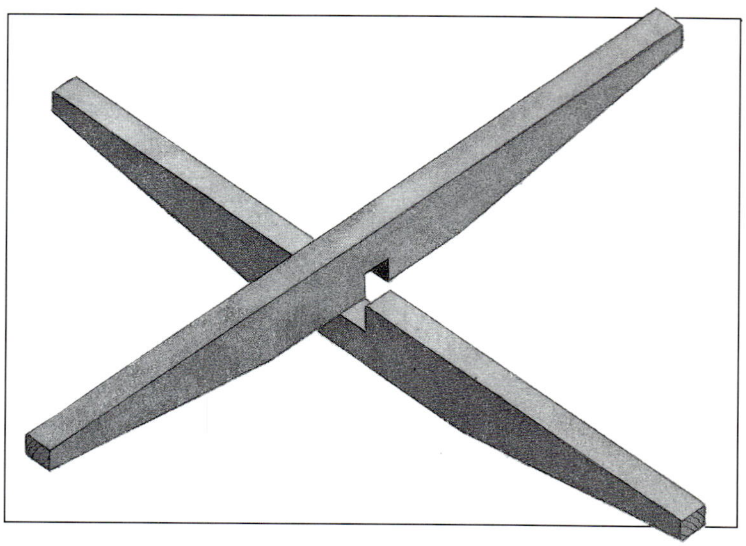

Konservierung 146
Weichholz 146
Sägen 148
Dübel 151
Teilungspunkt 152
Dübel 154
Gehrung 154
Ziegelsteine 157

ein aus vier Stücken zusammengesetzter fester Block. Die Latten, 75 × 50 mm, werden wie große Bilderrahmen zusammengesetzt; die Enden treffen im 45°-Winkel aufeinander. Die Winkel lassen sich am einfachsten mit einer elektrischen Säge schneiden, deren Sägeblatt auf 45° Neigung eingestellt wird. Man kann dafür eine ganz gewöhnliche tragbare Motorkreissäge verwenden, wobei das Holz fest in einen Schraubstock eingespannt wird. Noch einfacher ist es allerdings, wenn man sich für solche Zwecke eine Gehrungssäge oder eine fest montierte Kreissäge zulegt.

Der größte Rahmen wird auf die Außenmaße 1200 × 1200 mm zugeschnitten. Die Verbindungsflächen werden mit wasserfestem Holzleim eingestrichen und dann mit Rahmenklammern zusammengehalten, bevor man die Ecke mit einem Bohraufsatz, 9,5 mm, im Winkel von 90° zur Verbindungskante schräg durchbohrt. In jede Ecke werden zwei Löcher gebohrt und Dübel, 9,5 mm, eingeschoben, die man mit wasserfestem Holzleim bestrichen hat. Die Dübel werden zuvor der Länge nach mit einem schmalen Schlitz versehen, der verhindert, daß beim Einführen des Dübels der ganze Leim nach außen gedrückt wird. Die Dübel müssen so lang sein, daß sie auf jeder Seite aus den Löchern herausstehen. Wenn der Leim getrocknet ist, sägt man die Dübel dicht an den Rahmenseiten ab und schleift die Fläche sauber glatt, so daß nichts mehr hervorsteht. Die restlichen Rahmen werden in der gleichen Weise nach den Maßen, wie bei den Materialien angegeben, zusammengesetzt. Der Block in der Mitte besteht aus vier Holzstücken, 75 × 50 mm, die zum Quadrat zusammengedübelt werden. Bevor man die einzelnen Rahmen auf dem Trägerkreuz anbringt, werden sie zwecks besserer Haltbarkeit mit zwei Schichten wasserabstoßendem Holzschutzmittel behandelt.

Die Rahmen der Tischplatte werden mit wasserfestem Holzleim und Dübeln auf dem Trägerkreuz befestigt; die Dübellöcher im Rahmen werden dabei von unten her gebohrt, die in den Trägern von oben.

3 Befestigung der Träger

Mit Hochbelastungsdübeln werden die Träger an jeder Sockelecke verankert. Die Bohrlöcher gehen in den Sockel und in die Träger hinein. Vor dem endgültigen Befestigen überprüft man noch einmal, ob die Träger waagrecht sitzen.

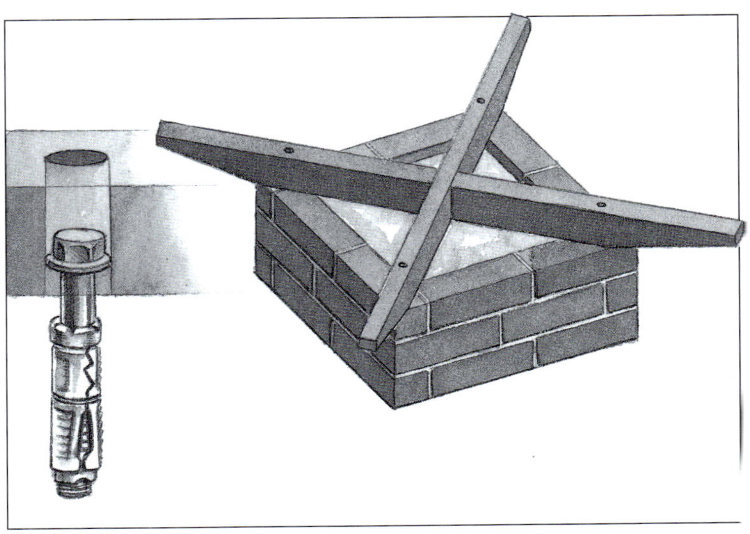

4 Die Rahmen für die Tischplatte

Die Enden werden im Winkel von 45° schräg abgesägt, mit Leim verbunden und dann gedübelt.

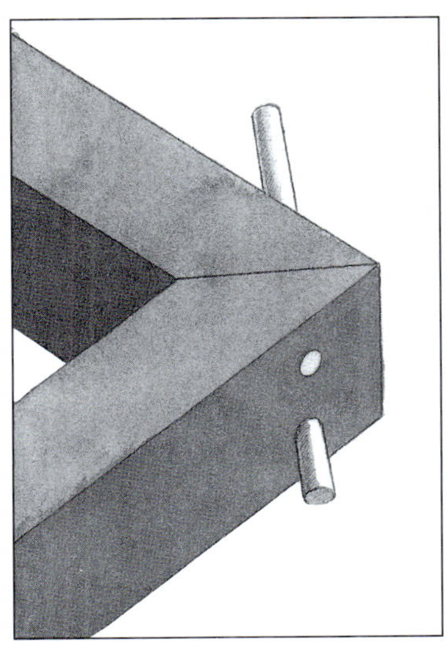

5 Befestigung der Rahmen auf den Trägern

Die Dübellöcher werden von unten in die Rahmen und an den entsprechenden Stellen in die Träger gebohrt.

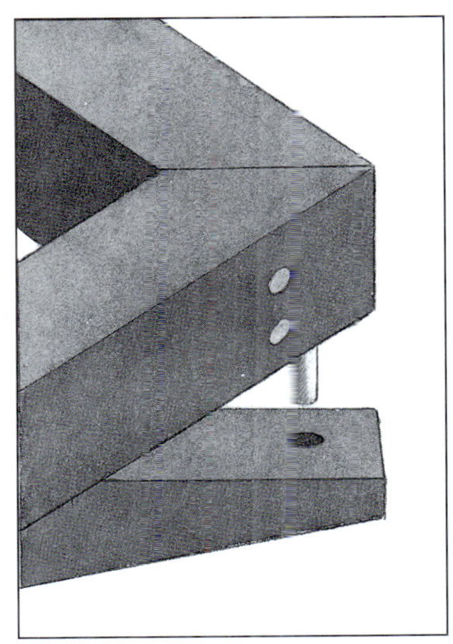

2. TEIL

GARTENHÄUSER

Gartenhäuser sind ein ganz eigenes Thema. Sie können eine romantische Rückzugsmöglichkeit vom Alltagsgeschehen bieten, oft sind sie aber nicht mehr als ein simpler Schuppen. Zwischen diesen Extremen entfaltet sich ein breites Spektrum an Sommerhäusern, kleinen Gebäuden, die an einem Ort mit schöner Aussicht errichtet werden, Pavillons, verrückten Luxuslauben, Gewächshäusern, Werkstätten, Spielhäusern für Kinder, Ateliers, Wirtschaftsgebäuden und Gartenzimmern. Man könnte selbst Taubenschläge, Kaninchenverschläge, Hundehütten und Hühnerställe dazurechnen, da die Tierbehausungen meist in unmittelbarer Nähe zum Menschen untergebracht sind. Doch egal, welche Funktion diese Gebäude letztlich erfüllen sollen; es ist einfach reizvoll, im Kleinformat zu bauen. Für die Gartengestaltung bieten sich hier vielerlei Möglichkeiten, ausgefallene Ideen mit praktischer Nutzanwendung gestalterisch zu verbinden.

Die Inspiration zu einigen der hübschesten Versionen von Gartenhäusern stammen häufig von Kindern. Und auch die Tierbehausungen, die über die rein funktionalen Erfordernisse hinaus gestaltet wurden, sind oft so konzipiert, daß besonders Kinder an ihnen Gefallen finden werden.

GARTENHÄUSER

In Europa ist das Sommer- oder Gartenhaus schon seit Jahrhunderten sehr beliebt, und im Fernen Osten kann es auf eine noch ältere Tradition zurückblicken. Ein Pavillon oder Häuschen wurde gerne an einer Stelle mit einem besonders schönen Ausblick auf den Garten errichtet, wobei im Osten der Aspekt der kontemplativen Naturbetrachtung mehr im Vordergrund stand. Ab dem 18. Jahrhundert dann gewann der architektonische Reiz eines Gartenhäuschens mehr an Bedeutung. Begeistert griff man verschiedene Stilrichtungen auf und verzierte sich den Garten mit chinesischen Pavillons, japanischen Teehäusern, strohgedeckten Miniatur-Landhäusern, klassischen Tempeln oder gotischen Grotten.

Dabei muß man allerdings bedenken, daß derartige architektonische Werke einige Hektar Parklandschaft brauchen, um ihren Reiz entfalten zu können. Heute fallen die Gartenhäuser im Stil meist bescheidener aus und spiegeln vor allem ihren Gebrauchswert wider. Trotzdem können auch so »gewöhnliche« Gebäude wie Badehütten, Jagdhütten, ja sogar Pferdekutschen, eine Quelle der Inspiration sein.

Als Ausgangsmaterialien eignen sich angemaltes Holz, Schindeln und wetterfestes Sperrholz. Das Dach kann man mit Dachziegeln, Dachpappe oder Wellblech decken. Ausgesprochen rustikal wirkt es, wenn man für das Dach Stroh oder Torf verwendet. Bei etwas Geschick und Erfindungsgabe ist ein Gartenhaus ein wahres Spielfeld für die Wiederverwendung von übriggebliebenen und ausrangierten Materialien.

Der gestalterische Anspruch hängt davon ab, wofür das Häuschen letztlich verwendet wird. Ein Gästebungalow muß natürlich mehr Komfort aufweisen als ein ruhiges Plätzchen zum Lesen oder ein Unterschlupf vor dem Regen. Wenn man sich in dem Haus ein Atelier oder Büro einrichten möchte, braucht man Elektrizität, in anderen Fällen mag ein Wasseranschluß von Vorteil sein. Je nach beabsichtigter Größe und Funktion des Gartenhauses muß man eventuell auch einen Antrag auf Baugenehmigung stellen.

Ganz wichtig ist die Lage des Gartenhauses oder Pavillons, denn sie spielt natürlich für die gesamte Gartenanlage eine wichtige Rolle. Ein beschaulicher Ort zur Naturbetrachtung benötigt eine dazu einladende Umgebung. Auch bei der Anlage von Wegen und

FAST WIE ZU HAUSE ...

Ein Gartenhaus ist immer etwas Reizvolles, egal ob es sich dabei um eine Hütte, einen Pavillon, eine Werkstatt oder ein Sommerhäuschen handelt (links und ganz links). Ein Teil des Charmes, der von diesen Miniaturhäusern ausgeht, liegt in ihrem schlichten Konstruktionsstil und den einfachen Baustoffen begründet.

Zur Aufbewahrung von Gartengerätschaften eignen sich Gestelle an den Wänden sehr gut (oben). Geräte aufzuhängen ist platzsparend, und außerdem schützt man so Zinken und andere empfindliche Teile vor Beschädigungen. Körbe und Steigen kann man gut an Deckenhaken aufhängen.

GARTENHÄUSER

Beeten gilt es, die Lage des Häuschens so weit wie möglich miteinzubeziehen. Ein Pavillon am Ende eines Spazierweges ist ein formal gestalterischer Höhepunkt, auf einer kleinen Erhebung errichtet, bietet er vielleicht eine Art Aussichtsplattform, und in einer abgeschiedenen Ecke des Gartens sieht er rasch wie ein geheimnisvolles Hexenhäuschen aus.

Obwohl an einer Hütte im Garten an sich nichts Geheimnisvolles oder Romantisches ist, sollte man sich dennoch darum bemühen, sie etwas liebevoller zu gestalten, als es gemeinhin üblich ist. Für jedes Haus mit Garten ist eine Hütte zur Aufbewahrung von Werkzeugen, Blumentöpfen, Samen und Setzzwiebeln eine wertvolle Bereicherung.

Der Bedarf an Abstellplatz ist immer groß. Im Handumdrehen ist eine Hütte mit Geräten und anderen Gartenutensilien gefüllt. Von daher ist es wichtig, gleich von Anfang an in den richtigen Dimensionen zu planen und die Hütte groß genug zu kaufen oder zu bauen. Am besten überlegt man sich schon vorher ein sinnvolles System, wie man Gartengeräte usw. unterbringt.

Für größere Gegenstände wie Rasenmäher, Fahrräder, Gartenmöbel, Markisen und Schirme, die im Winter weggepackt werden, sowie für tragbare Grills und großes Spielzeug benötigt man zusätzlichen Stellplatz am Boden. Irgendwo muß man auch Säcke mit Kompost oder Holzkohle unterbringen können, und man braucht ein trockenstehendes Regal für Dünger und Pflanzenschutzmittel, das in einer für Kinder und Tiere unzugänglichen Höhe angebracht ist. Haken an der Decke sind sehr praktisch für Körbe und Steigen, Samenkästen und Blumentöpfe sind in Regalen bestens aufgehoben. Sinnvoll ist es auch, irgendwo einen dunklen, kühlen Platz zu haben, an dem man Knollen und Wurzelgemüse lagern kann.

Ein Vorteil eines gutorganisierten Lagersystems besteht darin, daß man auf einen Blick sieht, wenn sich etwas nicht an Ort und Stelle befindet. Doch die Vorteile sind nicht nur praktischer Art. Zwar ist ein geschickt eingerichtetes Gartenhäuschen ein guter Arbeitsbereich, doch mit all den traditionellen Gartengeräten und der sonstigen Ausstattung kann ein solcher Raum ein ebenso angenehmer Aufenthaltsort sein wie die Küche.

Eine Hütte muß nicht an einer gut sichtbaren Stelle stehen. Vielleicht bieten sich einem ja gar nicht so viele Möglichkeiten an, aber eine Hütte paßt beispielsweise ganz gut in die Nähe des Komposthaufens oder einer Feuerstelle. Andererseits kann man auch bewußt einen Nutzbereich gestalten, indem man die Hütte in die Nähe der Garage, der Mülltonnen oder des Gewächshauses plaziert und den Blick darauf mit Spalieren und Kletterpflanzen abschirmt.

Standard-Bausätze strahlen selten den Reiz eines selbst entworfenen und gebauten Häuschens aus. Doch auch eine genormte Hütte, die sich manchmal in Hinblick auf den zur Verfügung stehenden Platz gar nicht vermeiden läßt, kann man durch ein paar Veränderungen individueller gestalten. Manchmal genügt es schon, wenn man sie einfach anstreicht. Pflanztröge mit Blumen und Spaliere mit rankenden Gewächsen – all das verbindet die Hütte mit ihrer Umgebung zu einem harmonischen Ganzen.

Sommerhaus 52
Nistkasten 78

GARTENIDYLLE

Ein etwas abseits gelegenes Gartenhaus bietet in Stunden der Muße eine beschauliche Rückzugsmöglichkeit (ganz links, Mitte, ganz rechts). Zur Verkleidung einer Struktur oder zum Verbergen einer häßlichen Hütte empfehlen sich schnellwachsende Kletterpflanzen, wie Russischer Wein (Fallopia aubertii) oder Knöterich (Polygonum baldschuanicum).

TIERBEHAUSUNGEN

Hühnerställe, Taubenschläge, Vogelhäuser und ähnliches bieten eine Spielwiese für Phantasie und Lust an dekorativer Gestaltung. Außerdem lassen sich an ihnen gut die handwerklichen Fähigkeiten üben.

Sommerhaus

Die meisten Menschen können den zusätzlichen Platz, den ein Sommerhaus bietet, gut gebrauchen. Und obwohl sich ein derartiger Ort hervorragend für die Aufbewahrung von Werkzeugen, Knollen und Samen eignet und man darin sehr gut Pflanzen umtopfen und andere Hausarbeiten erledigen kann, muß der Verwendungszweck nicht darauf beschränkt bleiben. Man kann sich beispielsweise eine Heimwerker-Werkstatt, ein Künstleratelier, ein Gästehaus oder ein Spielhaus darin einrichten, wobei es sicher nicht schwerfällt, auch noch an eine Reihe ganz anderer Einsatzmöglichkeiten zu denken. Unter Umständen wird es jedoch nötig sein, sich eine Baugenehmigung einzuholen. Ein Gartenhaus kann für Menschen, die zu Hause arbeiten, durch den psychologisch wichtigen Faktor der Trennung von Wohn- und Arbeitsbereich ein unschätzbares Arbeitszimmer oder Atelier sein. Und es ist auch gediegen genug, daß es als Pavillon auf dem Kricketplatz eines Dorfes stehen könnte.

Wenn jemand nicht gerade ein glühender Heimwerker ist, mag er sich mit dem Bau eines Gartenhauses überfordert fühlen. Doch die benötigten Fähigkeiten liegen durchaus noch im Bereich einer durchschnittlichen handwerklichen Begabung. Feinheiten, wie man sie etwa bei der Herstellung von Möbeln beherrschen muß, sind nicht erforderlich. Es gibt keine anspruchsvollen Verbindungen, und nur wenige Techniken gehen über das wohl allgemein Bekannte hinaus. Die Kosten für die – leicht erhältlichen – Materialien sind ungefähr so hoch wie ein Urlaub mit der Familie. Das ist gewiß tragbar, außer man setzt die eigene Arbeit und Zeit sehr hoch an.

Der wesentliche Faktor ist die Zeit. Wenn man nur am Feierabend und an den Wochenenden daran arbeiten kann, dauert es ungefähr drei Monate. Hat man jedoch ein oder zwei willige Helfer und den ganzen Tag dafür Zeit, kann man das Sommerhaus in ein paar Wochen fertigstellen.

In der äußeren Gestaltung machen sich verschiedene Einflüsse bemerkbar. Die Idee des Wellblechdaches ist den Häusern des australischen Hinterlandes abgeschaut. Die Dachform entspricht dem traditionellen Kricketpavillon. Durch verschiedene Farbkombinationen erhält das Haus einen jeweils anderen Charakter: grün und weiß entspricht dem Kricketpavillon, zarte Pastelltöne erinnern an die Häuser entlang der Küste, leuchtendes Blau, Grün oder Rosa vermittelt einen Hauch von Karibik.

Sommerhaus

Das Sommerhaus in einem abgeschiedenen Teil des Gartens bietet eine wunderbare Gelegenheit, sich von der Betriebsamkeit des Hauses zurückzuziehen. Die Bauweise dieses Hauses hier fängt all den Zauber, den Reiz und die Faszination ein, die man sich von einem solch lauschigen Plätzchen erwarten kann, und es lädt dazu ein, sein Inneres zu erkunden. Das Zimmer mit den Maßen 3,6 × 2,4 m ist groß genug für ein paar Korbstühle, ohne gleich an Gemütlichkeit und Intimität einzubüßen. Das überhängende Dach, das auch die Veranda überdeckt, läßt das Haus größer wirken, und der ein Meter breite, geschützte Bereich ermöglicht auch an Regentagen das Sitzen im Freien. Die Grundrißgröße richtet sich zum Teil nach den Baubestimmungen. Auf jeden Fall sollte man bei der jeweiligen Lokalbaubehörde nachfragen, da es auch am Verwendungszweck liegt, ob man eine Genehmigung braucht.

Die Farbzusammenstellung aus Rot und Blau unterstreicht nicht nur Form und Materialien, sondern sieht auch lustig aus. Mit einer anderen Farbkombination wirkt das Haus gleich vollkommen anders; auf Seite 67 sind einige Vorschläge für eine andere Farbgebung abgebildet.

Die Konstruktion des Hauses ruht auf einem Betonsockel mit Lagerhölzern. Die Veranda hat einen Boden aus eingelassenen Holzlatten, der Boden im Innenraum besteht aus wetterfestem Sperrholz, das in diesem Fall hier mit Bodenfarbe gestrichen wurde. Als Bodenbelag sind aber auch Teppich, Fliesen oder Dielen vorstellbar. Legt man Wert auf einen größeren Innenraum, kann man die Wände durchaus so setzen, daß die Veranda noch mit einbezogen wird. Die Innenwände sind ebenfalls mit Sperrholz verkleidet, womit der ganzen Konstruktion mehr Festigkeit verliehen wird. Zwischen Innen- und Außenwand befindet sich eine Isolationsschicht. Die Decke ist mit Nut-und-Feder-Brettern verschalt und ebenfalls isoliert. Man kann den Dachstuhl zwar auch offen lassen, doch bedeutet das bei kaltem Wetter einen großen Wärmeverlust. Zum Heizen eignet sich am besten ein Ölofen oder ein Heizlüfter.

Die Ketten, die an den vier Hausecken vor der Dachrinne zum Boden hängen, erfüllen die Aufgabe des Fallrohrs: Das Wasser wird in vier Sickergruben im Boden geleitet. Diese Form wurde den traditionellen japanischen Häusern entlehnt.

Die Abbildungen unten und auf der gegenüberliegenden Seite vermitteln einen umfassenden Ein-

Werkzeuge

- TRAGBARE WERKBANK
- METALLMASSBAND
- METALLINEAL
- ANSCHLAGWINKEL oder KOMBINATIONSWINKELMESSGERÄT
- FESTSTELLBARE SCHMIEGE
- FUCHSSCHWANZ (KREISSÄGE)
- BOHRMASCHINE
- BOHRER – 12 mm und 3,0 mm
- SCHRAUBENSCHLÜSSEL
- HAMMER
- VERSENKER
- ZANGE
- MEISSEL
- HOLZHAMMER
- BLECHSCHERE

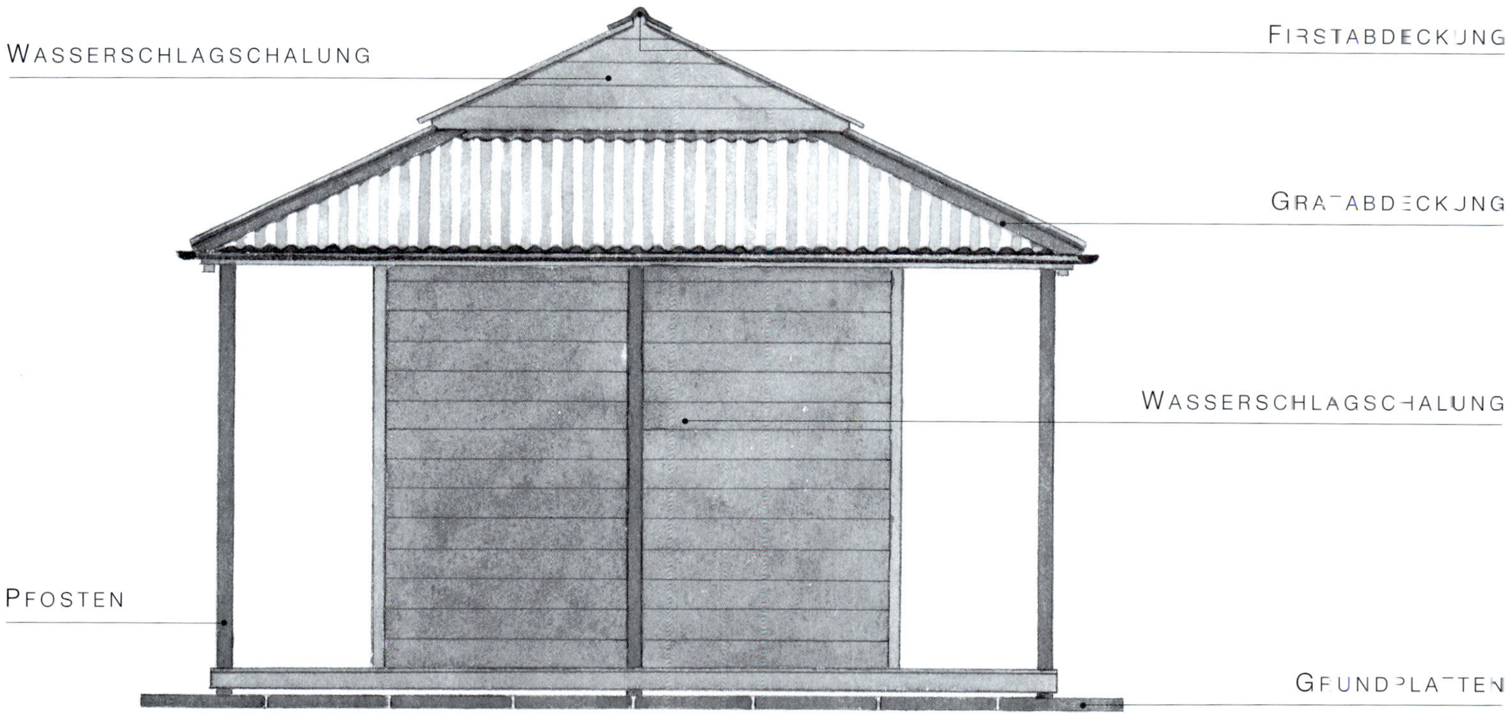
WASSERSCHLAGSCHALUNG
FIRSTABDECKUNG
GRATABDECKUNG
WASSERSCHLAGSCHALUNG
PFOSTEN
GRUNDPLATTEN

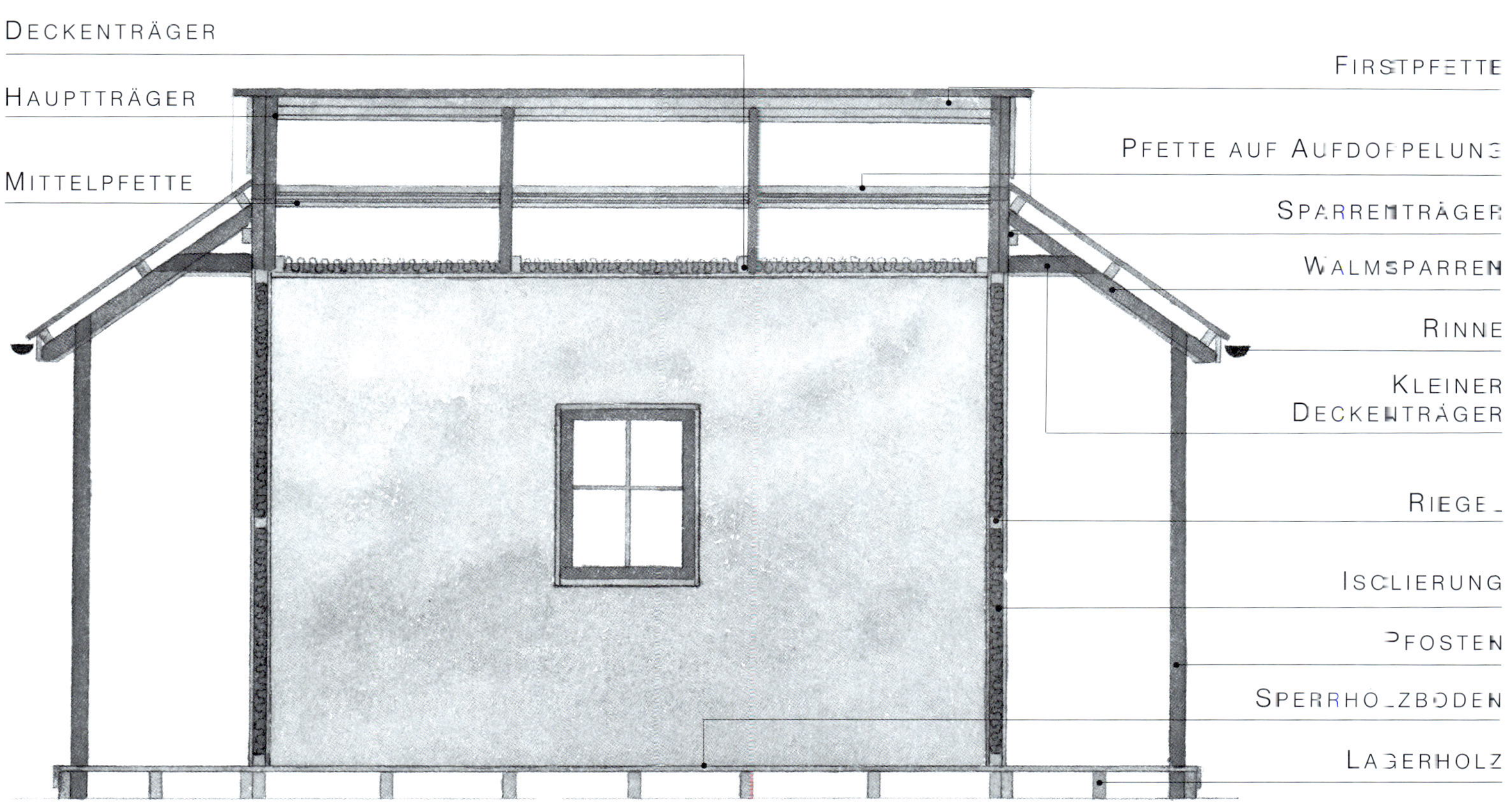
DECKENTRÄGER
HAUPTTRÄGER
MITTELPFETTE
FIRSTPFETTE
PFETTE AUF AUFDOPPELUNG
SPARRENTRÄGER
WALMSPARREN
RINNE
KLEINER DECKENTRÄGER
RIEGEL
ISOLIERUNG
PFOSTEN
SPERRHOLZBODEN
LAGERHOLZ

Sommerhaus: Fundament

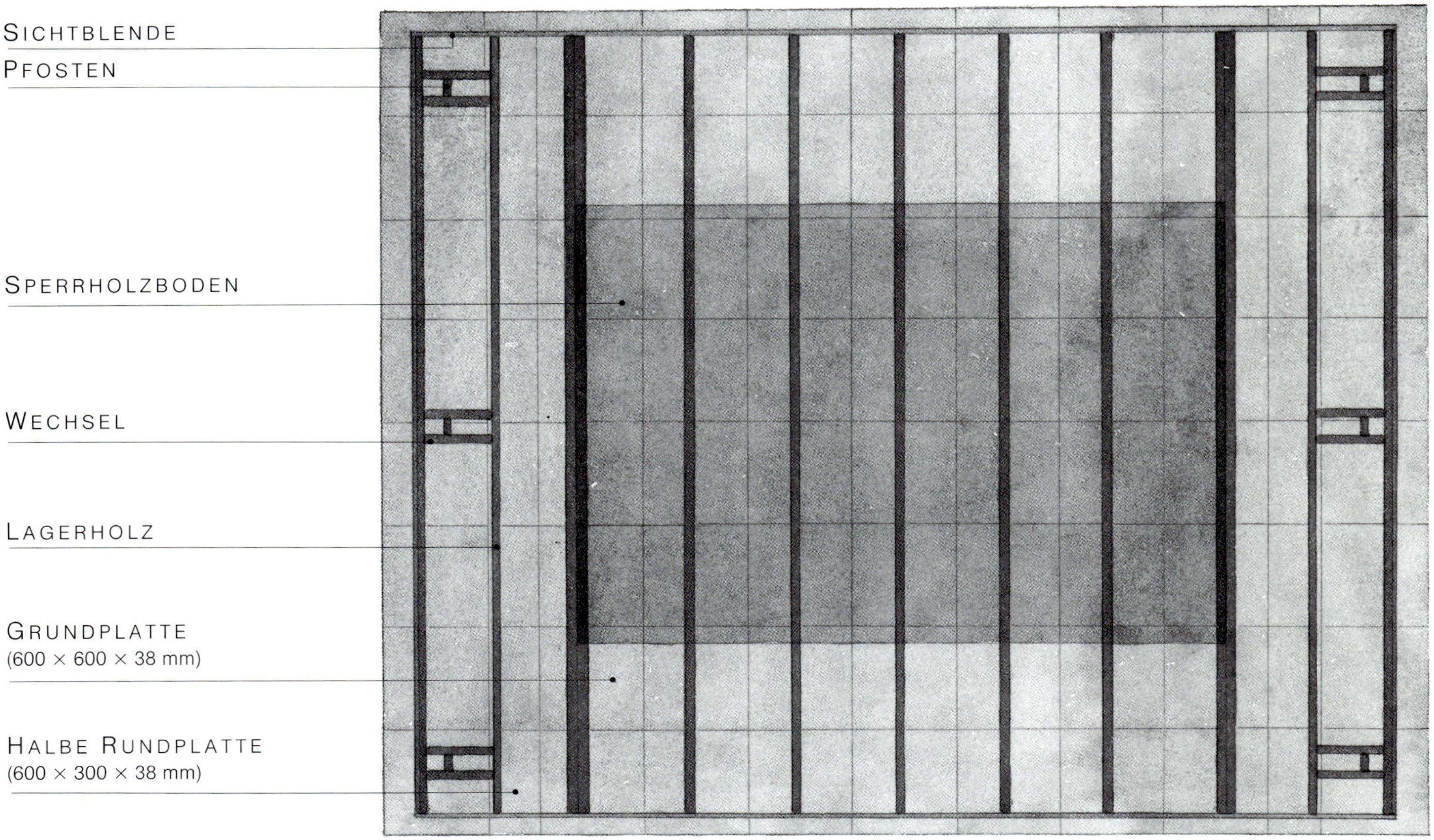

Konstruktion des Fundaments

1 Abstecken des Fundaments

Mit einem Schnurgerüst steckt man das Fundament ab. Für den Untergrund werden zwei verschiedene Plattengrößen verwendet: 600 × 600 mm und 600 × 300 mm. Über die Mitte der Platten verlaufen jeweils die Lagerhölzer.

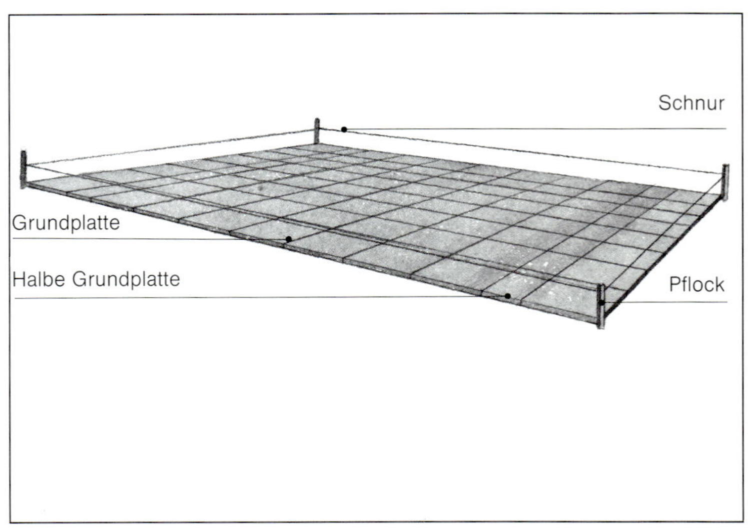

Zement 147
Zementplatten 147

druck von der Konstruktion der Vorder-, Rück- und Seitenwände und des Daches. Eventuell muß man zusätzlich zu den Beschreibungen und Bildern die eine oder andere Sache auch noch in dem Kapitel über Materialien und handwerkliche Techniken nachlesen.

FUNDAMENT

Den Platz für das ganze Fundament steckt man mit einem Schnurgerüst ab (Abb. 1). Man wählt dafür einen geschützten Ort im Garten, damit ein starker Wind oder Sturm keinen wesentlichen Schaden anrichten kann. Da das Sommerhaus keine Verankerung im Boden hat, muß man den Platz sorgfältig aussuchen.

Eine Hanglage sollte man vermeiden, weil dafür viel Boden abgetragen werden muß, bevor man das Fundament legen kann.

Das Fundament besteht entweder aus den Grundplatten oder wird aus Beton gegossen. An Platten braucht man 72 Stück mit den Maßen 600 × 600 × 38 mm und 16 halbe Platten (600 × 300 × 38 mm). Die halben Platten sind dazu da, daß ein schmaler Freiraum um die Wände herum frei bleibt. Die Lagerhölzer ruhen mittig auf den Platten (Abbildungen: Konstruktion von Fundament und Boden).

Den Untergrund für die Platten bereitet man aus einer 1:5-Mischung von Zement und Sand. Man muß von vorne nach hinten eine leichte Schräge (1 zu 60) einbauen, damit das Regenwasser gut abfließen kann. Es darf sich nicht unter den Lagerhölzern stauen, da diese ansonsten zu verrotten anfangen.

Wenn man einen Betonsockel anlegen möchte, muß man den Boden 125 mm tief ausheben und eine verdichtete Schotterschicht einbringen. Darüber kommen 50 mm Betongemisch aus einem Teil Zement und fünf Teilen Splittgestein.

Natürlich muß auch hier der Platz zuerst abgesteckt werden. Dann errichtet man eine Holzschalung für den Betonsockel. Die Schalung wird mit in den Boden getriebenen Pflöcken gehalten. Als Material für die Schalung eignen sich beispielsweise alte Dielenbretter oder ähnliches. Dabei darf man nicht vergessen, die Schalung von vorne nach hinten leicht schräg zu setzen.

Wenn das Fundament fertig ist, kann man die Lagerhölzer auslegen. Man verwendet für die Lagerhölzer geschnittenes Holz, 100 × 50 mm, das gründlich mit Holzschutzmittel behandelt wurde. Ideal ist unter Druck imprägniertes Holz. Man braucht im ganzen 13 Lagerhölzer; unter die Außenwände kommt jeweils eine Doppelreihe. Die äußeren Lagerhölzer tragen an ihren Enden den Verandaboden.

Unter jedes Lagerholz kommt ein Streifen Bitumenpappe. Sie ist wasserfest und läßt keine Feuchtigkeit durch. Da das Fundament von vorne nach hinten leicht schräg geneigt ist, muß man alle 600 mm unter jedes Lagerholz kleine Abstandsklötze legen, um wieder eine ebene Fläche für den Boden zu bekommen.

Als nächstes wird der Boden des Sommerhauses ausgelegt (siehe Abb. 3). Er besteht aus wasserfestem Sperrholz und ist im ganzen 3,6 × 2,4 m groß. Man befestigt die Platten mit Schrauben 8,0 × 38 mm, alle 400 mm entlang der Kanten auf den Lagerhölzern. Als erstes verschraubt man die mittlere Platte; die beiden Seitenplatten müssen vor dem Festschrauben zugeschnitten werden. Dann legt man die Unterlegstreifen, 50 × 19 mm, aus Sperrholz aus, auf denen die Vorder- und die Rückwand stehen werden.

Die äußeren Lagerhölzer, auf denen die Veranda aufliegt, können vorübergehend wieder entfernt werden, da sie während des Baus nur im Weg sind.

2 Auslegen der Lagerhölzer

Die Lagerhölzer werden im Abstand von 600 mm ausgelegt. Für die Außenwände nimmt man je eine Doppelreihe. Da die Bodenplatten leicht schräg nach hinten abfallen, muß man die Lagerhölzer mit Abstandsklötzen in die Waagrechte bringen.

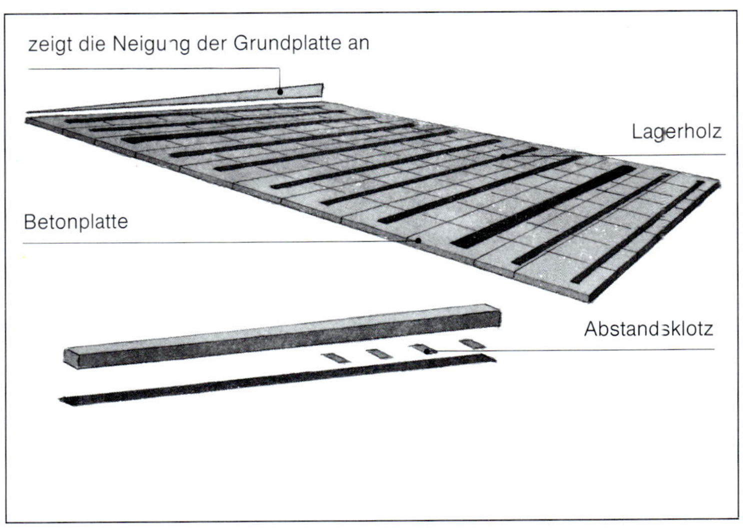

3 Auslegen des Sperrholzbodens

Der Boden besteht aus 19 mm starkem wasserfesten Sperrholz, das mit Schrauben, 8,0 × 38 mm, in die Lagerhölzer befestigt wird. Als erstes legt man die mittlere Platte aus, dann die beiden anderen rechts und links.

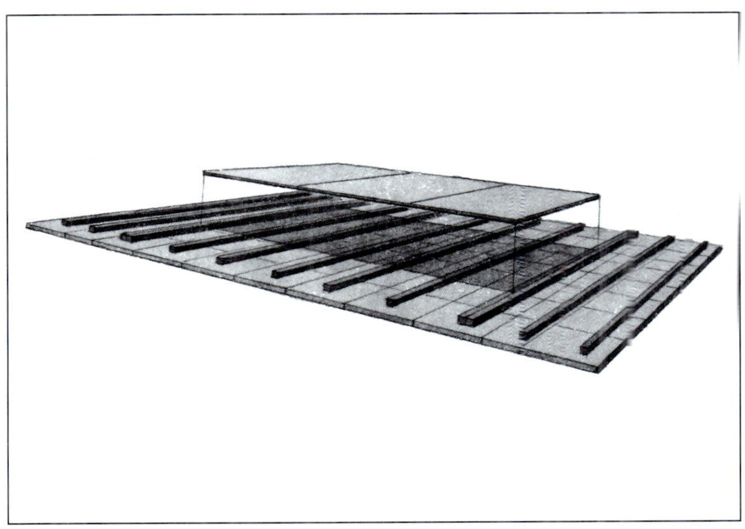

SOMMERHAUS: WANDKONSTRUKTION

WÄNDE

Die Innenbeplankung der Hauswände besteht aus 12 mm starkem wasserfesten Sperrholz. Man schneidet zunächst alle Teile für die vier Wände aus. Die Fensteröffnungen vorne und hinten sind etwa 700 × 600 mm groß, die Türöffnung etwa 2000 × 810 mm. Wenn man eine fertige Tür kaufen möchte, berechnet man danach die Größe der Türöffnung, wobei man die Maße für den Türrahmen mit einrechnen muß.

Man nimmt sich nacheinander jede Wand vor und legt die Vierkanthölzer, 50 × 50 mm, aus (Abb. 1). Die kurzen waagrechten Riegel sitzen mit Absicht nicht ganz auf einer Linie, damit man sie mit den senkrechten Hölzern zusammenschrauben kann.

Man legt die Sperrholzplatten mit der Innenseite nach oben auf die Hölzer – dies ergibt die Innenbeplankung (Abb. 2). Alle 400 mm schraubt man die Platten mit Schrauben, 8,0 × 38 mm, auf die Hölzer. Die Schraubenköpfe werden versenkt und verspachtelt.

Die Tür- und Fensteröffnungen werden mit Wechseln, 50 × 25 mm, eingerahmt. Man befestigt diese mit schräg eingeschlagenen Nägeln, 50 mm, an den Hölzern (siehe Handwerkliche Techniken).

Für den Zusammenbau der Wände braucht man Schrauben, 12,0 × 125 mm, mit Muttern. Mit einem Helfer stellt man alle vier Wände auf und stützt sie vorübergehend ab. Dann bohrt man an den Ecken durch die aneinanderstoßenden Hölzer die Löcher für die Schrauben. Jede Ecke wird vor dem Bohren und Verschrauben mit einer Zwinge zusammengedrückt. Man läßt in diesem Stadium noch etwas Spiel, damit man alle vier Wände genau zueinander ausrichten kann. Für jede Ecke braucht man vier Schrauben, die man ungefähr an die angegebenen Stellen setzt (Abb. 1, Rückwand). Beim Zusammenbau fängt man mit der Vorder- und einer Seitenwand an. Dann verschraubt man die Rückwand mit der anderen Seitenwand und zum Schluß die beiden letzten Ecken.

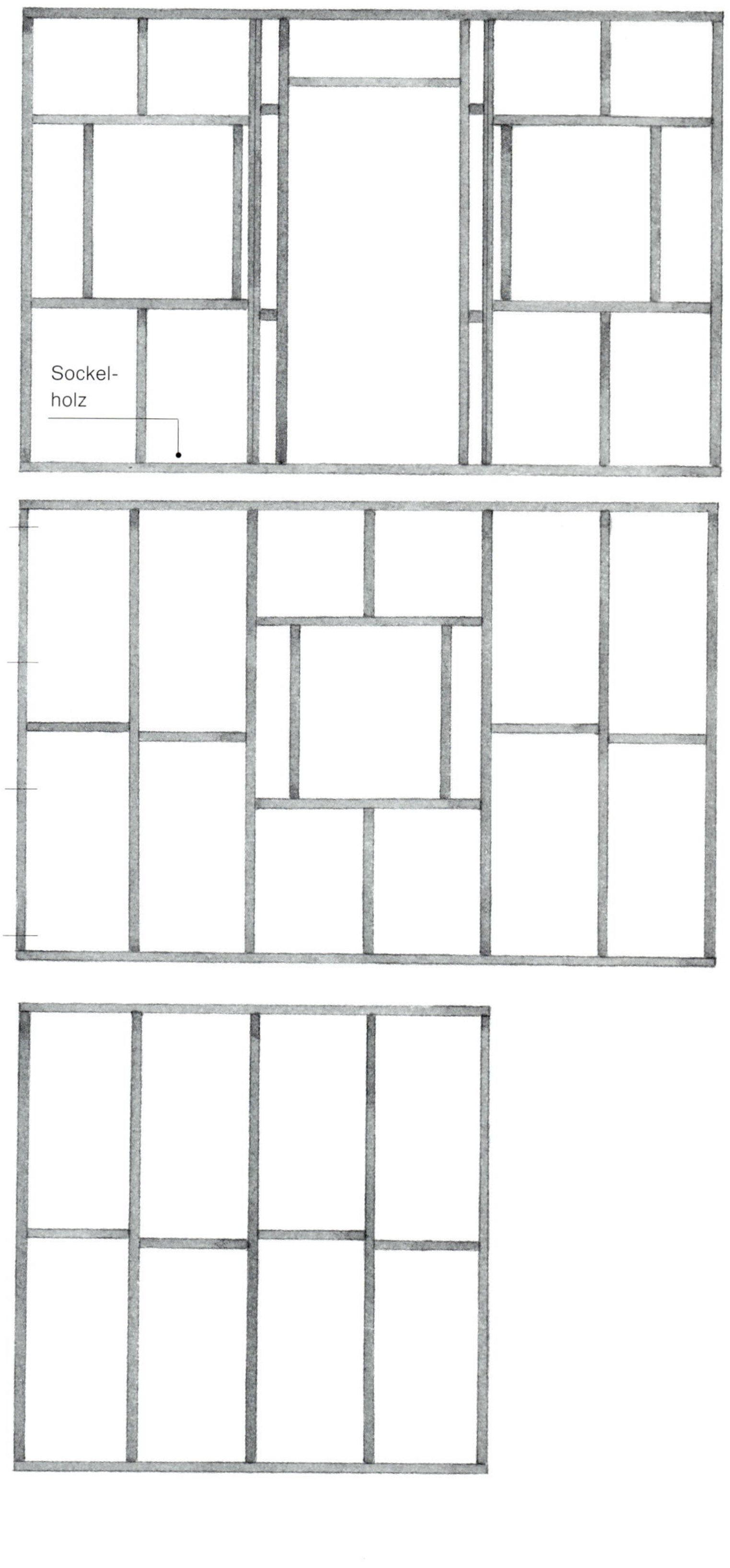

1 Zusammenbau des Rahmens für jede Wand

Die Abbildungen zeigen die Anordnungen der Hölzer, 50 × 50 mm, für jede der vier Wände. *Oben.* Vorderer Rahmen mit Tür- und Fensteröffnungen. *Mitte.* Rückwärtiger Rahmen mit Fensteröffnung. *Unten.* Geschlossene Seitenwände

Bohren 150
Sägen 150
Nageln 151
Holzverbindung 152

ZUSAMMENBAU DER WÄNDE

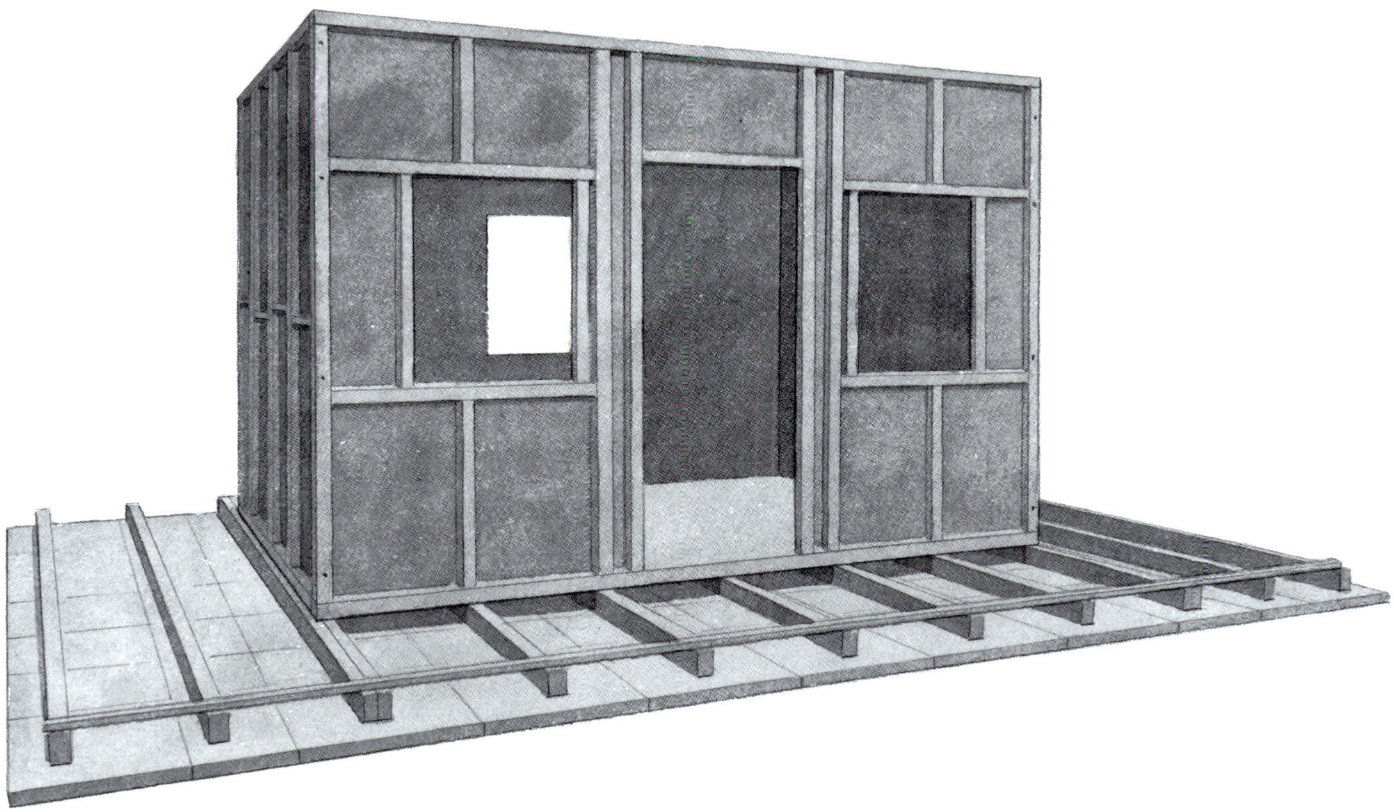

2 Befestigung der Innenbeplankung an den Rahmen

Die Innenbeplankung besteht aus 12 mm starkem Sperrholz. Die Vorderseite ist aus fünf Teilen zusammengesetzt; die Fenster wurden in der Beplankung ausgespart. Mit Schrauben, 8,0 × 38 mm, befestigt man die Platten auf den Rahmen.

3 Verbindung der vier Rahmen

Die Holzrahmen werden mit 125 mm langen Schrauben und Muttern miteinander verbunden. Man hält sie mit Zwingen und Stützen zusammen. In jeder Ecke werden vier Löcher gebohrt und die Hölzer miteinander verschraubt.

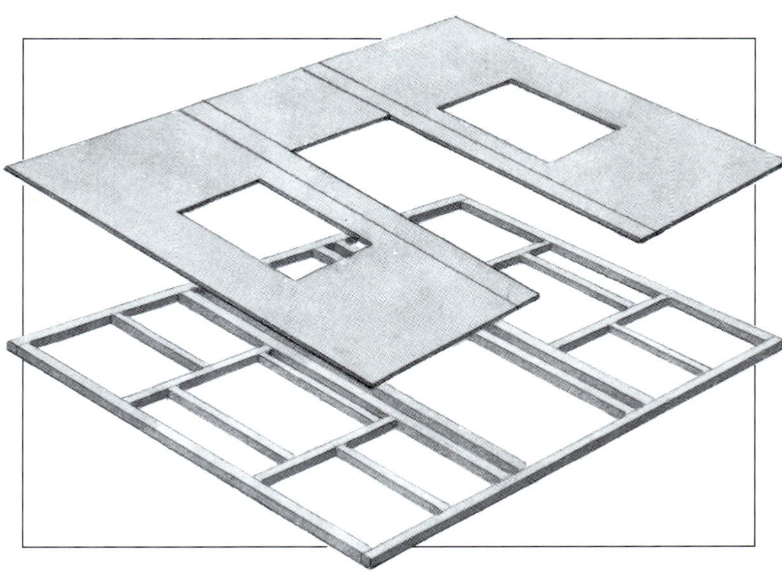

Sommerhaus: Dachkonstruktion

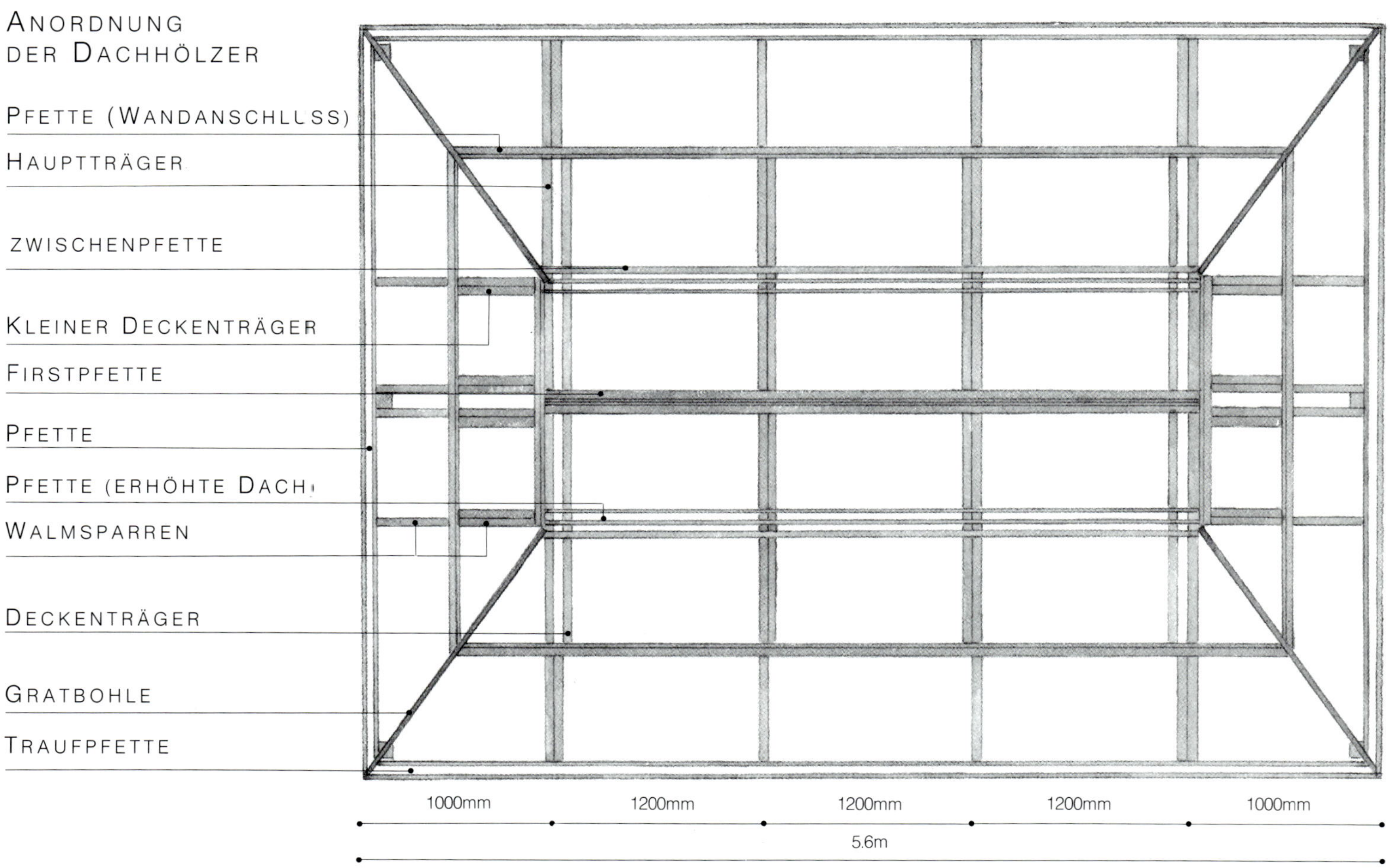

Längsschnitt durch das Dach

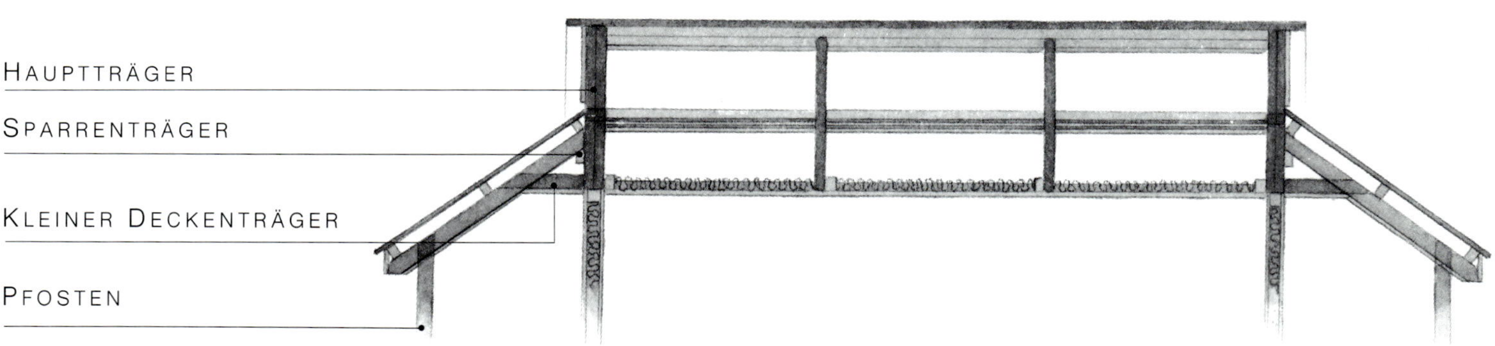

Fixieren 147
Sägen 148
Nageln 151
Zapfverbindung 154

Wenn alle Wände verbunden sind und im rechten Winkel zueinander stehen, nagelt man die Sokkelhölzer der Wände im Abstand von 400 mm mit Nägeln, 100 mm, an die Lagerhölzer.

DACH

Das auffallende, über die Veranda hinauskragende Dach ist ein wesentlicher gestalterischer Teil des Hauses. Die Dachschrägen sind mit Wellblech verkleidet; die Veranda liegt geschützt unter dem Vordach. Die ganze Konstruktion ist ziemlich kompliziert, und man sollte die Pläne ausführlich studieren, bevor man sich Schritt für Schritt nach der Anleitung an den Bau macht. Wenn man anfängt, die Teile zusammenzusetzen, wird man rasch verstehen, wie die Sparren und Pfetten zusammengehören.

HAUPTTRÄGER

Man beginnt mit den vier Hauptträgern. Die Träger sind dreieckig, wobei die Hölzer oben auf Gehrung geschnitten sind. Sie werden aus zwei 75 × 50 mm starken, jeweils 2,6 m langen (zunächst in Überlänge zuschneiden!) geneigten Sparren zusammengesetzt. An der Spitze sind sie mit einer Sperrholzausfachung verstärkt; in der entsprechenden Höhe sind sie mit einem Deckenträger ausgesteift.

Die Sparren werden oben schräg zugeschnitten und im richtigen Winkel zueinander gehalten, indem man sie auf eine dreieckige Sperrholzausfachung, 12 mm stark, nagelt. Die Neigung jeder Ausfachung beträgt 26°, wodurch der Winkel jedes Trägers festgelegt ist. Die Deckenträger halten die Sparren zusammen; sie werden an die Schenkel des Trägerdreiecks geschraubt.

Die Außenträger bestehen aus Doppelsparren. Dafür wird jeweils ein Sparrenpaar mit 12 mm langen Sechskantbolzen verbunden. Auf den Bolzen sitzen stählerne Einpreßdübel, die zwischen die Sparren kommen. Mit den gleichen Bolzen und Dübeln werden die Deckenträger an den Sparren befestigt.

Wichtig: die vier Hauptträger müssen im selben Winkel zugeschnitten und zusammengenagelt werden. Man nagelt deshalb den ersten Hauptträger auf einer ebenen Fläche zusammen und benützt ihn dann als Schablone für die anderen Träger.

Alle Träger werden ungefähr 200 mm zu lang zugeschnitten. Nach der Befestigung sägt man sie auf die richtige Länge zurück. Die Aufdoppelungen werden oben aufgenagelt.

BEFESTIGUNG DER HAUPTTRÄGER

Man setzt die Hauptträger im Abstand von ungefähr 1200 mm auf die Wände. Die doppelten Träger müssen dabei außen sitzen. Man vergewissert sich noch einmal, daß alle Träger rechtwinklig und senkrecht sitzen und nagelt sie dann auf die oberen Rahmenhölzer der Vorder-und Rückwand. Man verwendet dafür Rundkopfnägel, 150 mm, die schräg in die oberen Hölzer getrieben werden (siehe Handwerkliche Techniken).

Damit die Hauptträger senkrecht stehenbleiben, nagelt man vorübergehend lange Latten diagonal zur Aussteifung auf die Träger (Abb. 1, unten). Die Latten bringt man so an, daß sie bei der Befestigung der Firstpfette, der Wandanschlußpfetten und der Traufpfetten nicht stören.

BEFESTIGUNG DER PFETTEN

Man schneidet die Firstpfetten (waagrechte Hölzer) zu und befestigt sie. Sie haben die gleiche Länge wie die Vorder- und Rückwand des Hauses und werden auf den Aufdoppelungen jeweils rechts und links vom Scheitelpunkt der Hauptträger angebracht.

Die Traufpfetten schneidet man mit 2,5 m Überlänge zu (sie werden vorne und hinten angebracht, um die Außenkanten des Daches zu tragen). An jedem Ende sollen sie 1250 mm überstehen (Abb. 2). Festgenagelt werden sie an den Sparren.

Als nächstes schneidet man die Pfetten für den Wandanschluß zu (sie sitzen oberhalb der Traufpfetten). Sie sollen an jedem Ende ca. 650 mm überstehen und werden später zurechtgesägt. Man nagelt

1 Konstruktion der Hauptträger

Jeder Träger wird dadurch gebildet, daß man ihn auf ein zugeschnittenes Stück Sperrholz, 12 mm stark, mit einer Neigung von 26° nagelt und mit dem Deckenträger aussteift. Die Außenträger bestehen aus Doppelsparren. Nach dem Aufsetzen auf die Wände werden die Träger durch die Pfetten ausgesteift.

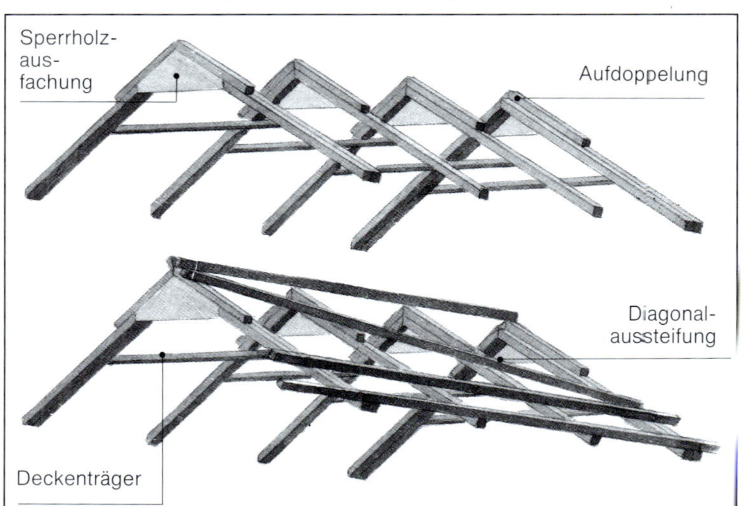

2 Befestigung der Pfetten auf den Dachträgern

Die Träger werden mit Abstand auf die oberen Rahmenhölzer der Wände gesetzt und vorübergehend mit diagonalen Aussteifungen an Ort und Stelle gehalten. Danach schneidet man die Firstpfetten zu und nagelt sie an. Traufpfetten, Wandanschlußpfetten und Zwischenpfetten werden zunächst in Überlänge zugeschnitten.

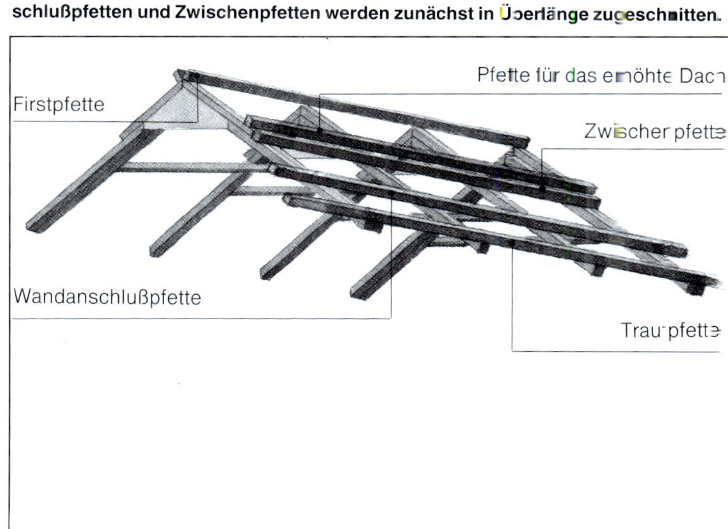

Sommerhaus: Walmdachkonstruktion

sie auf die Sparren (Abb. 2). Nun entfernt man die diagonale Aussteifung und schneidet die beiden Zwischenpfetten zu, die auf jeder Seite zwischen Firstpfetten und Wandanschlußpfetten befestigt werden. Sie stoßen unten an die Aufdoppelung. Die Zwischenpfetten stehen an jeder Seite etwa 300 mm über und werden später schräg abgeschnitten.

Herstellung des erhöhten Dachs

Die Aufdoppelungen dienen als Füllung über den Sparren. Man befestigt nahe am unteren Ende der Aufdoppelung jeweils eine weitere Pfette für den erhöhten Dachteil.

Ansetzen der Walmdächer an beiden Seiten

Von der Außenseite des äußeren Trägers mißt man entlang der oberen Außenkante der überstehenden Traufpfette 1000 mm ab. Von diesem Punkt aus zieht man eine Lin e (mit einem Stück Schnur) zu der Stelle am Außenträger, wo der schräge Dachteil endet. Dadurch erhält man eine Dachneigung von ca. 36°. Man stellt aus Sperrholz oder Lattenresten ein Dreieck mit diesem Winkel her und verwendet es während der ganzen Dachkonstruktion dafür, die Dachschräge zu überprüfen (Abb. 2).

Man spannt eine weitere Schnur von der Oberseite dieser Traufpfette (1 000 mm von der Außenträgerseite entfernt) zur Oberseite der Traufpfette auf der anderen Seite (ebenfalls 1000 mm vom Außenträger entfernt). Auch von diesem Punkt aus zieht man eine Schnur zu dem entsprechenden Punkt, wo die Dachschräge am Außenbalken endet. Anhand der gespannten Schnüre kann man die Grundform der Walmdächer an beiden Hausseiten erkennen. Was sich abzeichnet, ist die Dachneigung von der Traufpfette bis zur Schnittlinie mit dem Außenträger.

Man schneidet die Walmsparren (vier an jeder Seite) in Überlänge zu, desgleichen auch die kleinen Deckenträger für die Außenseiten (auch wieder vier). Für alle diese Balken nimmt man geschnittenes Holz, 75 × 50 mm (Abb. 6).

Man schneidet die Sparrenträger zu (sie verbinden die Sparren mit den Außenträgern) und nagelt oder schraubt sie an die Außenträger (siehe Abb. 3). Nach der Befestigung schneidet man die Enden der Sparrenträger in der Schräge der Hauptträger zu.

Mit einer verstellbaren Schmiege stellt man den Winkel für die oberen Enden der Außensparren ein und schneidet sie in diesem Winkel zu. An der Unterseite jedes Sparrens hebt man eine Kerbe aus, damit der Sparren gut auf dem Sparrenträger sitzt. Die traufseitigen Sparrenenden werden erst später in der richtigen Lage zugeschnitten.

Man nagelt die vier Walmsparren sowie die vier kurzen Deckenträger an ihrem jeweiligen Ende fest. Jetzt überprüft man, ob sich die oberen Enden der Sparren in einer Linie befinden und die Neigung mit den gespannten Schnüren übereinstimmt. Die Unterseiten der kleinen Deckenträger müssen waagrecht und in einer Linie mit den Unterseiten der Deckenträger des Hauses sein.

Die zwei mittleren Walmsparren jeder Seite werden im Abstand von 75 mm befestigt (Abb. 4). Später werden diese jeweils mit den mittleren Verandastützträgern verschraubt.

Die Gratbohlen, 150 × 25 mm, werden in Überlänge zugeschnitten. Man hält sie so nahe wie möglich an ihre endgültigen Positionen, damit die richtigen Winkel an den Enden der vorderen und hinteren Pfetten, die an die Gratbohlen stoßen, markiert werden können. Bevor die Pfetten in der richtigen Länge zugeschnitten werden, markiert man die Winkelschnitte wiederum mit einer feststellbaren Schmiege. Die Schnittflächen sind in zwei Richtungen geneigt, damit die Enden der Pfetten fest an den Gratbohlen sitzen, wenn diese befestigt werden.

Am oberen Ende wird die Gratbohle eingekerbt, damit sie auf den Sparrenträger paßt (Abb. 3). Das Ende der Gratbohle wird abgeschrägt, damit die Gratbohle genau an den Außenträger paßt. Man muß den Winkel sorgfältig mit einer verstellbaren Schmiege anzeichnen. Die exakte Paßform ist besonders bei der Auflagenkerbe wichtig. Die

1 Querschnitt durch das Haus mit erhöhtem Dachbereich
Der erhöhte Dachbereich entsteht durch die Aufdoppelung und die dadurch höher liegenden Pfetten. Am Traufpunkt werden die Trägerenden senkrecht zugeschnitten, damit sie mit der vorderen Oberkante der Traufpfette abschließen. Dadurch erhält man eine senkrechte Befestigungsmöglichkeit für die Traufbohle und die dazugehörige Rinne.

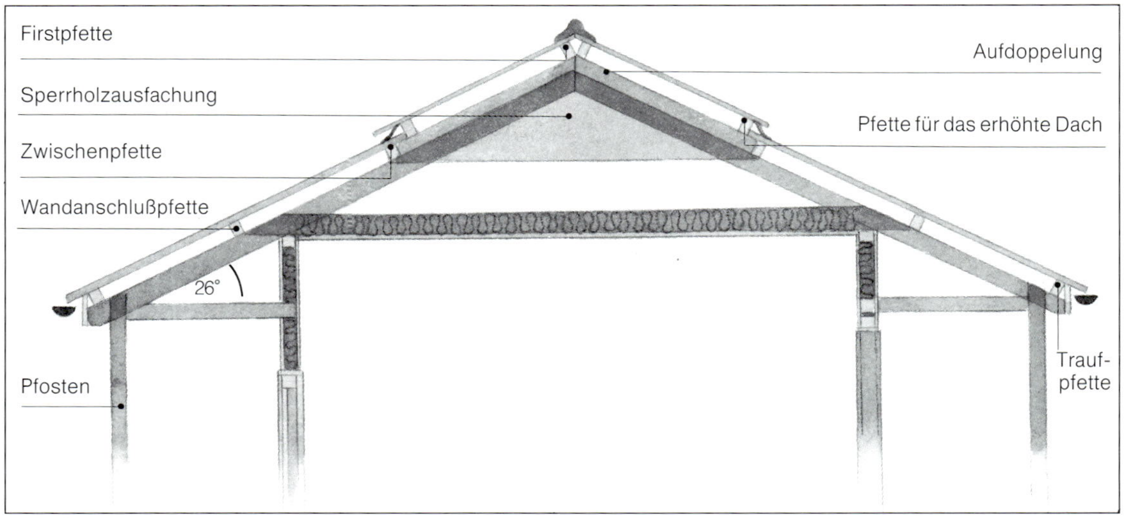

2 Zurechtschneiden der Sparrenenden
Markieren der Sparrenenden. Die Dachschräge überprüft man mit Schablone.

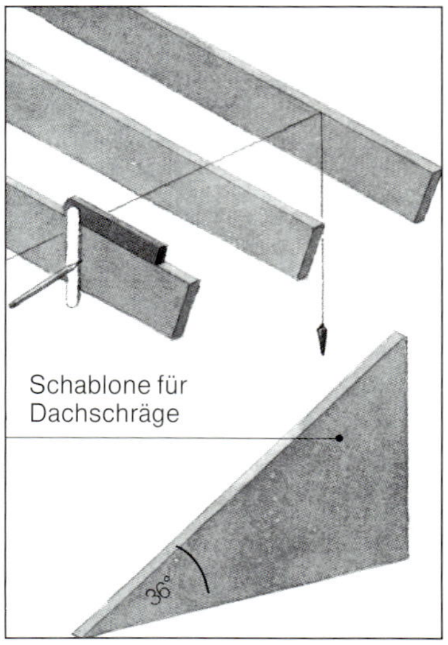

Abschrägen 144
Sägen 148
Nageln 150
Fixierung 151

ZUSAMMENBAU DES WALMDACHS

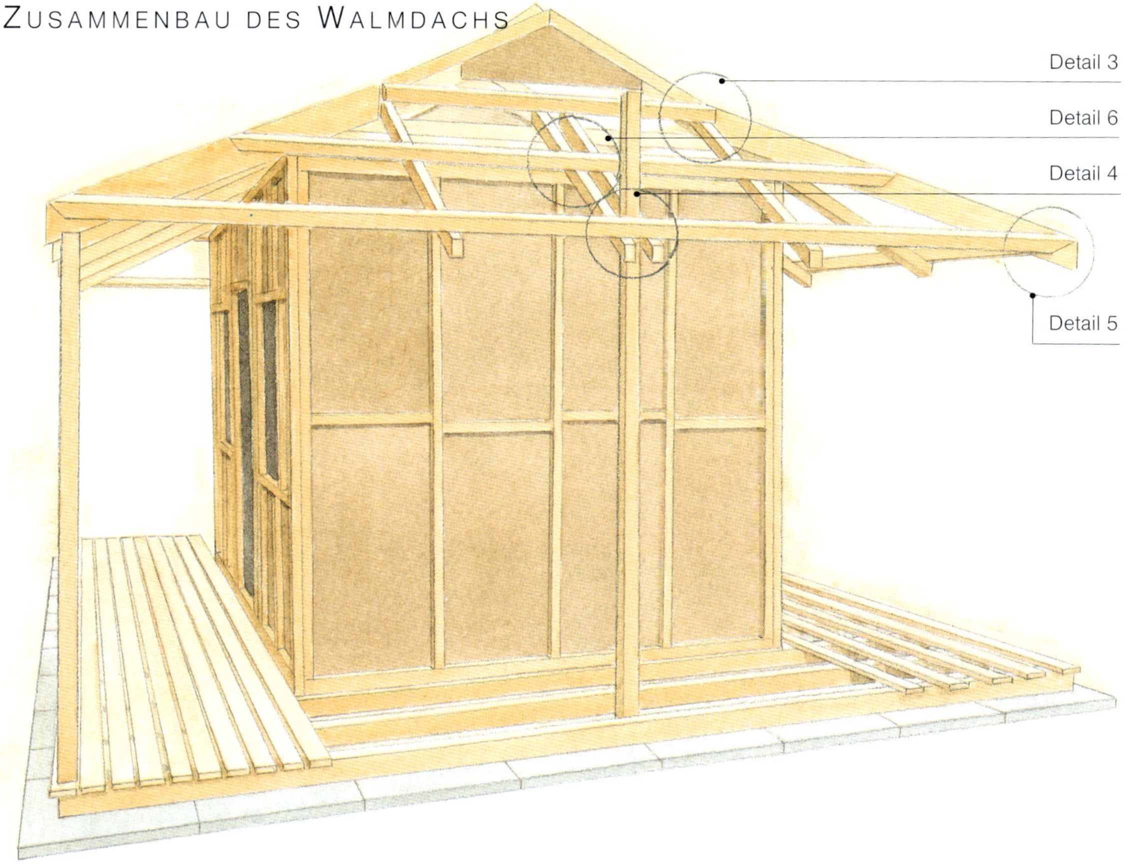

Oberseiten der Gratbohlen sollen mit den Oberseiten der Pfetten in einer Linie sitzen.

Die Gratbohlen werden nun an die Enden der vorderen und hinteren Pfetten genagelt.

Als nächstes schneidet man die drei Pfetten, 75 × 50 mm, für die Walmflächen zu und nagelt sie fest. Sie müssen bereits die richtige Länge haben und so abgeschrägt werden, daß sie genau zwischen die Gratbohlen passen. Sie liegen auf gleicher Höhe mit den vorderen und hinteren Pfetten.

Nun schneidet man die mittleren Verandastützpfosten der Walmseiten, 75 × 75 mm, so zu, daß sie zwischen das Betonfundament und die mittleren Zwillungssparren passen. Unten sollten die Pfosten zum Schutz des Holzes auf einem Stück Blei sitzen. Mit stählernen Einpaßdübeln und Sechskantbolzen, 12 mm ∅, befestigt man sie an den Lagerhölzern am Boden und oben zwischen den Zwillingssparren. Man läßt die Überlänge noch stehen und schneidet sie später bündig in der Schräge der Pfetten ab.

3 Verbindung von Gratbohle und Sparrenträger

Man kerbt die Gratbohle ein, damit sie auf dem Sparrenträger sitzt. Das Ende der Gratbohle wird abgeschrägt.

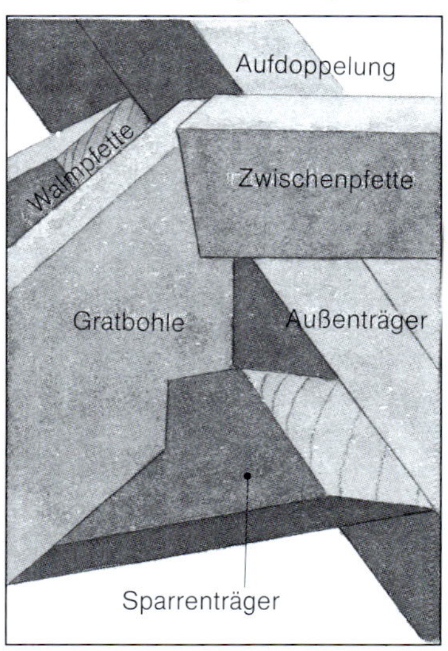

4 Mittlerer Veranda-Stützpfosten

Die Pfosten sitzen zwischen den mittleren Walmsparren.

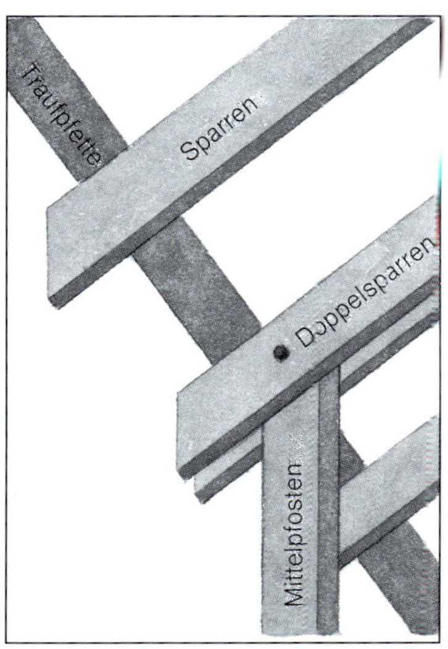

5 Verbindung von Eckpfosten und Gratbohle

Die Gratbohlen werden eingekerbt, um genau auf den Eckpfosten zu sitzen.

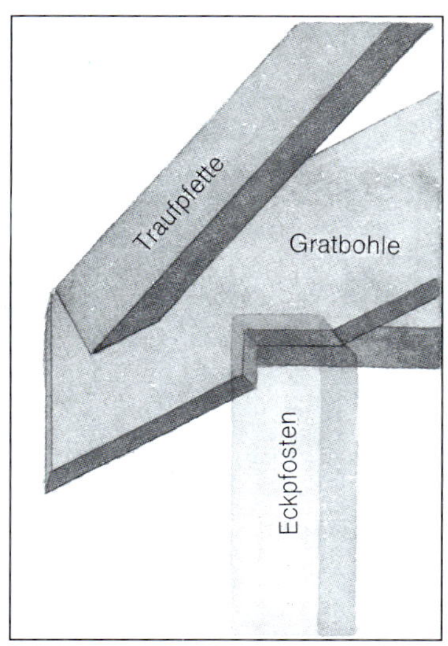

6 Verbindung von Sparren und Deckenträgern

Die Sparren werden mit den Deckenträgern zusammengenagelt

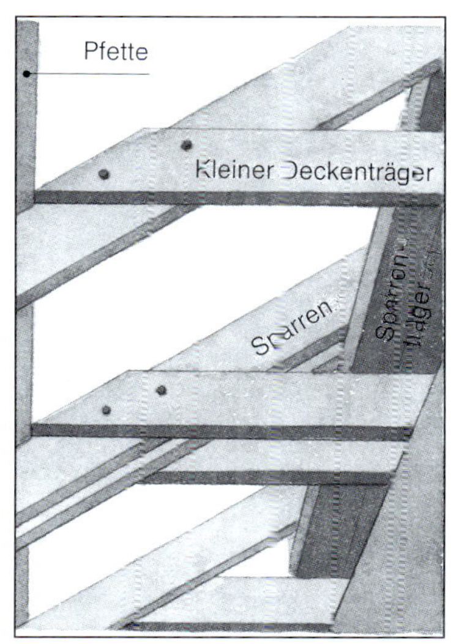

Sommerhaus: Dach und Ausbau

Nun schneidet man die mittleren Verandastützpfosten der Walmseiten, 75 × 75 mm, so zu, daß sie zwischen das Betonfundament und die mittleren Zwillungssparren passen. Unten sollten die Pfosten zum Schutz des Holzes auf einem Stück Blei sitzen. Mit stählernen Einpaßdübeln und Sechskantbolzen, 12 mm ∅, befestigt man sie an den Lagerhölzern am Boden und oben zwischen den Zwillingssparren. Man läßt die Überlänge noch stehen und schneidet sie später bündig in der Schräge der Pfetten ab.

Die Eckpfosten, 75 × 75 mm, der Veranda reichen vom Betonfundament bis zur Oberkante der Gratbohlen. Zu den Traufpfetten läßt man 25–30 mm Zwischenraum. Die Unterseiten der Gratbohlen werden für die Pfosten eingekerbt. Desgleichen werden die Pfosten von oben geschlitzt, damit man sie mit den Gratbohlen verkeilen kann (Abb. 5). Die oberen Pfostenenden werden im Winkel der Dachschräge auf die Höhe der Traufpfetten zugeschnitten.

Einpassen der Traufbohle

Mit der Schmiege markiert man an den Sparrenenden senkrechte Linien, an denen sie zugeschnitten werden. Wenn die Traufbohlen an die Sparren genagelt sind, kann man die Rinnen an ihnen befestigen. Die Sparren werden in einer Linie mit den Oberkanten der Traufpfetten abgeschnitten. Die unteren Sparrenenden schneidet man waagrecht bündig mit den Unterkanten der Traufbohlen ab. Man kann das vor oder nach dem Befestigen der Traufbohlen machen. Auch die Enden der Gratbohlen werden so beschnitten, daß die Traufbohlen daran passen.

Die Traufbohlen werden aus geschnittenem Holz, 150 × 25 mm, hergestellt.

Auflegen des Wellblechdaches

Wellblechplatten kann man in jeder Größe fertig zugeschnitten kaufen.

1 Abdeckung des unteren Dachs

Entlang der unteren Pfette für das erhöhte Dach legt man eine Bleiabdeckung.

Man beginnt von unten und nagelt durch die Wellenkämme in die Pfetten. In den Wellentälern verwendet man Glockenschrauben. An jedem Ende müssen die Wellblechplatten mindestens zwei Wellen breit übereinanderlappen.

Entlang der unteren Pfette für das erhöhte Dach befestigt man eine Bleiabdeckung und preßt diese mit einer Rolle nach unten auf das Blech. Ein weiterer Bleistreifen deckt den Anschluß des Walmdachs an den Hauptträgern ab (Abb. 1). Für den Giebel nagelt man Wasserschlagbretter, 12 mm stark, an die Außenträger (siehe Handwerkliche Techniken). Zum Schluß nagelt und schraubt man (wie oben) das Wellblech auf das erhöhte Dach in die Aufdoppelung. Aneinanderstoßende Platten müssen sich mindestens um zwei Wellen überlappen. Man befestigt metallene Abdeckungen am First und an den Kanten des Walmdachs.

Ausbau

Nachdem die Wände stehen und das Dach fertig ist, kann man die Ausbauarbeiten in Angriff nehmen.

Zwischen die Hölzer der vier Wände schiebt man zur Isolierung eine 50 mm dicke Steinwolleschicht. Das Material ist halbfest und, falls nötig, kann man ähnlich, wie man Glas in einem Fensterrahmen hält, die Wolle mit dünnen Stiften, die in die Hölzer genagelt werden, fixieren.

Die Tür- und Fensterfutter werden in richtiger Länge aus gehobeltem Weichholz, 125 × 25 mm, geschnitten und zunächst vorübergehend festgeschraubt (Abb. 2 und 3). Die Fensterrahmen schraubt man

Anstrich 146
Nageln 150
Sägen 150
Ummantelung 151

aus Leisten, 50 × 50 mm, zusammen. Durch die Rahmenaußenseiten nagelt man die Sprossen fest (man erhält sie beim Holzhändler). Die Rahmen werden in die Laibungen geschraubt.

Nun kann man die Wasserschlagschalung an den Wänden anbringen. Dabei fängt man von unten an und arbeitet sich nach oben (Abb. 4). Um die Fenster und die Tür herum wird das Holz sauber ausgeschnitten (siehe Handwerkliche Techniken).

Man schneidet die Bohlen für die Traufe aus Holz, 150 × 25 mm, zurecht und nagelt sie fest, desgleichen auch die Sparrenaussteifungen, 50 × 50 mm.

Für die vier Hausecken benötigt man Abdeckleisten, um die Schnittstellen der Wasserschlagschalung zu schützen. Man schneidet diese Latten zu und bringt sie vorläufig an.

Nachdem man alles noch einmal überprüft hat, kann man mit dem Anstrich beginnen. Man entfernt die Abdeckleisten wieder, um die Wasserschlagschalung mit wetterfestem Holzschutzmittel zu behandeln sowie einzulassen oder anzumalen. Dann streicht man die Leisten in einer Kontrastfarbe und nagelt sie endgültig fest.

Nun kann man Fenster- und Türrahmen, Dach und Traufbohle streichen. Die Dachrinne wird so angebracht, daß sie sich an beiden Enden leicht nach unten neigt, wo man ein kleines Loch einschneidet. In jedem Loch befestigt man eine Kette, die das Wasser nach unten in die Sickergrube ableitet. Statt dessen kann man auch einen richtigen Abflußstutzen anbringen. Das bedeutet allerdings, daß die Ketten nicht direkt in den Ecken nach unten fallen, was sich nachteilig auf das Gesamterscheinungsbild des Hauses auswirkt.

Wenn man die äußeren Lagerhölzer während des Baus entfernt hatte, legt man sie nun auf einen Streifen Bitumenpappe und befestigt sie, wie beschrieben (S. 62), an den Verandapfosten.

Man stellt nun den Verandaboden her, indem man Bretter, 75 × 25 mm, mit 19 mm Abständen auf die Lagerhölzer schraubt. Man verwendet dafür Schrauben, 8,0 × 50 mm.

Dann verglast man die Fenster mit 3 mm dickem Glas. Es wird durch Sprossen gehalten, die in den Rahmen genagelt werden. Die Sprossen müssen rechtwinklig zueinander stehen, damit das Glas leicht eingesetzt werden kann. Man überprüft die Rechtwinkligkeit der Fenster, indem man die Diagonalen mißt, die gleich lang sein müssen. Man kauft das Glas rundum 2–3 mm kleiner, als die Fensteröffnungen sind, da es sich noch etwas ausdehnt.

Man kann eine fertige Tür aus Leisten und Streben kaufen, oder man stellt sie selber her. Dazu verwendet man Nut-und-Feder-Bretter mit Querleisten, 25 × 100 mm, und Diagonalstreben. Man macht die Tür entweder in einem Stück oder in zwei Teilen wie hier. Bei der zweigeteilten Tür braucht man jeweils eine untere Leiste, bei der durchgehenden ist nur eine Mittelleiste nötig.

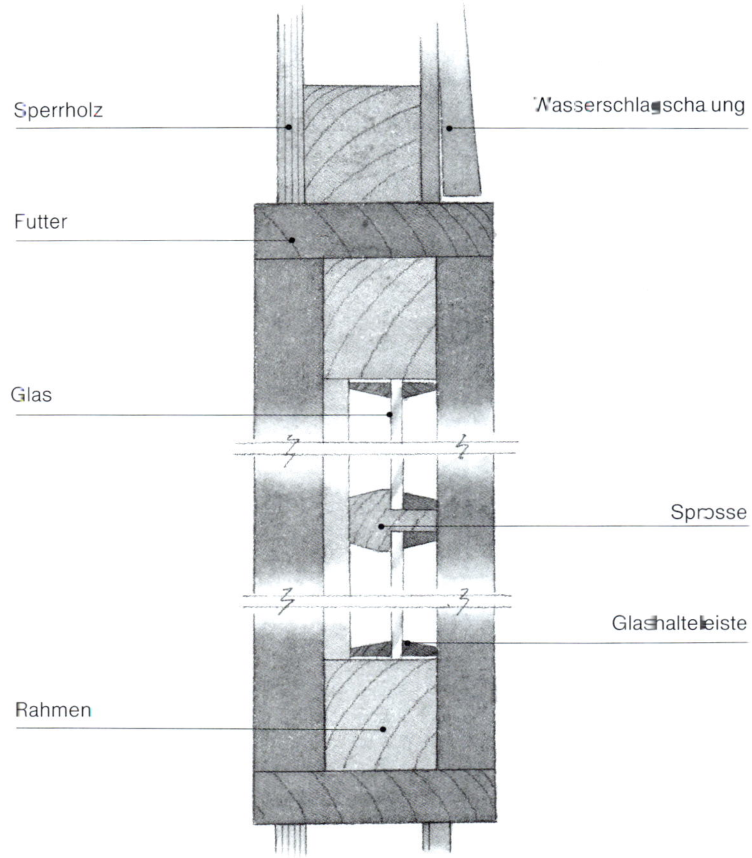

2 Befestigung des Türrahmens
Man schraubt das Türfutter an den Holzrahmen. An den Seiten und oben werden Türanschläge festgenagelt.

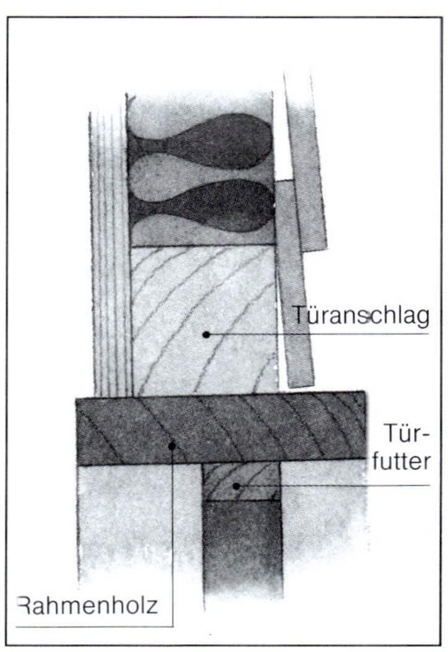

3 Zusammenbau des Fensterrahmens
***Oben.* Die oberen und unteren Rahmenteile werden an dem Futter befestigt.**

4 Befestigung der Wasserschlagschalung
***Unten.* Die äußere Beplankung wird aus überlappenden Brettern gebildet.**

Sommerhaus: Details

Für die selbstgebaute Tür werden die Bretter einfach an die Leisten und Streben genagelt. Man legt dazu die oberen und unteren Leisten auf einen ebenen Untergrund und schraubt die Nut-und-Feder-Bretter darauf (siehe Handwerkliche Techniken). Die Bretter stehen an jedem Ende etwa 25 mm über die Leisten über.

Die Querstrebe wird mit Kerben in die Leisten eingepaßt und wiederum mit den Brettern verschraubt. Die Strebe hat die Funktion, das Gewicht auf die Scharniere zu übertragen, damit die Tür nicht durchhängt. Die Streben müssen in jedem Fall in der richtigen Richtung angebracht werden (siehe Abb. 1).

Man befestigt die beiden Türteile mit je zwei Scharnieren. Sie werden an die Schnittkante der Leisten geschraubt. Auch bei einer gerahmten Tür verwendet man Scharniere. Für eine zweiteilige Tür braucht man zwei, für eine durchgehende Tür drei 75 mm lange Scharniere.

Als nächstes nagelt man die Türanschläge – zwei senkrechte und oben eine waagrechte Leiste, 25 × 12 mm, in die Türlaibung (Abb. 2, S. 65). Die Anschläge müssen genau sitzen. Man hält dafür die Öffnung und zeichnet die Stellen für die Anschläge an. Dann schließt die Tür auf jeden Fall richtig. In unserem Fall sitzen sie etwa 25 mm hinter der Laibungskante.

Im Innern des Hauses verkleidet man die Decke mit Nut-und-Feder-Brettern. Man darf dabei nicht vergessen, zur Isolierung die Steinwolle zwischen die Hölzer zu schieben (Abb. 2), die wie bei den Wänden mit Stiften gehalten wird. Man streicht die Wände je nach Verwendungszweck mit Außenfarbe, Lack oder einer guten Mikropur-Farbe.

Zum Schluß gräbt man an jeder Ecke ein Sickerloch, 300 × 300 × 300 mm, und füllt es mit Kies auf (Abb. 3). Man gräbt die Kettenenden ein, damit sie gespannt sind.

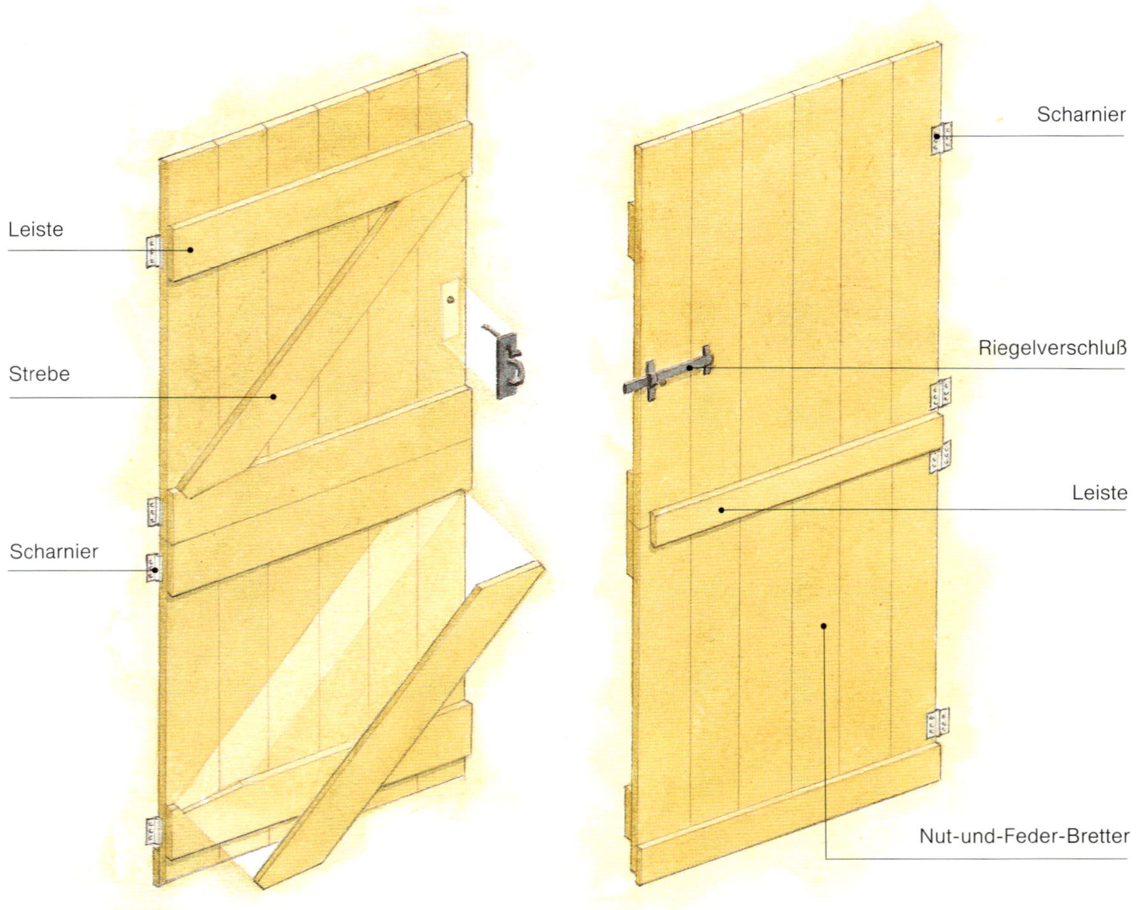

1 Zusammenbau der Tür
Oben. **Die Tür mit Leisten und Streben wird entweder in zwei Teilen (wie hier) oder in einem Stück gebaut.**

2 Isolieren der Decke
Die Decke wird mit Nut-und-Feder-Brettern verkleidet. Zur Isolierung fügt man Steinwollematten ein.

3 Herstellung der Sickerlöcher
Das Regenwasser wird über eine Kette von der Dachrinne geleitet.

Farbe 146
Schrauben 150
Nageln 150
Befestigen 151

GEMÜTLICHES ZIMMER ... AUSSICHTSPUNKT ... VERSTECK ... CHALET ... BARACKE ... SCHUTZHÜTTE ... KLEINER BAUERNHOF ... BUDE ... NEBENHAUS

... HÜTTE ... SPIELHAUS ... KUSCHELMUSCHEL ... SCHUPPEN .. SCHLUPFLOCH ... ATELIER ... PAVILLON ... WIGWAM ... ZUFLUCHT .. ZELLE ...

STUDIERZIMMER ... KABUFF ... DATSCHA ... KATE ... GARTENZIMMER ... WERKSTATT ... ALLERHEILIGSTES ... HÖHLE ... JAGDHÜTTE ... HEXENHAUS

SOMMERHAUS

SZENENWECHSEL

In einem abgelegenen Teil des Gartens kann das Gartenhaus als Rückzugsmöglichkeit dienen. Im Innern ist es groß genug, daß man es als Werkstatt oder Schuppen verwenden kann (rechts). Es eignet sich aber auch als gemütliches Zimmer oder Büro (gegenüber).

JOHN PEEL
& SON,
SEED and BULB
MERCHANTS,
LONDON, S.E.
SPECIALITIES.
CALADIUMS.
GLOXINIAS.
BEGONIAS.

SPIELHAUS

DAS EIGENE HAUS

Ein Spielhaus im Garten als Schlupfwinkel, in dem man der elterlichen Aufsicht entzogen ist, oder als »richtiges kleines Heim« ist für Kinder ein herrliches Vergnügen.

Wie der Honig die Bienen so zieht ein Spielhaus im Garten die Kinder an. Ein Spielhaus ist hervorragend dazu geeignet, die Lernfähigkeit der Kinder zu fördern; es ermutigt sie, ungestört ihre Phantasien auszuleben. Hier können sie stundenlang mit anderen Kindern spielen und dabei gleichzeitig ihr soziales Verhalten üben. Je nachdem, wie alt die Kinder sind, wird man das Häuschen für sie einrichten oder sie dazu animieren, es nach ihren eigenen Vorstellungen zu gestalten und anzustreichen. Auf jeden Fall sollte man dafür sorgen, daß nur ungiftige Farbe verwendet wird. Abwaschbare Farbe hat den Vorteil, daß man die Wände immer wieder neu bemalen kann.

Je weniger bei der Inneneinrichtung fest vorgegeben ist, um so vielfältiger können die Kinder das Spielhaus nutzen, beispielsweise als Krankenhaus, Laden, Wohnzimmer, Büro oder einfach als Schlupfwinkel fernab von den Erwachsenen. Wenn die Kinder schließlich aus dieser Phase herausgewachsen sind, läßt sich das Spielhaus ohne große Umstände in einen Aufbewahrungsort für Gartenutensilien verwandeln.

Das hier abgebildete Beispiel steht auf dem Besitz von Schloß Drogo, einem Lutyens-Haus in der Nähe von Exeter, das mittlerweile vom National Trust verwaltet wird. Um 1909 war dieses Spielhaus in Sussex als ein Geburtstagsgeschenk gebaut worden; zwanzig Jahre später hat man es dann an den heutigen Standort verlegt.

Die Pläne zeigen, wie man ein ähnliches Haus nachbauen kann. Für die gesamte Rahmenkonstruktion wird gehobeltes Weichholz, 38 × 38 mm, verwendet, da es hier auf Genauigkeit ankommt. Alle wesentlichen Maße sind auf den Abbildungen angegeben. Die Verbindungen sind auf Stoß gearbeitet und verleimt und genagelt.

Zusammenbau des Spielhauses

Vorderansicht

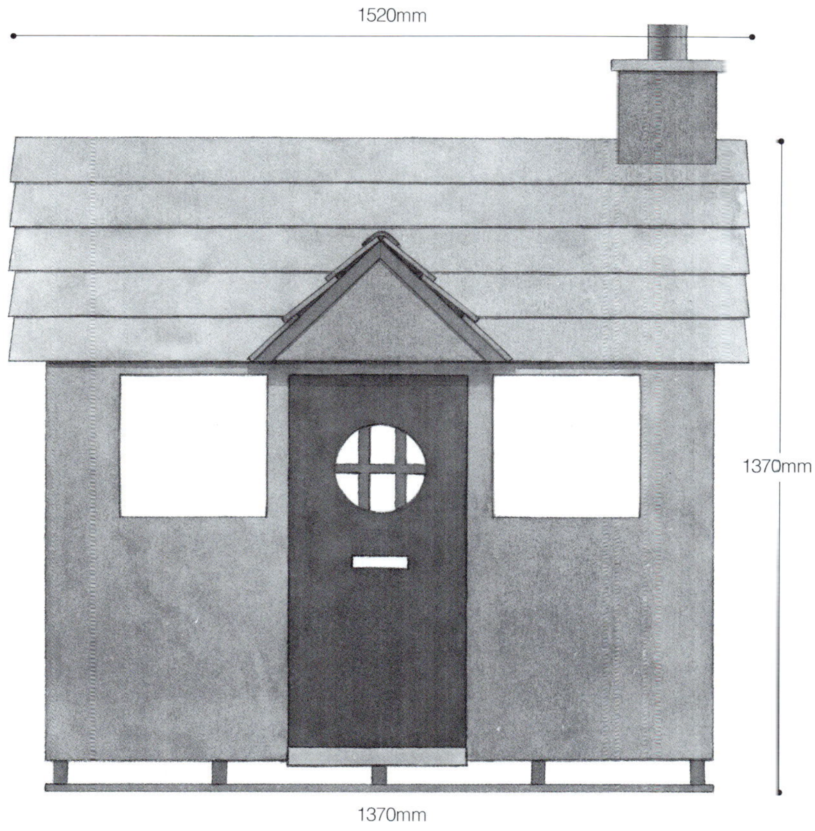

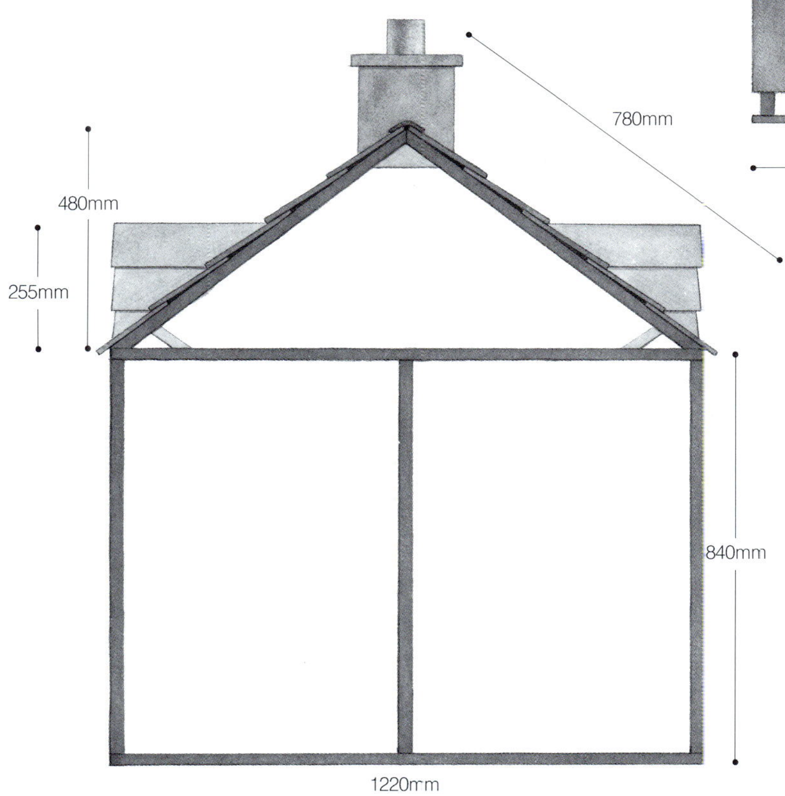

Seitenansicht

SPIELHAUS

FUNDAMENT

Als erstes braucht das Spielhaus ein solides, ebenes Fundament. Die einfachste Fläche besteht aus Bodenplatten auf Sand. Damit keine Feuchtigkeit von unten aufsteigen und den Fußboden angreifen kann, legt man Polyäthylenfolie unter den Sand.

Das Fundament sollte eine Idee kleiner als das Haus sein, so daß die Wandverkleidungen rundum ein bißchen überstehen. Das hat den Vorteil, daß das Regenwasser, das an den Wänden abläuft, nicht in das Haus eindringt, sondern im Boden versickert. Die Gesamtfläche des Hauses beträgt 1370 × 1220 mm, das Fundament steht rundum um 5 mm zurück (1360 × 1210 mm). Der Boden selbst wird wie ein ganz normaler Hausboden konstruiert, mit Dielenbrettern, die rechtwinklig auf Trägerbalken genagelt werden. Für die Balken verwendet man geschnittenes Holz, 50 × 25 mm. Fünf Balken, von vorn nach hinten angeordnet, dürften genügen. Die beiden äußeren Balken sollten knapp innerhalb der Dielenabschlüsse enden, die drei anderen werden gleichmäßig dazwischen gelegt.

Die Dielenbretter können entweder glattkantig sein und einfach aneinanderstoßen, oder sie bestehen aus miteinander verbundenen Nut-und-Feder-Brettern. Man kann 125 mm oder 150 mm breite Dielen verwenden; die Dicke variiert zwischen 12 und 32 mm, wobei man die dünnstmöglichen kaufen sollte.

Die fünf Trägerbalken werden auf den Boden gelegt, anschließend nagelt man eine der Randdielen rechtwinklig auf jeden Balken und wiederholt das gleiche auf der anderen Seite. Man verwendet dafür Nägel, 50 mm, und schlägt die Köpfe in das Holz hinein.

Die Position der Träger ist damit fixiert, und man kann die weiteren Dielen befestigen. Dabei muß man darauf achten, daß die glattkantigen Dielen eng zusammengefügt sind, bzw. die Nut-und-Feder-Dielen fest sitzen.

Wahrscheinlich muß man die letzte Diele noch einmal entfernen und sie auf die richtige Größe zurechtschneiden, bevor man sie endgültig befestigen kann.

WÄNDE

Auf dem Weichholzrahmen befestigt man 19 mm dicke Sperrholzplatten. Die Vorderseite des Hauses besteht aus zwei getrennten Rahmen, mit der Tür in der Mitte. In jedem der beiden identischen Rahmen ist ein Fenster vorgesehen. Die Größe der Fenster ist nicht vorgegeben, es kommt allein auf die richtigen Proportionen an. In diesem Fall hier sind es 300 mm^2.

Die obere waagrechte Leiste hält zwar die beiden Rahmen zusammen, doch die Konstruktion ist erst dann stabil, wenn Seiten- und Rückrahmen angebracht sind. Vorübergehend nagelt man deswegen zur Versteifung eine Strebe über die Türöffnung (siehe Abb. 1). Wenn die Rahmenkonstruktion zusammengesetzt ist und die Wandplatten befestigt sind, kann man sie wieder entfernen.

Die beiden vorderen Fenster lassen wahrscheinlich zu wenig Licht ein; man kann daher ein zusätzliches Fenster in der Größe 500 × 380 mm in der Rückwand vorsehen.

Die Seitenwände sind glatt. Zur Versteifung bringt man jeweils oben und unten eine waagrechte Leiste an, die gleichzeitig auch die Sperrholzwandplatten verstärkt.

ZUSAMMENBAU DER WÄNDE

Die Holzrahmen für die Vorder- und die Rückseite des Hauses werden mit Schrauben, 8,0 × 75 mm, in das Fundament geschraubt. Besonders wichtig ist das, wenn das Häuschen an exponierter Stelle steht und es durch einen Sturm umgeworfen werden könnte. Dann werden die Querverstrebungen zusammen mit den mittleren Stützen befestigt.

Nun kann man die Sperrholzplatten zurechtschneiden und mit Nägeln, 38 mm, auf die Rahmen nageln. Auch hier werden die Köpfe wieder versenkt. Wenn die Platten alle angebracht sind, ist das Haus bereits ziemlich stabil. Zur Erinnerung: Die Platten sollen unten ein kleines Stück überstehen.

DACH

Als erstes wird die Gaube befestigt. Sie wird aus zwei A-förmigen Rahmen gebaut, die auf Gehrung ver-

1 Die Konstruktion des vorderen Rahmens

Alle Rahmenteile werden aus gehobeltem Weichholz, 38 × 38 mm, gebaut. Die Türöffnung an der Vorderseite wird versteift, außerdem ist rechts und links neben der Tür je ein Fenster vorgesehen. Die Dachgaube sitzt direkt in der Mitte.

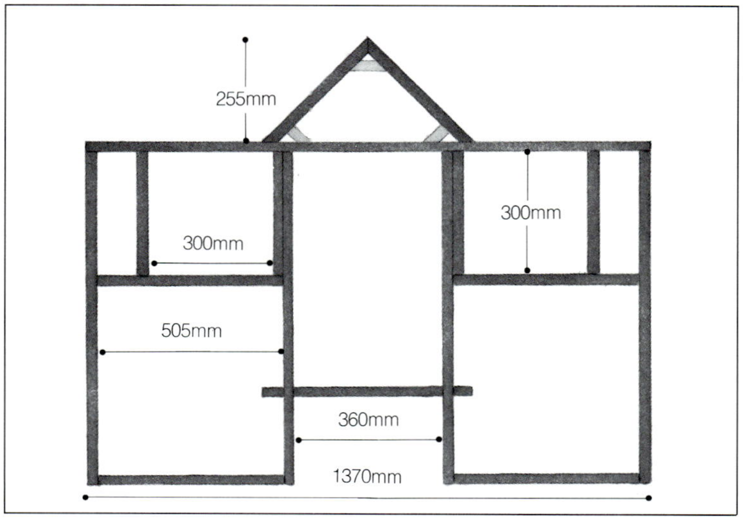

2 Konstruktion des rückwärtigen Rahmens

Der rückwärtige Rahmen ist eine ganz einfache Konstruktion mit geleimten und genagelten Stoßverbindungen. In die Mitte der Rückwand kann man ein Fenster einlassen; dadurch wird es im Innern des Spielhauses um einiges heller.

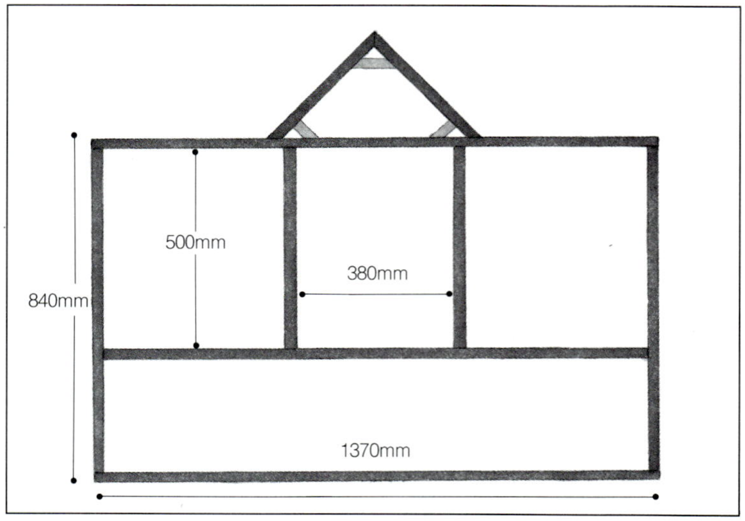

Sandblock 145
Farbe 146
Pflastern 147
Nageln 150
Schrauben 150
Befestigen 151
Scharnier 152
Zapfen 154

leimt sind und mit zwei Halterungen, 38 mm, verstärkt werden. Mit Sperrholzstückchen werden die Verbindungen zur Wand und die Gehrungsverbindung am Scheitel der A-Rahmen verstärkt. Zwischen den Scheitelpunkten der A-Rahmen verläuft eine Leiste, die so lang ist wie die Seitenwände des Hauses. Anschließend werden diese Rahmen mit dünnkantigen Brettern verkleidet, die man mit 50 mm langen Nägeln befestigt.

Man fängt unten an und arbeitet sich nach oben bis zum First. Die Bretter werden mit der dünneren Kante nach oben aufgenagelt, daß die dickere Kante das darunterliegende Brett jeweils 12 mm überlappt (siehe Handwerkliche Techniken).

Das letzte, oberste Brett wird man wohl zurechtschneiden müssen, damit es paßt. Der First wird mit selbstklebendem Aluminiumband abgedichtet. Man schneidet dazu ein Stück in der passenden Länge von der Rolle ab, löst das Trägerpapier etwas und legt die Folie an der richtigen Stelle auf das Dach. Dann preßt man das Band mit einem Tuch fest an und zieht Stück für Stück das Trägerpapier ab, bis der ganze First abgedeckt ist. Wenn man das Trägerpapier mit einem Ruck abzieht, besteht die Gefahr, daß das stark klebende Band irgendwo an der falschen Stelle festklebt. Mit zwei dreieckigen Sperrholzplatten wird die Gaube an den Enden verschlossen. Sie werden von innen gegen die A-förmigen Rahmen gesetzt, verleimt und genagelt.

Wenn die Gaube fertig ist, wird sie hinauf gehoben und auf der Holzkonstruktion festgeschraubt und verleimt.

Das Hauptdach wird ähnlich konstruiert, nur daß die A-Rahmen gleich an Ort und Stelle befestigt werden und die Dachbretter um die Gaube herum entsprechend zugeschnitten werden müssen.

Wie bei der Gaube verstärkt man auch hier die Verbindungen mit kleinen Sperrholzstücken. In die A-Rahmen werden ebenfalls dreieckige Sperrholzplatten eingesetzt und verleimt.

FENSTER

Bei den Fenstern hat man die Wahl: entweder verwendet man Acrylglasscheiben so, wie sie sind, oder man verziert sie mit selbstklebendem Bleiband, dann wirken sie wie in Blei gefaßt. Einen ähnlichen Effekt erzielt man mit schwarzem Klebeband.

TÜR

Die Tür wird aus Dielenbrettern zusammengesetzt. Mit zwei waagrechten Leisten, 100 × 25 mm, wird die Tür versteift und gegen Verziehen geschützt. Man kann statt dessen auch Schiffsplankenverkleidung, mit der glatten Seite nach außen, verwenden, wodurch die Wetterfestigkeit etwas erhöht wird (siehe Materialien).

SCHORNSTEIN

Der Schornstein ist ein kleines Extra, das nicht unbedingt notwendig ist. Er wird aus Sperrholzresten gebaut; die Ecken werden entweder mit Sperrholzstreifen, 25 mm stark, oder mit Plastikverbindungsleisten zusammengefügt. Ein Stück Plastikrohr ergibt die Schornsteinkappe.

ANSTREICHEN

Bevor das Holz gestrichen wird, schleift man sehr sorgfältig mit der Schleifmaschine alle Teile, mit denen die Kinder in Berührung kommen, damit sie sich keine Splitter einreißen können.

Die Wände werden mit Wandfarbe gestrichen, die Tür wird mit Spachtelmasse, Vorstreichlack und Außenlack behandelt. Der Fußboden wird mit entsprechender Holzbeize und Außenlack oder -lasur eingelassen; statt dessen kann man ihn auch mit Wandfarbe streichen.

REGENRINNEN UND FALLROHRE

Die Regenrinnen und Fallrohre sind nur zur Verzierung da. Man verwendet dafür Reststücke von Plastikrinnen; gut geeignet ist die kleinste Größe, wie man sie für Ställe nimmt. Die Fallrohre, ebenfalls aus Reststücken, werden mit Rohrhalterungen befestigt.

3 Konstruktion des Dachgaubenrahmens

Die A-förmigen Rahmen werden mit Sperrholzresten am Scheitel verstärkt. Zusätzliche Sperrholzreste verstärken vorne und hinten die Verbindung von Dach und Wand. Zwischen den A-Rahmen verläuft eine Leiste.

4 Die Tür

Die Tür aus Dielenbrettern wird mit Leisten verstärkt. Dazu kommt eine Wasserschlagverschalung.

5 Der Schornstein

Er dient nur zur Verzierung. Das Sperrholz wird so abgeschrägt, daß es auf den Dachfirst paßt.

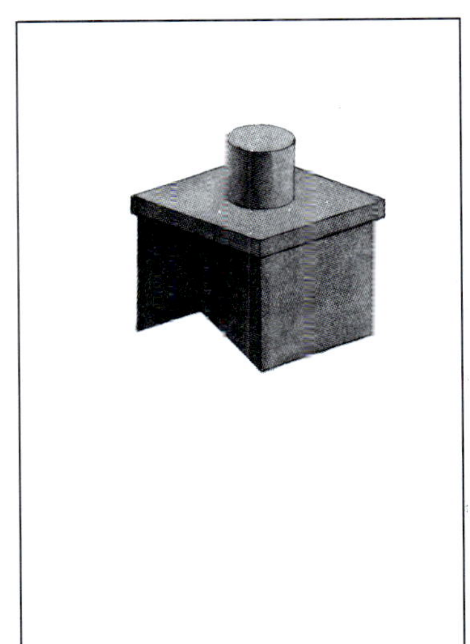

KANINCHENAUSLAUF

» HÄSLEIN IN DER GRUBE ... «

Ein Kaninchenauslauf bietet diesen Haustieren Schutz. Seine Abmessung richtet sich nach Größe und Anzahl der Kaninchen. Bei schlechtem Wetter bietet der geschlossene Teil Zuflucht.

Das Holz wird mit einem guten, für die Kaninchen unschädlichen Holzschutzmittel eingelassen und zum Trocknen aufgestellt. Für die Seitenbretter und die Türen verwendet man 6 mm dickes Sperrholz, für den Boden muß es 9 mm dick sein.

Aus Weichholz, 50 × 25 mm, baut man vier A-förmige Rahmen und verstärkt diese mit Querleisten, 25 × 25 mm. Die Scheitel der Rahmen werden auf Gehrung zugeschnitten; man kann diese Verbindung noch mit einem 25 mm breiten Metallstreifen sichern. Die übrigen Rahmenverbindungen werden mit Schrauben, 8,0 × 38 mm, gesichert. Alle Verbindungen muß man außerdem wasserfest verleimen.

Zwischen den einzelnen Rahmen soll ein Abstand von 600 mm sein. Sie werden an jeder Seite oben und unten mit 1800 mm langen Sperrholzleisten, 6 × 38 mm, verbunden. Für die Befestigung verwendet man Schrauben, 8,0 × 75 mm.

In dem Bereich, der seitlich geschlossen ist, wird nun der Boden eingesetzt. Er liegt auf den beiden unteren Querleisten des A-Rahmens auf und wird mit Stiften, 25 mm, befestigt.

Plastiküberzogenes Drahtgitter, 12 mm, wird so zurechtgeschnitten, daß es 50 mm in den seitlich verkleideten Teil hineinragt. Mit Netzkrampen, 19 mm, wird es alle 75 mm fest mit dem Rahmen verbunden. Für die Rückseite wird ein Gitterdreieck ausgeschnitten und in gleicher Weise wie an den Seiten befestigt. Mit Stiften werden die Seitenbretter an die Rahmen genagelt und dabei die Gitterränder mit eingefaßt. Durch die Rahmenleisten bleibt ein kleiner Spalt zwischen den A-Rahmen und den Seitenteilen, der mit einem Füllstück geschlossen werden kann.

Die äußere Tür wird so zurechtgeschnitten, daß sie gut in den letzten Rahmen paßt. Mit Hilfe von kleinen Zwischenstücken schließt sie bündig mit dem Rahmen ab. An jeder Ecke werden Riegel angebracht, damit die Tür nicht verrutscht. Der Riegel besteht aus einem Sperrholzrest, 6 mm lang, und einer Schraube, 8,0 × 25 mm. Zur Belüftung werden Löcher mit 12 mm Durchmesser in die Tür gebohrt; als Griff nagelt man ein Stückchen Holz darauf.

Die innere Tür wird mit Stiften angebracht; sie bildet den Durchgang zwischen dem gedeckten und dem ungedeckten Bereich des Kaninchenauslaufs. Man bohrt Belüftungslöcher von 12 mm Durchmesser und sägt mit einer Dekupier- oder einer Laubsäge den Durchschlupf aus.

Mit einer Abdeckung aus Dachpappe wird der Dachfirst abgedichtet. Zum Aufkleben verwendet man Leim auf Bitumenbasis.

Bohren 150
Nageln 150
Schrauben 150
Verfugen 154

ZUSAMMENBAU DES KANINCHENAUSLAUFS

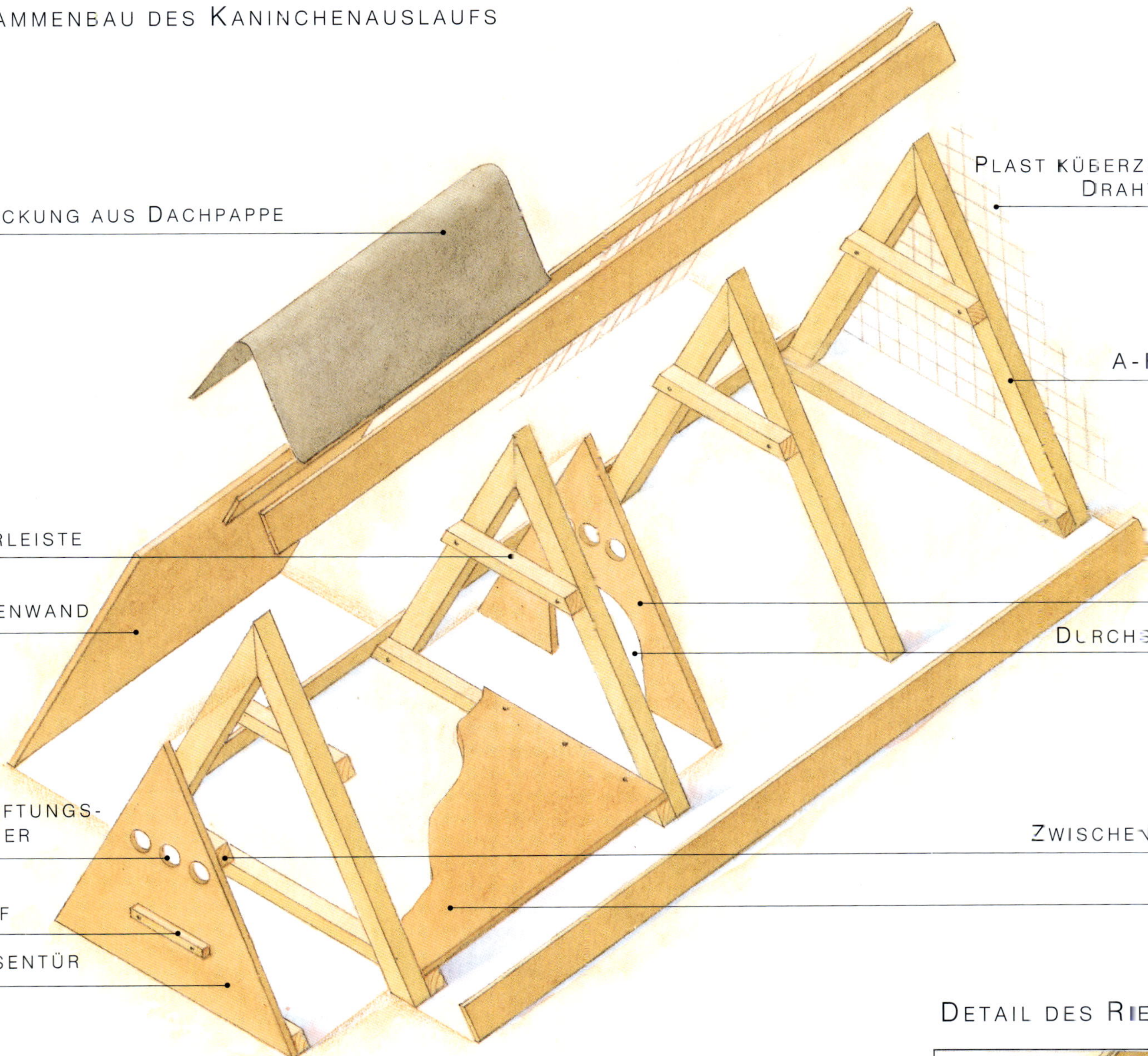

DETAIL DES RIEGELS

NISTKASTEN

Mit einem Nistkasten im Garten hilft man den Vögeln, außerdem ist er eine Freude für die ganze Familie. Mit der Zeit fassen die Vögel Vertrauen und kommen näher ans Haus heran.

Die Maßangaben für den hier vorgestellten Nistkasten (er entspricht in etwa der Fotografie) sind nicht verbindlich; man kann sie gut um 25–50 mm verändern. Wichtig ist nur der Durchmesser des Einfluglochesches, denn dieses bestimmt die Vogelart, die durch den Nistkasten angezogen wird. Auch die Höhe, in der der Kasten angebracht wird, spielt eine bedeutende Rolle, ist aber im allgemeinen nicht ganz so entscheidend wie die Größe des Lochs. Auf der nächsten Seite findet man eine Tabelle mit den Durchmessern der Einfluglöcher und den Abständen vom Boden.

Als Material eignet sich am besten geschnittenes Holz; eine Dicke von 16 mm macht die Verbindungen einfach. Alle Verbindungen sind auf Stoß gearbeitet, wasserfest verleimt und mit verzinkten Nägeln oder Stahlnägeln zusammengefügt. Holz isoliert gegen Hitze und Kälte, ist widerstandsfähig gegen Kondenswasser und paßt sich gut in jede Umgebung ein.

Als erstes schneidet man die beiden Seitenteile – jeweils 200 × 120 mm – zu. Als nächstes kerbt man beide Teile entlang der inneren Vorderkante ein. In diese Nuten schiebt man später die Tür. Man sollte die Nuten sehr sorgfältig anzeichnen, da sie vollkommen gerade sein müssen.

Mit einem Nuthobel mit gerader Schneide lassen sich die Nuten schnell und genau herausarbeiten. Wenn man keinen Nuthobel hat, reißt man die Kante der Nut mit einem Reißmesser an, sägt dann mit einem Fuchsschwanz die Kerbe entlang der Reißlinie in der benötigten Tiefe und holt anschließend mit dem Meißel das überschüssige Holz heraus. Alle Seiten der Nuten sollten zum Schluß ganz glatt sein. Die Rückseite des Kastens besteht aus einem einzigen Stück, das auch das Dach mitträgt. Sie läßt sich leicht zwischen die Seitenteile einfügen.

Die Vorderseite besteht aus zwei Einzelteilen. Das obere Dreieck ist am Dach befestigt. Hier hinein bohrt man das Loch in der benötigten Größe. Es wird entweder mit einem Bohreisen oder mit einem Bohraufsatz auf einer Bohrwinde gebohrt.

Wenn man keinen Bohrer für Löcher mit größerem Durchmesser hat, nimmt man eine Stichsäge oder eine Dekupiersäge. Dabei bohrt man zunächst mit einem normalen Spiralbohrer an der vorgesehenen Stelle ein Loch als Ansatzpunkt für das Sägeblatt. Dann schneidet man sorgfältig die Form aus und glättet anschließend die Kanten (siehe Handwerkliche Techniken).

Die Tür wird in den Maßen 200 × 160 mm zugeschnitten. An jeder Seite wird ein Falz ausgebildet, so daß die Tür glatt in die Seitenbretter paßt. Der Falz wird einfach mit dem Nuthobel oder mit Fuchsschwanz und Meißel ausgeschnitten (siehe Handwerkliche Techniken).

Das Dach besteht aus zwei Brettern, jeweils 215 × 155 mm. Sie sind am First auf Gehrung zusammengefügt. Die Verbindung wird – wie im übrigen alle anderen auch – verleimt und noch zusätzlich mit einem 25 mm breiten Metallstreifen verstärkt, der auf der Oberseite glatt angeklopft wird.

Alle zugeschnittenen Teile werden an den Außenflächen und Kanten nur mit einem Holzschutzmittel auf Wasserbasis eingelassen. Die Innenflächen läßt man am besten unbehandelt, damit die Vögel nicht mit Gift in Berührung kommen.

Beim Zusammenbau des Nistkastens befestigt man als erstes die beiden Seitenteile am Boden und fügt dann die Rückwand hinzu.

Danach setzt man das Dach, einschließlich dem Dreieck, an der Vorderseite zusammen und verbindet es mit dem unteren Teil. Schließlich bohrt man – bei eingesetzter Tür – in jede Seite des Kastens ein Loch, das 25 mm in die Tür hineinreicht. In jedes Loch führt man einen 50 mm langen verzinkten Stahlnagel ein, wodurch die Tür arretiert wird. Die Löcher sollten so groß sein, daß die Nägel gut gehalten werden, sich aber auch leicht bewegen lassen.

Der Platz, an dem man den Kasten anbringt, ist nicht so wichtig, obwohl es natürlich hübsch ist, wenn man ihn vom Haus aus sehen kann. Man sollte aber darauf achten, daß der Kasten nicht herabfließendem Regenwasser ausgesetzt und vor Wind geschützt ist. Die meisten Vögel bevorzugen den direkten Anflug zur Öffnung ihres Nistplatzes.

Wenn man Glück hat, paßt der Kasten in eine Astgabel. Doch in den meisten Fällen wird irgendeine Form von Befestigung notwendig sein. Am einfachsten ist es, wenn man an der Rückwand den Kasten mit plastiküberzogenem Blumendraht an einem Baumstamm festbindet.

Man kann den Kasten auch auf einen Pfahl setzen. Dazu versenkt man an geeigneter Stelle eine Pfostenhalterung im Boden und steckt einen Pfosten, 75 × 75 mm, in der entsprechenden Länge hinein. Dann entfernt man die Schiebetür des Nistkastens, bohrt ein Loch durch den Boden in den Pfosten und schraubt den Kasten fest.

VOGELLEBEN IM GARTEN

Ein Nistkasten stellt einen sicheren Ort für kleine Vögel und ihre Jungen dar. Wenn man den Vögeln im Garten Nistmöglichkeiten anbietet, kann man viel Freude bei der Beobachtung der Tiere erleben.

Kreise sägen 149
Falzen sägen 150
Bohren 150
Nageln 150
Schrauben 150
Scharnier 152
Befestigen 152
Verfugen 154

Vogelart	Durchmesser des EinflugLochs	Höhe über dem Boden
Blaumeise	25 mm	2–5 m
Kohlmeise	28 mm	2–5 m
Tannenmeise	25 mm	1 m
Sumpfmeise	25 mm	1 m
Schwarzköpfige Meise	25 mm	1 m
Spechtmeise	32 mm	4–5 m
Feldsperling	32 mm	4–5 m

Zusammenbau des Nistkastens

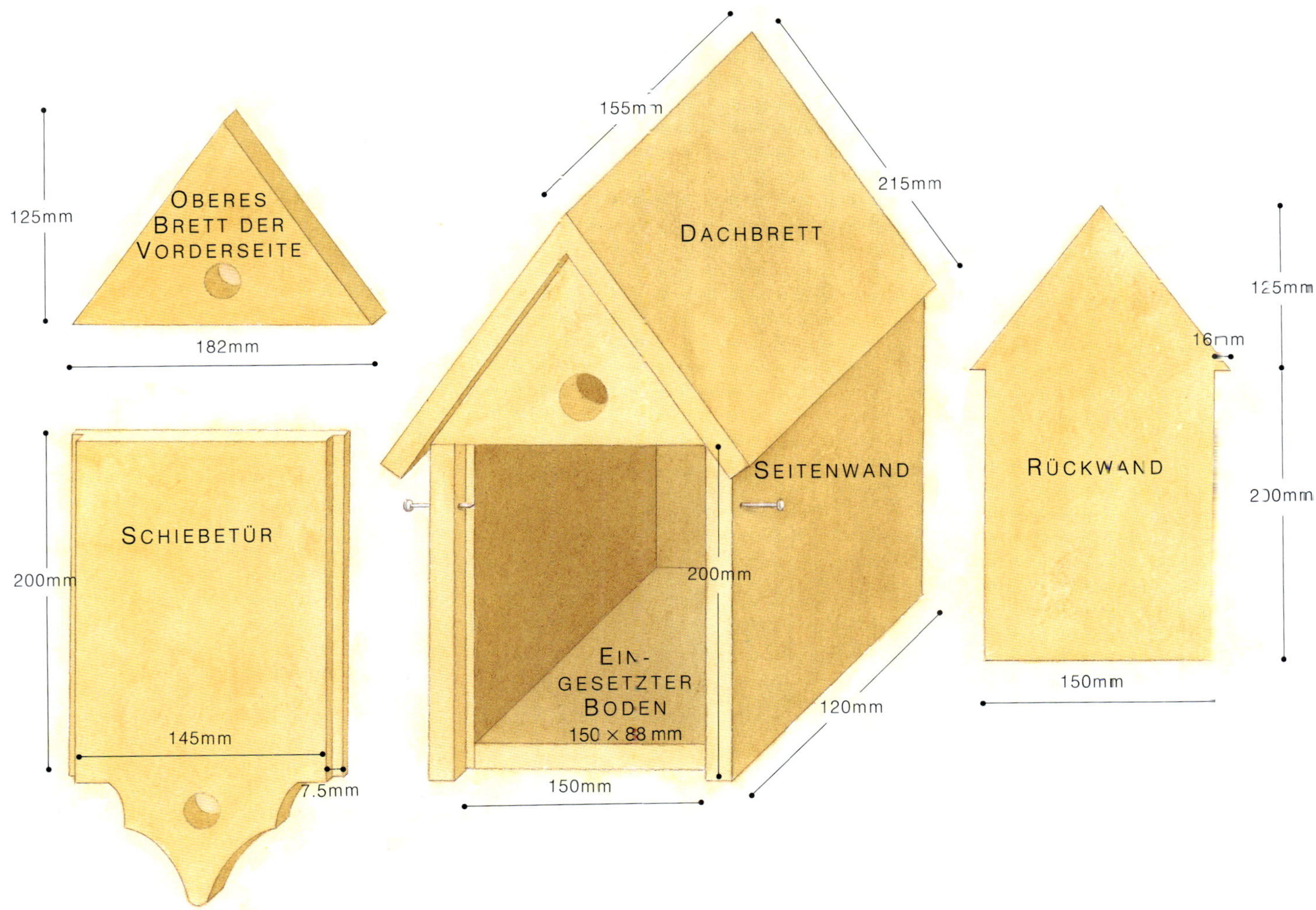

3. TEIL

TERRASSEN, WEGE UND TEICHE

Gestalt und Form eines Gartens werden wesentlich durch den Kontrast der verschiedenen Strukturen bestimmt. Harte Oberflächen wechseln sich mit weichen ab, gepflasterte Bereiche, Rasen, Pflanzen und Wasseranlagen ergänzen sich zu einer gestalteten Landschaft. Der Bau von Terrassen und Stufen, die Anlage von Verbindungswegen oder die Einfassung von Blumenbeeten erfordern grundsätzliche, aufeinander abgestimmte Entscheidungen und Lösungen. Der Garten darf nicht wie ein Flickwerk aussehen, sondern muß eine Gesamtkomposition darstellen.

Selbst die phantasievollste Gartengestaltung kommt nicht ohne »harte Oberflächen« aus. Da moderne Gärten im allgemeinen klein sind, erfordern sie eine sehr gute Raumausnutzung. Das Haus soll um einen Raum im Freien – einen Freiraum – erweitert werden. Das bedeutet in den meisten Fällen irgendeine Form von gepflastertem Sitzbereich zur Erholung. Die einzelnen Teile des Gartens müssen durch Wege verbunden werden, die gleichzeitig als Arbeitsfläche bei der Pflege der Beete und der optischen Aufteilung von Blumen- und Rasenbereichen dienen. Wo immer es möglich ist, sollte man die harten Oberflächen aus natürlichen Materialien gestalten.

Terrassen, Wege und Teiche

Harte Oberflächen sind relativ teuer; Langzeitinvestitionen, deren Anlage Geld und Mühe erfordert. Daher sollte man seine Vorstellungen zunächst auf dem Papier ausarbeiten. Dazu gehört auch die Planung von Niveauunterschieden auf dem Terrain. Ein eventuell bestehender Hang kann durch Stufen oder Terrassen in das Konzept miteinbezogen werden. Wichtig sind auch die Formen und Muster der gepflasterten Bereiche. Durch die Wege dürfen keine nutzlosen Rasenecken oder unschöne Blumenbeetformen entstehen. Sie sollten so geplant werden, daß sie tatsächlich irgendwo hinführen und sich nicht ziellos durchs Gelände schlängeln. Damit die gepflasterten Bereiche zum Gesamteindruck des Gartens passen, muß auch das grundsätzliche Größenverhältnis zwischen Terrasse und Rasenfläche festgelegt werden. Ein architektonischer Garten zum Beispiel hat gewöhnlich einen streng symmetrischen Aufbau, der durch einen größeren Anteil an Wegen und gepflasterten Bereichen deutlicher zum Ausdruck gebracht werden kann. Bei einem Stadtgarten entscheidet man sich eventuell dafür, ganz auf eine Rasenfläche zu verzichten und eine Reihe miteinander verbundener gepflasterter Bereiche und erhöhte Beete anzulegen.

Es gibt so viele verschiedene Materialien, die sich als harte Oberflächen eignen, daß man nicht immer auf Beton zurückgreifen muß. Alle natürlichen Materialien passen viel besser in den Garten; sie harmonieren sowohl mit den Pflanzen als auch miteinander. So kann man durch ihre Kombination interessante Strukturkontraste und Muster schaffen. Mit Ziegeln lassen sich genausogut Fischgräten- oder Korbmuster wie auch einfache Wegflächen gestalten. Bei der Qualität der Ziegel muß man darauf achten, daß sie frostbeständig sind; häßliche Fabrikziegel, die nie verwittern, sollte man auf jeden Fall vermeiden. Stein – einschließlich Yorkstein, Schiefer und Granit – ist ein traditioneller, aber teurer Werkstoff, den man jedoch auf Baustellen oder Bauhöfen manchmal recht günstig bekommt. Schotterwege wirken oft ziemlich langweilig, viel besser machen sich hier Kiesel. Vor allem Kiesel aus dem Meer sehen wunderbar aus, wenn man sie mosaikartig in Beton einsetzt. Ein ausgezeichneter Werkstoff im Garten ist behandeltes Holz. Eisenbahnschwellen, die alle die gleiche Dikke haben und bereits gegen Verfaulen behandelt sind, lassen sich beispielsweise sehr vielfältig einsetzen. Man kann sie als Stufen oder zur Einfassung von erhöhten Beeten verwenden. Wenn man gefällte Baumstämme in Scheiben schneidet und sie mit Holzschutzmittel behandelt, eignen sie sich mit der Maserung nach oben sehr schön für Wege, Stufen und Terrassen. Bodendecker, die man terrassenförmig anlegt oder um einen Teich pflanzt, sehen zeitgemäß aus, absorbieren die Sonnenhitze und bilden eine warme, angenehme Oberfläche.

Die Wahl des Materials hängt zwar immer auch von den Kosten ab, doch sollte man darauf achten, daß es mit dem Stil und Baumaterial des Hauses harmoniert. Das gilt vor allem für Terrassen und Veranden, die unmittelbar ans Haus grenzen und aufgrund ihrer relativ großen Fläche den Gesamteindruck des Hauses mitbestimmen.

Manchmal kann man auf Beton als Werkstoff nicht verzichten. Dann sollte man aber die vielen Möglichkeiten nutzen, sein langweiliges und eintöniges Aussehen etwas aufzulockern. Ein Pflaster ist wesentlich hübscher als ein gegossener Betonsockel. Viel schöner wirkt es noch, wenn man es nicht einfach in Zement bettet, sondern mit Lükken verlegt. Die Zwischenräume kann man dann mit Kieseln oder Pflanzen, wie kriechendem Thymian oder Kamille, ausfüllen und so die Kanten »entschärfen«. Für die Pflastersteine wählt man am besten einen neutralen Ton und läßt Flechten und Moose für Farben sorgen. Den Flechtenbewuchs kann man fördern, indem man die Betonteile mit nicht pasteurisierter Milch oder Zimmerpflanzendünger behandelt. Eine reine Betonfläche wird allein dadurch erheblich aufgewertet, daß man sie mit Ziegeln oder einem anderen freundlicheren Material einfaßt.

Ein Weg ist eine schöne Begrenzung für ein Blumenbeet oder eine Kräuterrabatte. Die Pflanzen werden von dem Rasen getrennt, der sich dadurch auch einfacher mähen läßt. Die Beete benötigen ansonsten irgendeine Umfassung. Üblicherweise verwendet man dafür Ziegel, schlingenförmigen Draht, der den Pflanzen gleichzeitig als Halt

Bodenbeläge im Freien

Die Oberflächenstruktur von Bodenbelägen im Freien betont den Stil und die Gestaltung des Gartens. Ein regelmäßiges Gittermuster aus glatten Steinplatten entspricht dem modernen architektonischen Stil eines Stadtgartens (oben). Planken eignen sich gut als Poolumrandung und ergeben eine angenehme Oberfläche zum Barfußlaufen (oben rechts). Schieferplatten schaffen eine glatte Pflasterfläche in einem Stadtgarten (oben, ganz rechts). Eine Fläche mit grobem Kopfsteinpflaster macht sich gut in ländlich-familiärer Umgebung (unten rechts).

Teiche 94
Nutzholz 146
Ziegel 157

dient, und Betonziegel. Im Handel gibt es auch die traditionellen Terracotta-Umrandungen, vor allem im viktorianischen Schnurmuster. Neben den vorgefertigten Materialien läßt sich alles mögliche als Einfassung verwenden: Steinsplitter und dünne Latten aus behandeltem Hartholz, die man waagrecht an Pflöcke nagelt.

Eines der wundervollsten Elemente in der Gartengestaltung ist Wasser. Es bietet einen schönen Kontrast zu den anderen Oberflächen und verliert selbst im Winter, wenn der Garten kahl ist, seinen Reiz nicht. Eine Wasserfläche, in der sich der Himmel spiegelt, war schon immer Bestandteil architektonischer Gestaltungen. Umgeben von feuchtigkeitsliebenden Pflanzen, mit Fischen und Seerosen, erfüllt ein Teich schon fast den Traum vom eigenen Bach im Garten. Fließendes Wasser – etwa ein Wasserstrahl, ein Brunnen, ein Wasserfall oder ein Wasserspiel – bietet darüber hinaus auch noch einen akustischen Reiz. Das Plätschern von fließendem Wasser im Garten wirkt außerordentlich angenehm und beruhigend.

Es gibt auch gute praktische Gründe dafür, Wasser in die Gartengestaltung miteinzubeziehen. Ein Teich oder ein Becken liefert Wasser mit Lufttemperatur – ideal für das Gießen junger Setzlinge, denen das Leitungswasser leicht einen Kälteschock versetzt.

KÜHLES WASSER

Architektonische Wasserbecken können selbst in dem kleinsten Stadtgarten angelegt werden (rechts und oben rechts). Ein Bassin, das jedoch wie ein natürlicher See aussehen soll, braucht allerdings viel Platz drumherum.

OBERFLÄCHEN-REIZ

Der Kontrast verschiedener Oberflächen, wie Terracotta, Stein, Ziegel oder Beton, belebt die Gartenstruktur (gegenüber und gegenüber oben).

Skulpturen 84
Teiche 94

Selbst in einem trockenen Gebiet schafft ein Teich sein eigenes Mikroklima, in dem feuchtigkeitsliebende Pflanzen wie die weiße Gartenlilie, Iris und andere gut gedeihen. Und man muß durchaus keine Fische im Teich aussetzen, damit er für Insekten, Schmetterlinge und andere Lebewesen interessant wird.

Wasser ist in jedweder Form ein natürlicher Anziehungspunkt im Garten. Wenn der Garten an einem Hang liegt, baut man einfach Kanäle, in denen das Wasser hangabwärts fließen kann. Unten wird es in einem Becken aufgefangen und mit einer nicht sehr kostspieligen Umwälzpumpe wieder nach oben gepumpt. In heißen Ländern ist es üblich, Wasser durch Kanäle oder über terrassierte Abhänge zu leiten. Auf diese Art und Weise lassen sich Gemüsepflanzen bewässern; in vornehmen Gärten wurde damit die Luft gekühlt. Ein stilles Wasserbecken in geometrischer Form ist häufig der Mittelpunkt eines architektonischen Gartens; symmetrische Kaskaden waren beispielsweise ein wesentlicher Bestandteil italienischer Renaissance-Gärten. In den Boden eingelassene oder erhöhte rechteckige, runde, quadratische oder L-förmige Becken lassen sich recht einfach aus Betonsteinen mit wasserdichter Verkleidung bauen. Die strenge Linie der Ränder wird mit Binsen- und Irisbüscheln aufgelockert. Und in einem kleinen Stadtgarten wirkt das Spiel mit dem Wasser am schönsten, wenn man es über eine Skulptur laufen läßt. Wasser, das über große Gefäße, Steinplatten oder Felsen fällt, sieht wesentlich wirkungs- und reizvoller aus als ein Wasserfall oder ein Springbrunnen mit kitschigen und oft recht geschmacklosen Gartenverzierungen.

Teiche und Becken, die so natürlich wie möglich aussehen sollen, verlangen einen größeren Garten, damit sie auch zur Wirkung kommen. Felsgruppen, Holzflächen, eine dichte Uferbepflanzung und vielleicht eine flache, niedrige Brücke verleihen dem »kreativen« Teich ein japanisches Aussehen.

WASSERSPIEL

Das wundervolle Geräusch von fließendem Wasser im Garten wirkt angenehm beruhigend. Ein Wasserspiel läßt sich ganz einfach und ohne große Kosten herstellen. Man muß nur eine kleine, billige Pumpe beschaffen und den Stromanschluß sorgfältig installieren.

Dieses Wasserspiel hier besteht nur aus einer großen, gerippten Terracotta-Vase. Man hat sie in ein in den Boden eingelassenes Becken mit überhängender Ziegeleinfassung gestellt. Die Teichgröße ergibt sich aus der Anzahl der Normziegel.

Das Innere des Beckens wird mit schwarzer Polyäthylen-Teichfolie ausgelegt. Aus Ziegeln und einer Fliese baut man in der Mitte eine Erhöhung für die Vase. Ein wasserfestes Stromkabel läuft von der Pumpe durch ein spezielles Isolierrohr zur Stromquelle. Vorsicht: Die Stelle, an der das Kabel aus dem Teich kommt, darf nicht undicht sein. Das Kabel selbst muß in einem geeigneten Rohr verlegt werden, damit es nicht versehentlich beschädigt wird, wenn man in der Erde gräbt.

Ein tönerner Behälter eignet sich am besten als Skulptur, da man Terracotta leichter durchbohren kann als Stein. Durch das in die Unterseite gebohrte Loch wird ein Kupferrohr eingeführt. Wenn der Teich gefüllt ist, wird Wasser durch das Rohr hochgepumpt, bis die Vase voll ist und am Rand überläuft.

Während der Wintermonate wird der Strom abgeschaltet und die Vase geleert, damit sie bei starkem Frost nicht reißt.

Wasserspiel

Die Größe des Beckens ist ganz beliebig, ebenso die des Gefäßes in der Mitte. Wir haben eine Vase mit geriffelter Außenfläche gewählt. Das ergibt eine interessante Struktur, wenn das Wasser daran herunterläuft.

Eine Tauchpumpe drückt das Wasser nach oben und aus der Vase heraus. Da die Pumpe mit Strom aus dem Haus betrieben wird, errichtet man das Wasserspiel möglichst nahe am Haus. Ansonsten muß man das Kabel sehr weit unter der Erde verlegen. Die Tauchpumpe kann unter der Vase oder in einer Ecke des Teichs installiert werden, wo sie unter Wassergräsern und Seerosen verborgen ist.

Wie bei allen Wasseranlagen im Garten ist auch hier die Sicherheit oberstes Gebot: Ein Kind kann selbst in seichtem Gewässer ertrinken.

Werkzeuge

HANDSÄGE
SPATEN
WASSERWAAGE
SCHLEIFPAPIER und SCHLEIFKLOTZ
METALLINEAL
KELLE (falls die Platten auf Zement verlegt werden)
MAURERFÄUSTEL
BOHRMASCHINE
VERSTELLBARER SCHRAUBENSCHLÜSSEL
BÜGELSÄGE
SCHRAUBENZIEHER

Materialien

Teil	Menge	Material	Länge
GEFÄSS	1	Terracotta	nach Bedarf
RÖHRE	1	12 mm Kupferrohr	Gefäßhöhe
FLIESE	1	Terracotta	300 × 300 mm
BODENPLATTE	1	Beton	600 × 600 mm
BECKENSEITEN	4	19 mm Sperrholzverschalung	nach Bedarf

Außerdem: eine Tauchpumpe und Kabel fürs Freie; ein Druckventil, 12 mm; einen Schlauchbinder und Gummidichtungen; PVC- oder Butyl-Teichfolie; Sand zum Auskleiden; Ziegel als Unterbau für die Terracotta-Fliese und für die Einfassung des Teichs; Sand oder Erde für das Einbetten der Ziegeleinfassung.

Anlegen des Teichs

Für den Teich wählt man einen ebenen Platz aus und steckt die Stelle mit Schnur und Pflöcken oder einem Schlauch ab. Man hat dann eine genauere Vorstellung von der späteren Lage und Größe. Das hier vorgestellte Becken ist 1 000 mm^2 groß.

Das Loch wird 300 mm tief ausgehoben. Die vier Seiten sollten leicht schräg nach außen zulaufen. Mit Hilfe der Wasserwaage stellt man dann sicher, daß der Boden absolut flach ist.

Aus vier Sperrholzbrettern werden die Teichwände gebildet. Die Oberkante des Sperrholzes sollte auf einer Höhe mit dem umgebenden Boden abschließen, nachdem man vorher den Teichrand für das Einbetten der Ziegel oder Steine vorbereitet hat. Die Einfassung befindet sich dann auf gleicher Ebene mit dem übrigen Terrain und steht leicht über den Teichrand über. Bei diesem Teich hier war das Sperrholz 220 mm hoch. Man stellt die Bretter an der richtigen Stelle auf und schleift sie sorgfältig ab, damit keine Splitter mehr hervorstehen.

In die Mitte des Aushubs wird ein Pflasterstein gelegt. Wenn man ihn auf Sand bettet, läßt er sich leicht ins Lot bringen. Über den ganzen Aushub kommt eine Sandschicht, die den Pflasterstein etwa 12 mm bedeckt.

Die Ziegel- oder Platteneinfassung wirkt wesentlich reizvoller, wenn man verwittertes, gebrauchtes Material dafür verwendet. Um den Teich herum wird soviel Erde ausgehoben, wie man in der Breite und Tiefe für die verwendeten Ziegel oder Steine benötigt. In diesem Fall hier war der Streifen rundum 425 mm breit. Es wurde eine Doppelreihe von 255 mm Ziegeln gelegt, die 25 mm über den Teichrand überstanden. Der Boden muß ungefähr 80 mm tief abgetragen werden. Daß Maß ergibt sich aus der Ziegelhöhe (65 mm) plus einer 15 mm dicken Schicht aus feiner Erde oder Sand darunter. Wenn die Ziegelumrandung letztlich auf gleicher Höhe mit dem Rasen abschließt, hat man es mit dem Mähen leichter.

Die Teichfolie

Die Folienmaße lassen sich folgendermaßen berechnen: In der Länge nimmt man zweimal die Teichtiefe plus die Gesamtlänge des Teichs (einschließlich der Ziegeleinfassung); in der Breite braucht man zweimal die Teichtiefe plus die Gesamtbreite.

Die Teichfolie wird nach den Angaben des Herstellers ausgelegt. Die überschüssige Folie läßt man an den Seiten überstehen. Dann läßt man langsam das Wasser ein. Das Gewicht des Wassers wird die Folie immer mehr zu der Form ausdehnen, die durch die Sperrholzbretter vorgegeben ist. Den Herstellerhinweisen kann man entnehmen, wie sehr sich die Folie ausdehnen kann, bis sie glatt ist.

Man entfernt nun die provisorisch ausgelegten Ziegel und zieht die Folie so, daß sie rundum 150 mm unter der Einfassung zu liegen kommt.

Als nächstes werden die Ziegel verlegt. Man beginnt mit der Reihe, die am Teichrand 25 mm übersteht. Am besten legt man als erstes die Eckziegel und überprüft mit einer darübergespannten Richtschnur und einer Wasserwaage, daß sie sich auf gleicher Höhe befinden. Eventuelle Ungleichheiten berichtigt man durch den Untergrund aus feiner Erde oder Sand und klopft dann jeden Ziegel mit dem Schaft eines Maurerfäustels fest. Die restlichen Ziegel zu verlegen, ist einfach; in der Höhe werden sie dem jeweils vorangehenden angepaßt. Die Ritzen füllt man mit Sand oder Erde, so daß Pflanzen oder Moos daraus hervorwachsen können. Ein einheitliches Verlegen der Ziegel ist zwar wichtig, doch gebrauchte Ziegel sind hin und wieder nicht mehr ganz regelmäßig.

Die daraus resultierenden leichten Unebenheiten verleihen der Umfassung allerdings einen rustikalen Reiz. Insgesamt sollte die Oberfläche trotzdem möglichst glatt sein, damit man nicht stolpert. Auf Abbildung 1 sieht man, wie die Ecken gelegt werden.

Das Gefäß sitzt auf einer 300 mm^2 großen Tonfliese. Diese wiederum wird von zwei gleich hohen Ziegeln getragen, die hochkant im erforderlichen Abstand voneinander stehen. (Abb. 2). Der Wasserspiegel sollte etwas über der Fliese liegen, damit der Boden des Gefäßes im Wasser steht. Die Pumpe wird unter die Fliese gesetzt.

Teiche 94
Sägen 148
Bohren 150
Ziegel 157

In die Mitte des Gefäßbodens bohrt man ein Loch von 19 mm Durchmesser zum Einpassen des Kupferrohres. Man verwendet dafür einen Wolfram-Karbid-Bohrkopf bei niedriger Umdrehungszahl. In der Fliese benötigt man ein größeres Loch, durch das der Schlauch von der Pumpe geführt wird. Man bohrt dafür kreisförmig eine Reihe kleiner Löcher dicht nebeneinander, wodurch schließlich automatisch ein großes entsteht.

EINBAU DER PUMPE

Das Druckventil wird durch die Löcher in der Fliese und im Gefäß geführt. Man braucht für beide Seiten Gummidichtungsringe. Die Muttern hierfür dürfen nicht zu fest angezogen werden, da ansonsten das Gefäß springen kann. Mit einer Bügelsäge schneidet man sich ein Stück Kupferrohr zurecht, das vom Druckventil bis zum Gefäßrand reicht (Abb. 3).

Der Gummischlauch von der Pumpe wird an das Druckventil angeschlossen. Eventuell verwendet man zur Sicherung einen Schlauchbinder. Falls der Boden des Gefäßes zu dick ist und nicht genügend Gewinde hervorsteht, muß man ein Verlängerungsstück dazwischenschrauben.

Die Pumpe wird über den Hausstrom betrieben. Man kann den Strom entweder direkt aus der Steckdose nehmen oder ihr über einen Umspanner laufen lassen. Sicherer ist es, wenn man einen Transformator dazwischenschaltet, denn für den Betrieb der Pumpe reicht eine niedrige Spannung. Das Kabel muß für die Verwendung im Freien ummantelt sein; es wird in einem Plastikrohr unter der Erde verlegt und läuft unter den Ziegeln in das Becken hinein. Eventuelle örtliche Bestimmungen für die Leitungsverlegung im Freien muß man dabei beachten. Dann braucht man nur noch den Strom einzuschalten, und das Wasser wird sprudeln.

ZUSAMMENBAU DES WASSERSPIELS

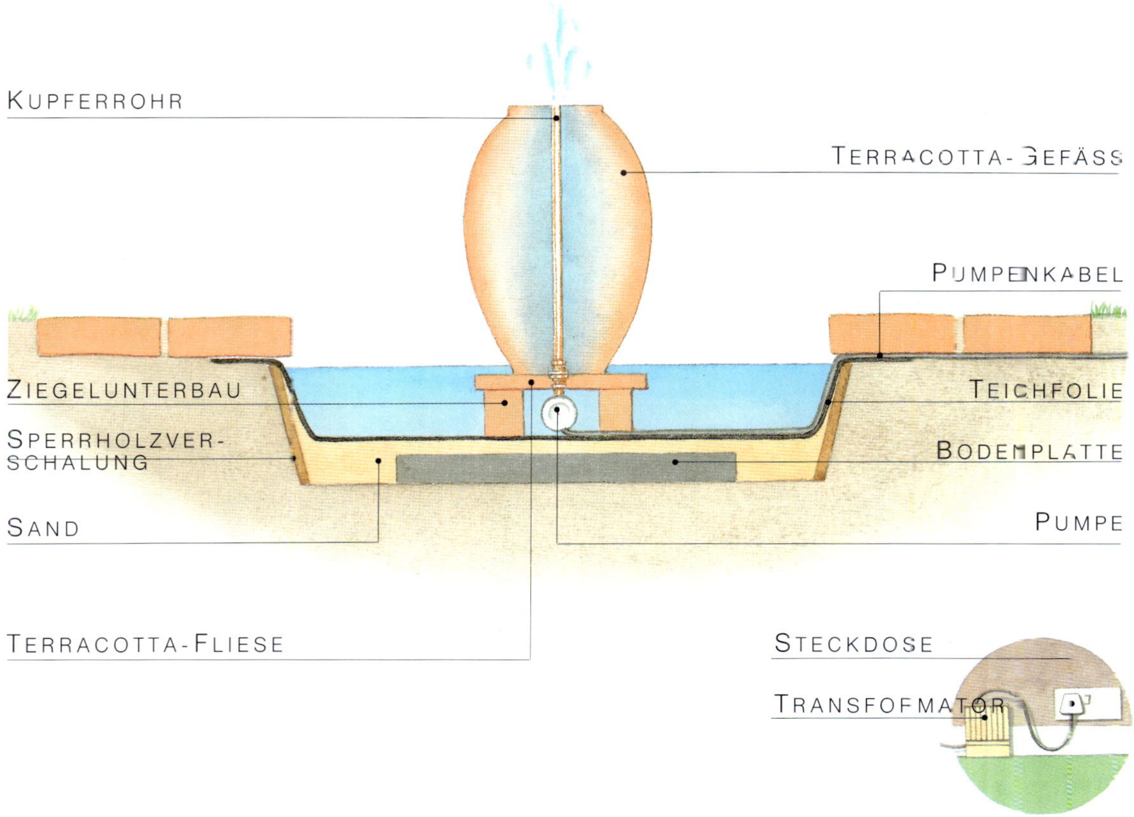

1 Detail der Ziegelumrandung
An den Ecken werden die Ziegel jeweils paarweise rechtwinklig zueinander gelegt.

2 Unterbau für das Terracotta-Gefäß
Das Gefäß sitzt auf einer Fliese, die von zwei Ziegeln getragen wird.

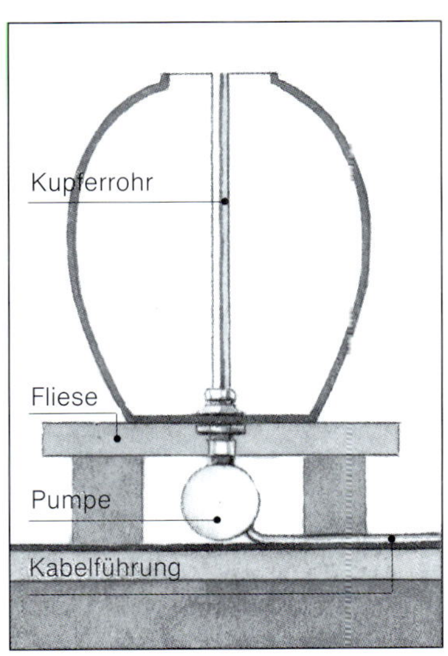

3 Verbindung von Pumpe und Gefäß
Die Pumpe wird mit dem Kupferrohr über ein Druckventil verbunden.

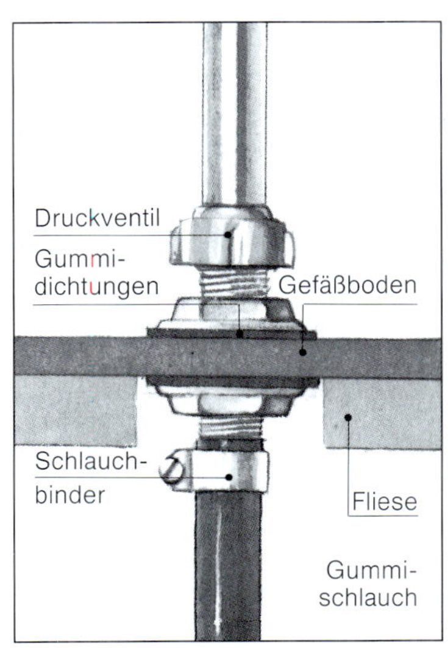

Blumenständer

Dieser elegante, geradlinige Blumenständer – auch Jardiniere genannt – ist den Arbeiten des Designers Josef Hoffmann (1870–1956) aus der ersten Hälfte des Jahrhunderts nachempfunden. Der Wiener Architekt und Pionier des funktionalen Designs war Gründungsmitglied der Wiener Werkstätten. Bei seinen schmucklosen Möbeln liegt das Schwergewicht auf den Proportionen. Diese Richtung wurde von den Designern der Modernistischen Bewegung in späteren Jahren konsequent weiterentwickelt.

Die Konstruktion des Blumenständers ist eigentlich einfach, etwas kompliziert sind nur die vielen rechtwinkligen Verbindungen. Der obere Gitterkasten der Jardiniere ist recht niedrig; unten ist nur ein Brett eingelegt, um Blumentöpfe daraufzustellen. Man kann den Ständer im Freien wie im Haus verwenden. In unserem Fall hier wurde er hell elfenbeinfarben gestrichen, doch eine andere neutrale Farbe macht sich sicher genauso gut.

Die Idee, einzelne Gegenstände zu einer Gruppe zusammenzufassen, um ihre Wirkung zu verstärken, ist im Garten wie im Haus ein wichtiges gestalterisches Element. Mit Geranien gefüllt, belebt die Jardiniere eine Verandaecke oder einen Sitzplatz. Vor oder in der Küche bietet sie einen dekorativen Ort für Kräuterpflanzen.

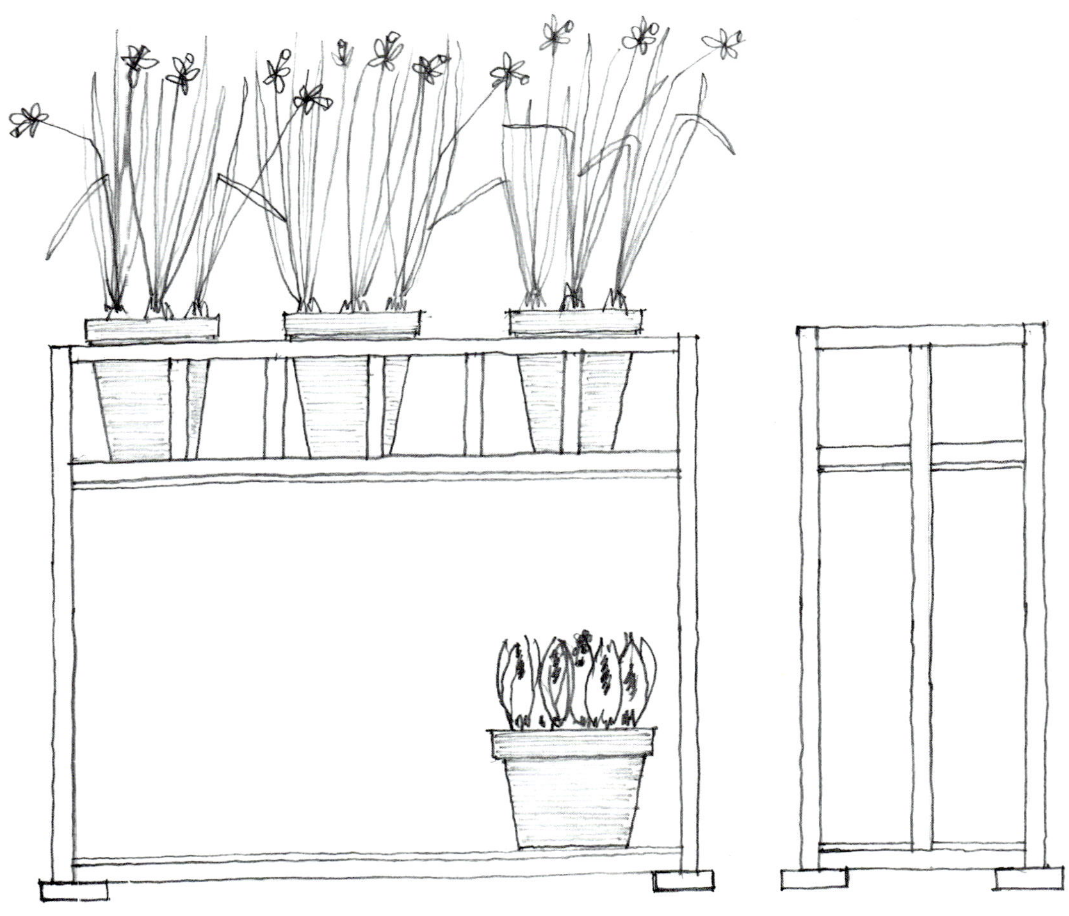

BLUMENSTÄNDER

Der einfache Blumen- oder Pflanzenständer wirkt im Freien genauso hübsch wie im Wintergarten. Das hier gezeigte Gestell ist aus gehobeltem Weichholz gefertigt und anschließend gestrichen worden. Wenn man die Holzbeschaffenheit erhalten möchte, wählt man Weichholz von guter Qualität oder sogar Hartholz und behandelt es mit einer wasserabstoßenden Schutzlasur.

Die Rahmenkonstruktion verlangt viele Holzverbindungen. Aus Gründen der Arbeitserleichterung werden sie alle gedübelt. Zapfverbindungen sind zwar stabiler, aber wenn man keinen Kettenstemmer hat, ist der Zusammenbau sehr zeitaufwendig.

WERKZEUGE

- WERKBANK (fest oder tragbar)
- REISSMESSER
- METALLMASSBAND
- METALLINEAL
- ANSCHLAGWINKEL
- STICHSÄGE (oder Motorkreissäge)
- FUCHSSCHWANZ (oder Dekupiersäge)
- MEISSEL
- STREICHMASS
- BOHRMASCHINE
- SPIRALBOHRER – 3 mm
- BOHRLEHRE
- BOHRER – 10 mm
- HOLZHAMMER
- SCHRAUBENZIEHER
- SCHLEIFMASCHINE (oder Schleifklotz)

MATERIALIEN

Teil	Menge	Material	Länge
ECKPFOSTEN	4	38 x 38 mm gehobeltes Weichholz	779 mm
MITTELPFOSTEN	2	wie oben	711 mm
LÄNGSLEISTEN	6	wie oben	847 mm
QUERLEISTEN	6	wie oben	237 mm
KURZE SENKRECHTE LEISTEN	10	wie oben	122 mm
REGALBRETTER	2	6 mm Sperrholz	270 x 880 mm
FÜSSE	4	Hartholz- oder Weichholzreste	90 x 90 x 30 mm
Außerdem: Dübel, 10 mm; verzinkte Schrauben, 8,0 x 40 mm; Stifte			

RAHMENKONSTRUKTION

Alle Teile werden entsprechend der Materialliste zugeschnitten.

SEITENTEILE

Für den Schnittpunkt von Mittelpfosten und mittlerer Querleiste schneidet man eine Blattverbindung (siehe Handwerkliche Techniken). Am Mittelpfosten markiert man mit Hilfe einer kurzen senkrechten Leiste die Höhe, an der die Querleiste angebracht wird. Von oben gemessen beginnt die Blattverbindung genau am unteren Ende der kurzen Leiste.

Am Mittelpfosten und an der mittleren Querleiste wird die Blattverbindung angezeichnet und ausgeschnitten (Abb. 1). Das gleiche wiederholt man dann auch für das andere Seitenteil. Auf den Schnittflächen all dieser Querleisten, der Mittelpfosten und der kurzen senkrechten Leisten zieht man je zwei diagonale Linien und legt dadurch die Mittelpunkte für die Dübellöcher fest. In die markierten Punkte bohrt man mit Hilfe der Bohrlehre und einem Holzbohrer Löcher von 10 mm Durchmesser (oder man nimmt einen Bohrer mit Holzbohreinsatz und befestigt ihn senkrecht in einer Halterung). Die Bohrtiefe ist etwas mehr als halb so tief wie die Dübel lang sind

1 Befestigung der mittleren Querleiste

Man markiert die Position der mittleren Querleiste am Mittelpfosten, schneidet Blattverbindungen und befestigt.

2 Obere und untere Querleisten

An den Schnittflächen der Mittelpfosten markiert man die Dübellöcher. Mit Dübeln werden Querleisten angebracht.

3 Befestigung der Eckpfosten

Die Posten werden an die Querleisten gedübelt; dabei schließen sie oben und unten mit den Querleisten bündig ab.

Weichholz 146
Bohren 150
Überplattung 152
Dübelverbindung 154

ZUSAMMENBAU DES BLUMENSTÄNDERS

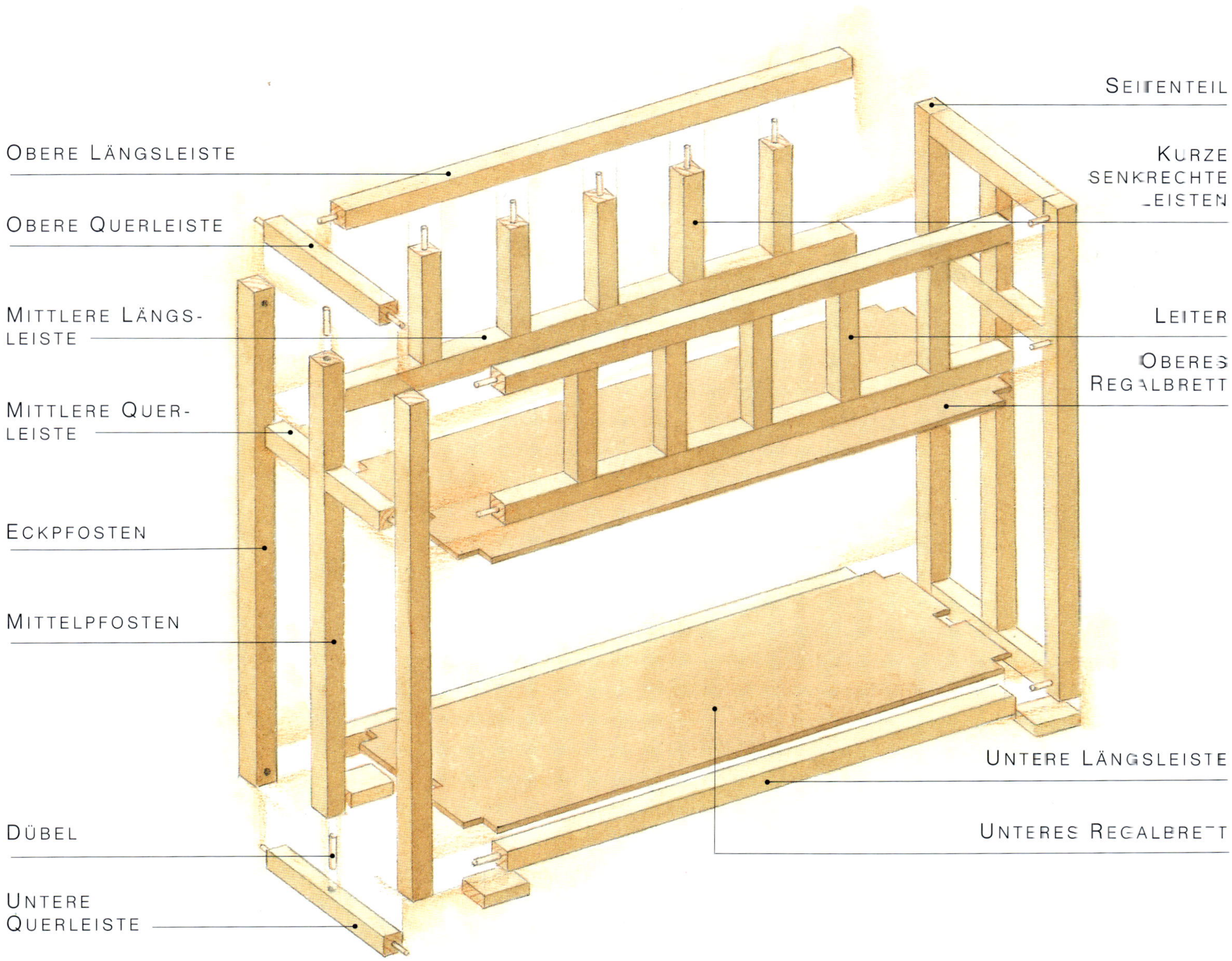

Blumenständer

Anreißen 148
Bohren 150
Schrauben 150
Dübelverbindung 154

(d. h. 22 mm tiefe Löcher für 40 mm lange Dübel). Der dadurch entstehende kleine Hohlraum am Ende nimmt eingeschlossene Luft und Leim auf (siehe Handwerkliche Techniken, Dübelverbindungen).

An den Innenseiten der Eckposten markiert man die Positionen der oberen und unteren Querleisten und zeichnet mit Diagonalen die Dübellöcher an. Die Löcher werden wie zuvor gebohrt. An jedem Eckposten zeichnet man die Stellen der Dübellöcher für die mittleren Querleisten an: von oben gemessen die Länge der kurzen senkrechten Leisten plus 38 mm für die obere Querleiste. Die Markierungen der Dübellöcher überträgt man auf die jeweils anderen Innenseiten der Pfosten, an denen dann die Längsleisten angebracht werden.

Man fügt Mittelpfosten und mittlere Querleiste zunächst ohne Leim zusammen, so daß sie ein Kreuz bilden. Dann dübelt man, ebenfalls ohne Leim, die oberen und unteren Querleisten dagegen (siehe Abb. 2 S. 90). Zuletzt vervollständigt man die Seitenteile durch Eckposten.

VORDER- UND RÜCKSEITE

Für die Vorder- und Rückseite, die wie Leitern aussehen, markiert man an einer Längsleiste die Positionen der kurzen senkrechten Leisten und zeichnet in regelmäßigem Abstand in der Mitte der Leiste die Dübellöcher an (Abb. 1). Der lichte Abstand zwischen den einzelnen senkrechten Leisten und auch zu den Eckpfosten hin beträgt dann 110 mm.

Von dieser Musterleiste überträgt man die Markierungen auf die anderen drei Längsleisten. Alle Löcher werden in der entsprechenden Tiefe gebohrt und die Leitern ohne Leim zusammengesetzt.

Man bohrt die Dübellöcher an den Innenseiten der Eckpfosten an den markierten Stellen, die man von der vorderen und der hinteren Leiter übertragen hat.

An den Schnittflächen der unteren Längsleisten werden in der Mitte die Dübellöcher angezeichnet und dann wie zuvor hier und unten in die Eckposten die Löcher gebohrt.

Man dübelt die beiden Leitern zusammen mit den unteren Längsleisten ohne Leim in die Eckpfosten der Seitenteile (Abb. 2).

Beim Zusammenbau ist zu beachten, daß die rechten Winkel stimmen und alles gut ineinander paßt. Dann nimmt man alles in umgekehrter Reihenfolge wieder auseinander und verwendet für die endgültige Zusammensetzung wasserfesten Holzleim.

REGALBRETTER

Die beiden Bretter werden so zugeschnitten, daß sie nur zur Hälfte auf den Leisten aufliegen und nicht mit den Außenkanten abschließen. An den Ecken und in der Mitte schneidet man die Bretter aus, so daß sie um die Mittel- und Eckpfosten passen.

Das untere Regalbrett wird entsprechend den Maßen der unteren Leisten zugeschnitten, aufgeleimt und mit Stiften befestigt (Abb. 3).

Das obere Brett wird von unten an die mittleren Leisten geleimt und genagelt.

FÜSSE

Die Füße werden unter den Ecken befestigt. Sie stehen an den Längs- und Querseiten genauso weit über, wie die »Stufe« des unteren Bretts breit ist (d. h. ungefähr 19 mm) (Abb. 4). Man kann für die Füße irgendwelche Hartholz- oder auch Weichholzreste verwenden. Man verleimt sie erst und schraubt sie dann mit je zwei Schrauben in die Leisten.

Eventuelle Spalten füllt man mit wetterfestem Holzkitt. Zum Schluß wird der ganze Ständer gestrichen oder mit wasserabstoßender Holzschutzlasur eingelassen.

1 Einsetzen der senkrechten Leisten
Die senkrechten Leisten werden gleichmäßig gedübelt.

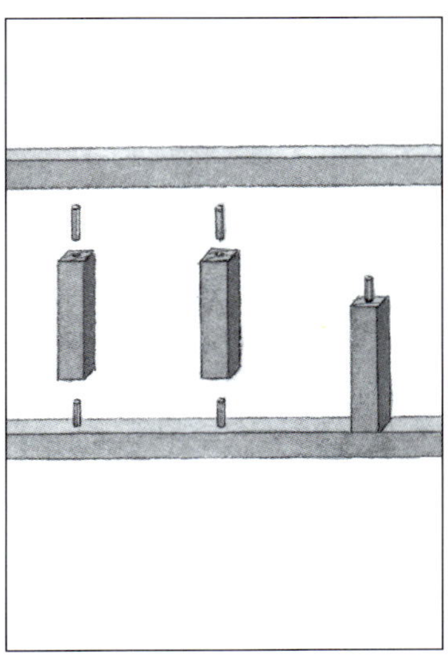

2 Zusammenbau des Rahmens
An den Eckpfosten und den Längsleisten markiert man Dübellöcher.

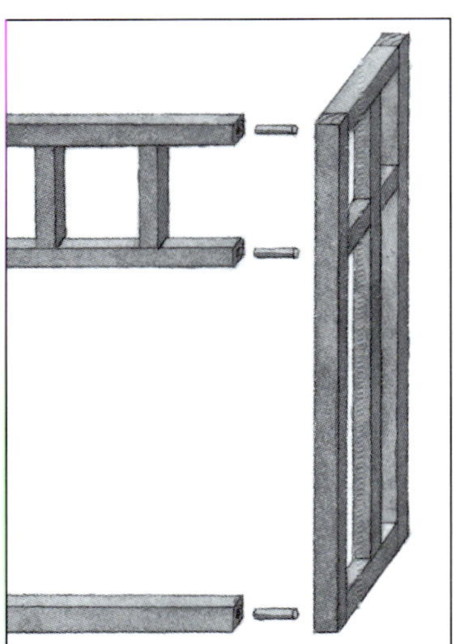

3 Das untere Regalbrett
Das Brett wird so zugeschnitten, daß es zur Hälfte auf den Rahmenleisten aufliegt.

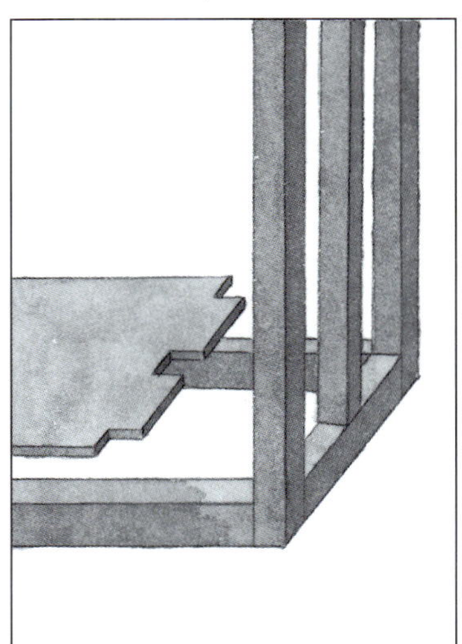

4 Die Füße
Aus Holzresten werden die Füße zugeschnitten. Man verleimt und verschraubt sie mit den Leisten.

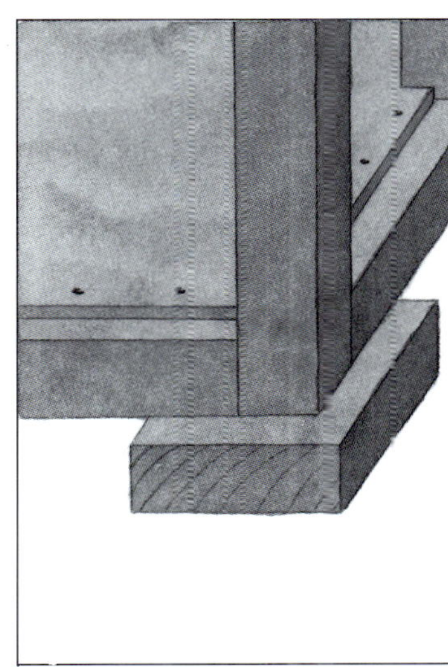

Teiche

Die erste Entscheidung beim Teich betrifft die Form und den Standort. Ob man eine rechteckige oder eine geschwungene, natürlichere Form wählt, ist eine reine Geschmacksfrage. Der Teich sollte sich harmonisch in die Gesamtstruktur des Gartens einfügen. Einen sehr komplizierten Entwurf muß man jedoch vermeiden, da sonst die Anlage sehr schwierig und teuer wird. Nicht ganz einfach ist es, den richtigen Platz für den Teich zu finden. Blühende Teichpflanzen brauchen mindestens den halben Tag Sonne. Der Schatten überhängender Bäume wirkt sich nachteilig auf die Pflanzen aus, zudem werden dadurch Mücken angezogen. Im Herbst können Laubbäume zum Problem werden. Wenn man die herabgefallenen Blätter nicht aus dem Wasser entfernt, verrotten sie und stören dadurch das Gleichgewicht des Biotops.

Der Gedanke, einen langgestreckten Garten mit einem Teich abzuschließen, ist recht naheliegend. Problematisch wird es erst, wenn man einen Wasserfall, Unterwasserbeleuchtung oder einen Springbrunnen installieren möchte; denn dann muß man die elektrischen Kabel über eine ziemliche Entfernung verlegen. Möglicherweise sieht man den Teich auch vom Haus aus gar nicht mehr.

Bei der geplanten Größe des Teichs kommt es zum einen auf die Proportionen des Gartens, zum anderen auch auf die Menge an Zeit und Geld an, die man investieren möchte. Der Teich sollte im Garten nicht »verloren gehen«, aber auch nicht alles beherrschen. In einer »Pfütze« können Pflanzen und Fische nicht mehr gut gedeihen. Die Wasseroberfläche sollte mindestens dreieinhalb Quadratmeter betragen. Bei einer kleineren Wasserfläche gelangt nicht genügend Sauerstoff ins Wasser, und es findet dann nur eine ungenügende Selbstreinigung statt. In so einem Fall ist es einfach nötig, eine Filteranlage zu installieren.

Die Wassertiefe bereitet im allgemeinen keine Schwierigkeiten. Wenn der Teich allerdings zu seicht ist, wird er im Sommer zu warm, und die Fische bekommen nicht genügend Sauerstoff; im Winter hingegen friert er zu. Bei einer Tiefe von 400–750 mm können viele Pflanzen gut gedeihen. Etwa 225 mm unter der Wasseroberfläche sollte man einen 225 mm breiten Absatz anbringen, der möglichst um den ganzen Teich herumläuft.

Verschiedene Teicharten

Man kann einen Teich natürlich mit einem Boden und Wänden aus Zement bauen. Das macht aber viel Mühe und Arbeit, zudem besteht immer die Gefahr von Rissen und Sprüngen. Deshalb verwendet man heute meist vorgeformte Teiche aus Kunststoff oder eine Folie.

Bei den Fertigteichen ist man in Form und Größe an die erhältlichen Ausführungen gebunden. Mit einer Folie kann man hingegen jede beliebige Gestaltung vornehmen. Will man eine ganz bestimmte Form oder einen besonders großen Teich, muß man in jedem Fall zur Folie greifen. Ansonsten haben beide Methoden ihre besonderen Vor- und Nachteile.

Die handelsüblichen Teichfolien sind aus Butylgummi oder PVC. Zwar besteht immer die Gefahr, daß durch Steine, Schaufeln o. ä. Löcher in die Folie gerissen werden, bei den dickeren, besseren Ausführungen kommt es jedoch seltener vor. Doch selbst bei einer billigen Folie kann man, wenn sie sachgemäß ausgelegt und behandelt wird, mit einer Haltbarkeit von zehn Jahren rechnen.

Man bekommt die Teichfolie in Schwarz, Anthrazit, Blau oder Grau. Obwohl Anthrazit, Blau und Grau natürlichere Farben sind, wählen die meisten das unauffällige Schwarz. Die Farbe spielt allerdings sowieso keine große Rolle, denn der Teichboden wird nach einer Weile von einer dünnen Schlammschicht bedeckt sein und an den Wänden setzen sich Algen an.

Ein Teich für die Veranda

Nicht in jedem Garten ist Platz für einen richtigen Teich. Sehr hübsch macht sich aber auch ein halbes Faß, mit dem man nicht viel Arbeit hat. Darin ist Platz für zwei oder drei kleine Goldfische und ein paar farbenprächtige Seerosen.

Man kann die Folie auch für in den Boden gesetzte Teiche mit Wänden aus Ziegeln oder Ziersteinen verwenden. Oder man hebt den Boden in der gewünschten Tiefe und Form aus und dichtet mit der Folie ab. Vorher muß man jedoch alle spitzen Gegenstände aus der Vertiefung entfernen und den Boden mit einer 25 mm dicken Sandschicht bedecken. Dann legt man die Grube mit der Folie aus, beschwert die Ränder mit Ziegelsteinen und läßt das Wasser einlaufen. Der Wasserdruck dehnt die Folie entsprechend der Form aus.

Am Schluß legt man mit Bodenplatten einen Rand um den Teich und versteckt darunter die Enden der Folie.

Fertige Teiche sind aus Plastik oder Glasfiber (teurer) und können ebenfalls auf den Boden gestellt oder eingelassen werden. In jedem Fall ist darauf zu achten, daß die Seiten abgestützt werden und der Rand exakt im Lot ist.

Die einfacheren Plastikbecken sind nicht so stabil und auch nicht so groß wie die aus Glasfiber. Trotzdem sollten sie mindestens zehn Jahre halten. Will man sich jedoch eine Sammlung besonderer Fische und Pflanzen zulegen, empfiehlt es sich in jedem Fall, ein Bekken besserer Qualität zu nehmen. Wenn man es richtig aufstellt und nicht beschädigt, hält es viele Jahre. In jedem Fall, egal ob das Bekken auf dem Boden steht oder versenkt ist, bietet eine zusätzliche Schicht Sand unter der Folie einen unentbehrlichen Schutz für kleine Hohlräume und Schwachstellen der Teicheinfassung gegen den Druck des Wassers.

PFLANZEN

Am schönsten sieht es aus, wenn man verschiedene Pflanzenarten wählt. Die meisten wachsen in Plastiktöpfen, die man auf den Boden oder auf den Absatz stellt.

Seerosen sollten in jedem Fall dabei sein. Die Bepflanzung des seichten Randes kann entweder hoch aufragen oder den Boden bedecken. Die Pflanzen für das tiefere Wasser stehen mit den Wurzeln in Töpfen, und die Blätter schwimmen auf der Oberfläche. Das sieht interessant aus und wirft Schatten auf das Wasser. Schwimmende Pflanzen brauchen keine Erde für die Wurzeln; manche kommen nur nach oben, wenn sie blühen. Einige Pflanzen reichern den Teich mit Sauerstoff an und unterbinden den Algenwuchs. Man sollte vier oder fünf davon pro Quadratmeter Wasseroberfläche einsetzen.

Natürlich wächst auch viel Unerwünschtes im Teich, das man regelmäßig entfernen muß. Wo es möglich ist, zieht man es einfach mit der Hand heraus. An unzugänglichen Stellen nimmt man einen Rechen oder einen langen Stecken zu Hilfe, damit man auf diese Weise allen Unrat aus dem Teich bekommt.

Auf keinen Fall sollte man ein chemisches Algenvernichtungsmittel einsetzen. Es vernichtet nicht nur das Unkraut, das dann im Teich verrottet, sondern greift auch die anderen Pflanzen und besonders die Fische an.

Außer dem wohlbekannten Goldfisch gibt es noch viele andere Fischarten, die man im Teich halten kann. In der einschlägigen Literatur kann man sich darüber informieren. Ein gutes Fachgeschäft oder die Teichabteilung eines Gartencenters bietet immer verschiedene Fischarten an.

FASSTEICH

Jeden wasserdichten Behälter kann man zu einem kleinen Wassergarten umgestalten; mit am beliebtesten sind Halbfässer. Man bekommt diese Fässer, die früher Bier, Wein oder Essig enthalten haben, in großen Gartencentern.

Das Faßinnere muß zunächst mit klarem Wasser saubergeschrubbt werden. Auf keinen Fall darf man ein Reinigungsmittel dazu verwenden. Wenn das Faß nicht ganz sauber ist, verschmutzt das Wasser sehr schnell und bedroht Pflanzen und Fische. Aus diesem Grund darf man auch kein Faß verwenden, in dem früher Holzschutzmittel oder Öl aufbewahrt wurde.

In das sorgfältig gesäuberte Faß streut man dann saubere Erde, 75–100 mm, ohne Unkraut oder Pflanzenreste, die verrotten und das Wasser verschmutzen. Dann fügt man soviel Wasser hinzu, daß man die Erde zu Schlamm verrühren kann.

Bepflanzt wird das Faß im Frühling oder Frühsommer. Man nimmt Miniaturseerosen und einige kleine, weniger auffällige Gewächse. Dazu kommen ein paar sauerstoffliefernde Pflanzen.

Als nächstes streut man eine 50 mm dicke Schicht feinen Kies über die Erde, damit die Fische sie nicht aufwühlen und die Pflanzen dabei entwurzeln. Dann füllt man das Faß mit einem Schlauch, wobei man das Ende in eine Plastiktüte hält (Abb. 2); dadurch wirbelt der Wasserstrahl die Erde nicht auf.

Wenn das Faß fast voll ist, dreht man das Wasser ab und entfernt Schlauch und Tüte. Bevor man die Fische – vielleicht zwei oder drei kleine Goldfische – und ein paar Schnecken aussetzt, wartet man etwa eine Woche, bis sich das Wasser beruhigt und die Temperatur stabilisiert hat. Im Sommer halten die Fische die Moskitos fern. Im Winter muß man sie allerdings in einen größeren Teich oder in ein Aquarium im Haus umsetzen, denn die geringe Wassermenge im Faß friert bei Frost ziemlich schnell zu. Anfang des Frühjahrs wechselt man das Wasser aus und wartet abermals eine Woche, bevor man die Fische wieder aussetzt.

1 Querschnitt durch einen Teich mit Folie

Man hebt in der benötigten Größe eine Grube aus und streut Sand hinein, bevor die Folie ausgelegt wird. Ringsum zieht man dann einen Absatz zum Bepflanzen. Die Folie wird am Rand mit Ziegeln, Steinen oder Bodenplatten gehalten.

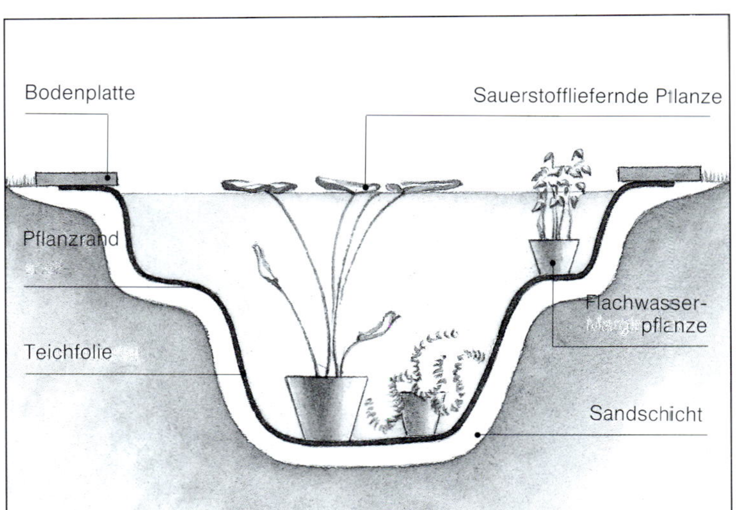

2 Ein Teich im Halbfaß

Das Faß wird saubergeschrubbt, dann bedeckt man den Boden mit einer Schicht Erde. Eine Lage Kies verhindert, daß die Erde sich mit dem Wasser vermischt. Gefüllt wird das Faß mit einem Schlauch, dessen Ende in einer Plastiktüte steckt.

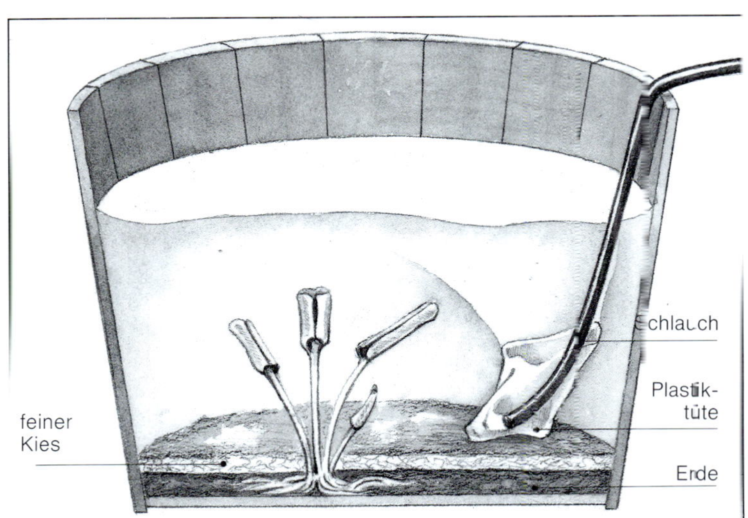

4. TEIL

STÜTZEN UND TRENNWÄNDE

Ein wesentliches Moment in der Gartengestaltung ist der Gegensatz von offenem und geschlossenem Raum. Jeder Garten ist abgegrenzt durch mehr oder weniger sichere Einfassungen wie Mauern, Zäune oder Hecken. Häufig muß man aber auch innerhalb des Gartens einen Teil von einem anderen abtrennen, wenn man beispielsweise einen Nutzbereich oder einen Gemüsegarten abschirmen will. Vielleicht wünscht man sich auch einen abgeschiedenen »Raum«, dem das Flair des Geheimnisvollen anhaftet. Einfache Abgrenzungen gestaltet man mit Hecken oder einem Zaun aus Latten, Flechtwerk oder Bohnenstangen. Daneben gibt es natürlich auch richtige Ziegel- und Steingartenmauern.

Es ist viel schöner, aus einer mit Rosen bewachsenen Pergola auf einen weiten Rasen zu treten, als nur einen einfachen Weg entlangzugehen. Es gibt viele gestalterische Hilfsmittel, durch die ein ansonsten eintöniger und langweiliger Garten sehr viel an Tiefe und Perspektive gewinnt: ein einfacher Bogen schafft einen Rahmen für den Blick; eine Grenzmauer verschwindet hinter einem mit Kletterpflanzen bewachsenen Spalier; eine Laube ist ein reizvoller Anziehungspunkt in einer Gartenecke.

Stützen und Trennwände

Spaliere sind ein unentbehrliches Beiwerk im Garten. Quadratische oder rautenförmige Holzgitter bekommt man bereits als behandelte Fertigteile, die man nach Bedarf zusammensetzen und großflächig verarbeiten kann. Ein mit Kletterpflanzen bewachsenes Spalier an einem Zaun hält den Wind ab und vermittelt zudem ein Gefühl von Privatsphäre, ohne Licht und Luft wegzunehmen. Ein Spalier ist auch eine der preisgünstigsten Möglichkeiten, Schönheitsflecken, wie häßliche Schuppen, nackte Mauern, Betonblöcke und alles, was man nicht einfach entfernen kann, durch Pflanzenbewuchs unsichtbar zu machen. Jede Struktur verändert sich optisch durch Kletterpflanzen, wie beispielsweise Russischen Wein (Fallopia aubertii), Knöterich (Polygonum baldschuanicum), Klematis, Kletterrosen, Geißblatt (Lonicera) und Wilden Wein (Parthenocissus quinquefolia). Glyzinen brauchen mehr Kletterhilfe, Efeu hingegen sollte man auf jeden Fall vermeiden; seine Luftwurzeln bohren sich in den Mörtel und ruinieren eine Ziegelmauer. Spaliere lassen sich auch frei aufstellen und als Blickschutz verwenden.

Doch vor allem dienen sie der Verschönerung des Gartens. Ursprünglich verwendete man die Freillages (franz. für Spalier) in den architektonischen Gärten Frankreichs; sie wurden traditionellerweise grün gestrichen und an Naturmauern aufgestellt. Oft hatten sie architektonische Formen mit konischen Linien, die eine Perspektive vorspiegelten; dieser einfache Frompe-l'oeil (Augentäuschung) war eine wirksame Belebung Pariser Höfe. Auch weniger kunstvolle Spaliere haben die Eigenschaft, große, langweilige Mauerflächen »verschwinden« zu lassen. Je nach Geschmack kann man sie auch so streichen oder lasieren, daß sie selbst im Winter ohne Blätter noch einen reizvollen Blickfang bieten. Der Pflanzenbewuchs, der durch die Spaliere an Mauern, Hauswänden und Zäunen möglich ist, schafft einen schönen Übergang zwischen Haus und Garten. An einer Pergola können sich ebenfalls Pflanzen emporranken; sie unterscheidet sich vom Spalier dadurch, daß sie immer irgendeine Form von Überdachung aufweist. Sie bildet beispielsweise einen frei stehenden Bogen, manchmal einen Laubengang oder eine Art Vorbau an der Hausmauer. In den Mittelmeerländern ist es üblich, im Hinterhof oder über dem Eingang einen einfachen Metallrahmen mit Drähten am Haus zu befestigen. Darüber läßt man Wein wachsen und hat somit eine lebendige Markise. Die Weinblätter halten im Sommer Sonne und Hitze ab, im Winter kommt dann der Rahmen zum Vorschein. Diese billige Lösung ist sehr wirkungsvoll und zudem auch noch schön, da sich der Bewuchs von Monat zu Monat verändert. Spaliere kann man auch zur Überdachung verwenden.

Eine Pergola hat vom gestalterischen Gesichtspunkt aus die gleiche Funktion wie ein Bilderrahmen: der Blick wird konzentriert. Das verlangt normalerweise einen Blickfang wie beispielsweise einen Sitzplatz oder eine Urne am Ende eines Weges. Reizvoll ist auch der Kontrast von Licht und Schatten unter einer Pergola. Die Pflanzen darüber gedeihen unter Sonne, Luft und auch Regen zumeist prächtig.

Eine Rosenpergola ist etwas typisch Englisches; die Franzosen hingegen haben sich mit Pergola-Kunstwerken aus Eisen einen Namen gemacht. Dazu gehört beispielsweise die kunstvoll geschwungenen Rahmenkonstruktion aus dem herrlichen grünen Eisen, die man an dem Goldregen-Weg in Monets Garten in Giverny bewundern kann. Es gibt verschiedene Möglichkeiten für den Bau einer Pergola. Ein Gitterwerk aus Metall kann man oben zu einer Wölbung runden, Bohnenstangen oben zu einer Art Kuppel zusammenbinden. Ebensogut lassen sich irgendwelche gebogenen Metallteile auf Holzstangen anbringen. Die Ziehdrähte für die Pflanzen laufen dabei durch Löcher in den Metallrahmen. Man kann auch Gitter an den Pfosten anbringen, an denen dann Kletterrosen, Geißblatt und Spalierobst wachsen.

Pergola 104
Zäune 147
Spaliere 152

Spaliere

Spaliere sind viel mehr als nur Stützrahmen für Pflanzen. Mit der Trompe-l'œil-Gestaltung fangen glatte Wände plötzlich zu leben an (gegenüber oben und Mitte). Doch auch freistehende Kupferrohre und Pfosten werden mit einem Spalier versehen zu einem Tummelfeld für Kletterrosen und andere Pflanzen (gegenüber unten). In den kleinflächigen Stadtgärten bieten Spaliere eine gute Möglichkeit, sich nach oben auszudehnen; man hängt in diesem Fall einfach Töpfe mit Pflanzen daran (links).

Zäune, Zäune, Zäune

Die meisten Menschen wollen in irgendeiner Form Grenzen abstecken, sei es zum Nachbarn hin oder zwischen einzelnen Gartenbereichen (nächste Seite). Die Art der Einzäunung sollte aber zum Gesamtbild des Gartens passen: ein weißgestrichener Zaun bildet einen schönen Kontrast zu bunten Blumen; naturbelassene, rustikale Pfosten schaffen einen ländlichen Eindruck; streng geometrische Linienführung sorgt für städtische Eleganz.

Stützen und Trennwände

Eine andere Form der Raumgestaltung im Garten ist die Laube. Im Prinzip ist sie nur ein von Pflanzen überdachter Sitzplatz, und doch hat sie eine gewisse geheimnisvolle, romantische Ausstrahlung. Diese Wirkung wird nicht nur durch den optischen Eindruck hervorgerufen, sondern häufig auch durch den Duft der nahen Blüten. Das Gestell für das Pflanzendach kann durchaus ganz einfach sein. Spaliere lassen sich gut dazu verwenden; aber man bekommt auch spezielle Metallrahmen für Lauben.

Es gibt eine große Vielfalt an Methoden und Materialien, mit denen man in einem Garten Abgrenzungen schaffen kann. Der Zaun muß zwar nicht exakt dem Stil des Hauses entsprechen, allzu willkürliche Lösungen sollte man jedoch vermeiden. Metallgeländer, wie man sie aus öffentlichen Parks kennt, wirken sicher besser in einer städtischen Umgebung; Zäune aus Schutzbrettern oder Koppelstangen gehören aufs Land. Falls irgend möglich, sollte man keine Mauern aus billigen Ziegeln bauen, die niemals verwittern. Nicht besonders anziehend wirken auch Hohlblocksteine aus Schlacke, Betonpfeiler und Maschendrahtzäune. Besteht aber bereits eine solche Umzäunung, schafft beispielsweise ein Spalier Abhilfe; Beton sollte man reichlich mit Flechten und Moos überwuchern lassen.

Abgrenzungen, die nicht vollkommen abschirmen müssen, schafft man am besten mit Spalierteilen, die an Pfosten befestigt werden. Heutzutage bekommt man Metallschuhe, die sich wesentlich leichter in den Boden versenken lassen. Weitere Anregungen für Holz- oder Spalierzäune kann man sich bei japanischen Gärten holen: Dort sieht man wunderbare Gitterformen aus Bambusstangen mit Binsengeflecht, ähnlich den traditionellen europäischen Flechtzäunen.

Mauern zu ziehen, ist eine Kunst für sich. Es gibt viele interessante und reizvolle Konstruktionen, darunter Steinmauern mit Feuersteinen, Muscheln, Kieseln oder Flaschenböden dazwischen, Trockenmauern, Ziegelmauern mit Sehschlitzen und Luftlöchern, Wände aus Holzstämmen und Treibholz. Wenn man eine Mauer aus Bruchsteinen baut, kann man kleine Vertiefungen freilassen, aus denen Hängepflanzen wachsen können. Steinpflanzen wie Alyssum, Grasnelken, Aubrieta und Campanula gedeihen auf Simsen, in Vertiefungen und auf Trockenmauern.

Hecken sind lebende Grenzen in einem Garten. Sie erfreuen das Auge, halten den Wind ab und sind relativ leicht zu pflegen. Neben dem häufig verwendeten Liguster gibt es noch viele andere Arten, wie etwa Buchsbaum (wächst allerdings langsam), Buchen, Eiben, Weißdorn und Haselstrauch, die hervorragende und schöne Hecken bilden.

Baumbank 116
Zäune 147

LAUBEN

Unter den Gestellen für Kletter- und Kriechpflanzen läßt es sich auch sehr schön sitzen. Von dem schattigen, duftenden Platz aus kann man in Ruhe den Garten betrachten. Und auch vom ästhetischen Standpunkt aus gewinnt der Garten dann durch den Kontrast von Licht und Schatten innerhalb einer Laube.

WANDELPERGOLA

Ein kleiner Garten gewinnt durch eine zentral aufgestellte Pergola oder ein Gestell für Kletterpflanzen an gestalterischer Aussagekraft. In einem größeren Garten kann man die Pergola so ausdehnen, daß darunter ein regelrechter Wandelgang entsteht. Dieser halb abgeschlossene Raum bildet einen schönen Kontrast zu den offenen Rasen- und Beetflächen. Der hier vorgestellte Entwurf kann in verschiedenen Längen ausgeführt werden, doch bei weniger als drei Einheiten verliert er an Wirkung.

Die Wandelpergola ist im Bau und in der Größe auf Standard-Spalierteile abgestimmt, die wesentlich billiger sind als eine Eigenbaukonstruktion.

Als erstes baut man am besten den oberen Rahmen und befestigt die Streben für die Pyramiden daran. Dann markiert man am Boden die Stellen, an denen die Pfosten stehen sollen, und versenkt dort die Metallschuhe. Schließlich wird das Gestell noch mit den Spalierteilen verkleidet. Von außen gesehen wirkt das Spalier wie eine durchgehende Wand. Doch da nur jeder zweite Rahmen ausgefüllt ist, kann man beim Hindurchgehen immer wieder einen Blick auf den Garten werfen.

Die Wandelpergola hat auch unbewachsen ihren eigenen Reiz, vor allem, wenn man sie in einer kräftigen, angenehmen Farbe streicht. Als Kletterhifle für Pflanzen zieht man um die Dachpyramiden herum einfach einen Draht.

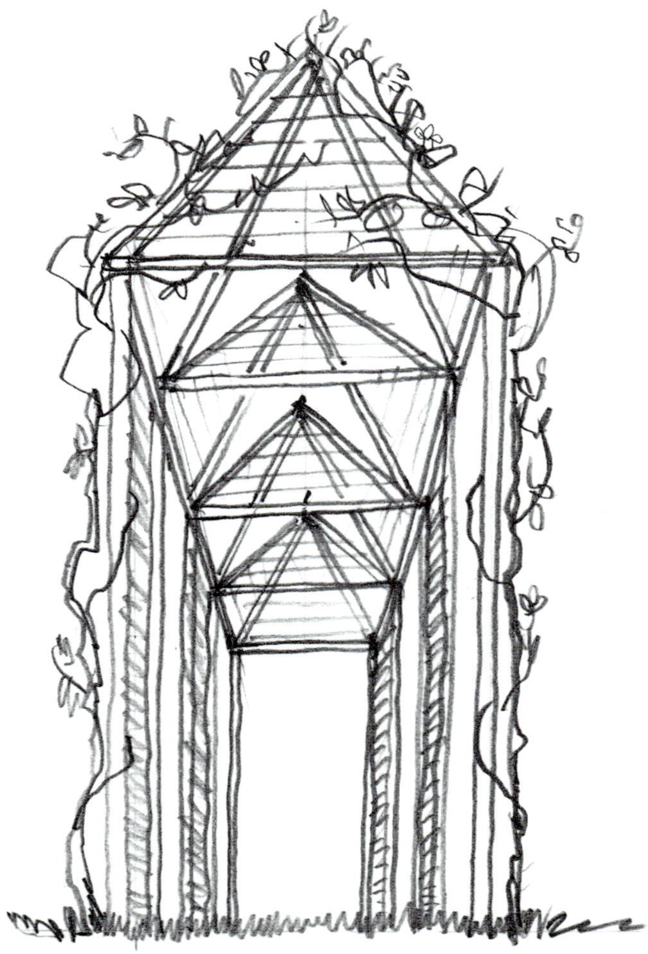

WANDELPERGOLA

Der leichte und luftige Rahmen dieser Pergola kann gut über einen Gartenweg gebaut werden. Zieht man dann Kletterpflanzen über das einfache, aber doch ausdrucksvolle Spalier- und Drahtgestell, gewinnt man einen farbenprächtigen, duftenden Wandelgang. Geeignete Pflanzen sind Clematis-Arten mit kleinen Blüten, wie Clematis montana und Clematis armandii, und Klimmende Hydrangea (Hydrangea petiolans), sowie duftende Pflanzen wie Jasmin, Geißblatt und Glyzine. Auch die vielen Efeuarten wachsen rasch an; bei ihnen ist das schnelle Wuchern eher ein Problem. Statt dessen kann man es auch mit Zierwein versuchen, dessen Blätter sich im Herbst wunderschön verfärben.

Das »Dach« besteht aus einigen einfachen Pyramiden auf einem Holzrahmen. Er wird auf den Zaunpfosten befestigt, die mit spitzen Zaunträgern im Boden verankert sind. An den Pyramiden heftet man ringsum Draht fest, an dem sich die Pflanzen entlangranken können; zwischen den Pfosten werden die Spalierteile angebracht.

Die Spalierteile erhält man normalerweise in einer Breite von 1 830 mm und einer Höhe von 600 mm, 900 mm und 1 220 mm. Für dieses Projekt hier wurden die Spaliere umgedreht, so daß man eine Höhe von 1 830 mm und eine Breite von 1 220 mm erhält.

Die Größe der Spalierteile bestimmt auch die Maße der Pergola. In diesem Fall hier stehen die Pfosten entsprechend den Spalieren 1 220 mm auseinander. Am besten übernimmt man die Maße, denn dann bilden die Grundflächen der Pyramiden jeweils ein Quadrat. Die Pyramidenstreben müssen in ihren Proportionen zum Rahmengestell passen. Die Pfosten sind insgesamt 2 m hoch, d. h. die Spaliere beginnen erst 170 mm über dem Boden. In diesem Fall hier wurde nur in jedes zweite Feld ein Spalier eingesetzt; das ist allerdings nur eine Frage der Wirkung. Die abgebildete Pergola ist vier Felder lang, man kann sie aber je nach Bedarf

PYRAMIDENDACH

Das Pyramidendach gibt der Pergola zusätzliche Höhe und verleiht ihr einen besonderen Reiz. Um die Streben wird Spalierdraht angeheftet, an dem sich die Pflanzen entlangziehen können.

MATERIALIEN

Anmerkung: Bei dem verwendeten Holz handelt es sich um geschnittenes und mit Holzschutzmittel behandeltes Weichholz

Teil	Menge	Material	Länge
LÄNGSLEISTEN	2	75 × 50 mm	5,25 m
QUERLEISTEN	5	wie oben	1200 mm
PYRAMIDENSTREBEN	16	75 × 25 mm	1350 mm*
PFOSTEN	10	75 × 75 mm	2 m
SPALIERTEILE	8		1830 mm hoch × 1200 mm
METALLSCHUHE	10		
SPALIERDRAHT	1 große Rolle		
SCHRAUBEN		verzinkter Stahl	0,8 × 50 mm
HEFTKLAMMERN		galvanisiert, für Zäune	19 mm

* Ungefähre Länge, muß an Ort und Stelle abgemessen und zugeschnitten werden, wenn es genau sein soll.

WERKZEUGE

- WERKBANK (fest oder tragbar)
- METALLMASSBAND
- METALLINEAL
- ANSCHLAGWINKEL
- KOMBINATIONSWINKEL-MESSGERÄT – zum Anzeichnen der 45°-Winkel
- LAUBSÄGE (oder Motorkreissäge)
- FUCHSSCHWANZ
- STREICHMASS
- BOHRMASCHINE
- BOHRER – ca. 3 mm, zum Vorbohren der Schraublöcher
- VORSCHLAGHAMMER

Zusammenbau der Wandelpergola

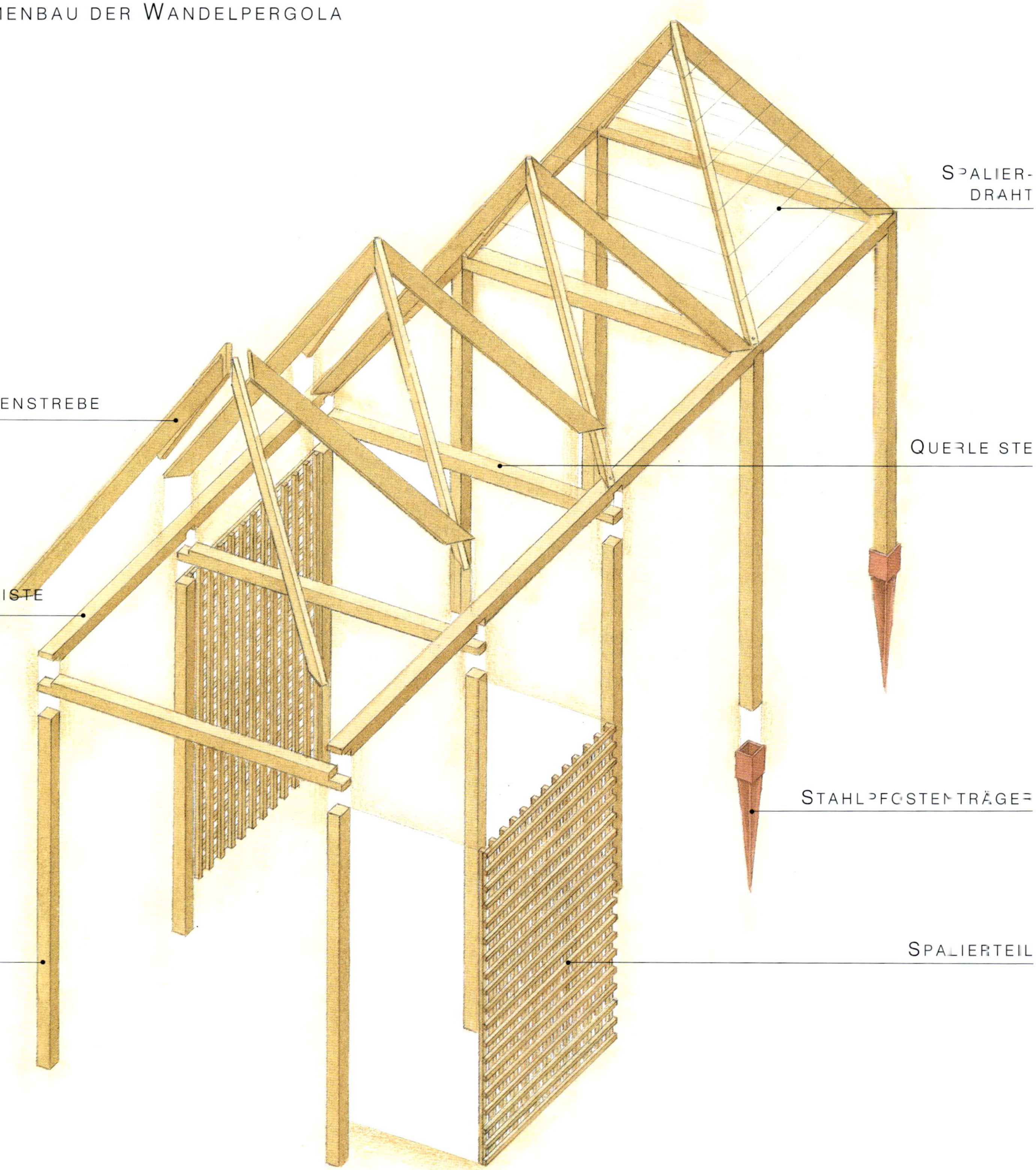

kürzer oder länger machen. Als Material verwendet man geschnittenes und mit Holzschutzmittel behandeltes Weichholz, wie man es auch für Zäune nimmt.

OBERER RAHMEN

Man beginnt die Arbeit mit dem oberen Rahmen, auf dem die Pyramiden befestigt werden und der dann auf die Pfosten gesetzt wird. Die Längsleisten bestehen aus geschnittenem, mit Holzschutzmittel behandeltem Holz, 75 x 50 mm. Am besten ist, wenn man die Leisten an einem Stück hat (in diesem Fall hier bedeutet das die Länge der vier Spalierteile plus fünfmal die 75 mm dicken Pfosten). Wenn man kein Holz in der benötigten Länge bekommt, fügt man zwei kürzere Leisten mit einer einfachen Überlappungs- oder Überplattungsverbindung zusammen (siehe Handwerkliche Techniken, Holzverbindungen).

Die Querleisten werden in der benötigten Breite zugeschnitten, in diesem Fall hier sind es 1 370 mm (der Abstand zwischen zwei Pfosten plus die Dicke der Pfosten).

An den Längsleisten wird die Position der Pfosten angezeichnet, damit die Spalierteile dazwischen Platz haben. Der innere Abstand beträgt hier 1 220 mm. An den entsprechenden Stellen der Längsleisten und an den Enden der Querleisten schneidet man Überplattungen. An den Enden bilden die Überplattungen jeweils eine Ecke, in der Mitte sind sie T-förmig (siehe Handwerkliche Techniken). Bei den Verbindungen liegen die Längsleisten jeweils oben.

Von der Unterseite der Querleisten her werden die Verbindungen zusammengeschraubt.

PYRAMIDENDACHTEILE

Um die exakte Länge der Pyramidenstreben zu erhalten, mißt man die Diagonale einer Grundfläche. Diese Länge zeichnet man auf einer ebenen Fläche auf. Dann trägt man an jedem Ende einen 45° Winkel an und zieht zwei gleiche lange Linien; wo sie sich treffen, ist der Scheitel der Pyramide. Nun muß man nur die Strecke abmessen und erhält das Maß für die Pyramidenstreben. So ziemlich exakt entspricht es der Länge der Querleisten.

Man schneidet die benötigte Anzahl an Streben mit geringer Überlänge zu. Dann schneidet man sie in der exakten Länge an beiden Enden in entgegengesetzter Richtung in einem Winkel von 45° auf Gehrung zu.

Zum Zusammenbau spannt man zwei Streben mit den Gehrungsflächen aneinander in den Schraubstock. Mit verzinkten Holzschrauben, 8,0 x 50 mm, schraubt man die beiden Teile von jeder Seite aus zusammen (Abb. 2).

Nun stellt man dieses Rahmenteil senkrecht auf einer Werkbank auf und lehnt eine dritte Strebe dagegen. Im Winkel von ca. 45° bohrt man ein Loch hindurch in den Rahmen (Abb. 3). Das gleiche wird für die vierte Strebe wiederholt (Abb. 4).

Auf diese Art stellt man die benötigte Anzahl an Pyramidendächern her. Sie sind nicht sehr stabil, und man muß vorsichtig mit ihnen umgehen. Jede Pyramide wird auf den fertigen Rahmen gesetzt und an den Ecken jeweils mit einer Schraube nach unten befestigt (Abb. 5). Sobald die Schrauben angezogen sind, ist die Konstruktion sehr stabil. Im Abstand von 150 mm zieht man Spalierdraht um die Pyramiden herum und befestigt ihn mit Heftklammern.

BEFESTIGUNG DER PFOSTEN UND FERTIGSTELLUNG

Man trägt den oberen Rahmen an die Stelle, wo die Pergola stehen soll, und markiert die Positionen der Pfosten. Entsprechend den Querleisten haben die Pfosten einen lichten Abstand von 1 220 mm zueinander.

Am einfachsten lassen sich die Pfosten mit Metallschuhen verankern. Man schlägt die Schuhe nur in den Boden und steckt dann die Pfosten in die Halterungen.

Entlang den Pfostenmarkierungen spannt man eine Schnur. Dies

1 Verbindung der oberen Rahmenleisten
Die Überplattungen der Leisten bilden an den Enden jeweils eine Ecke.

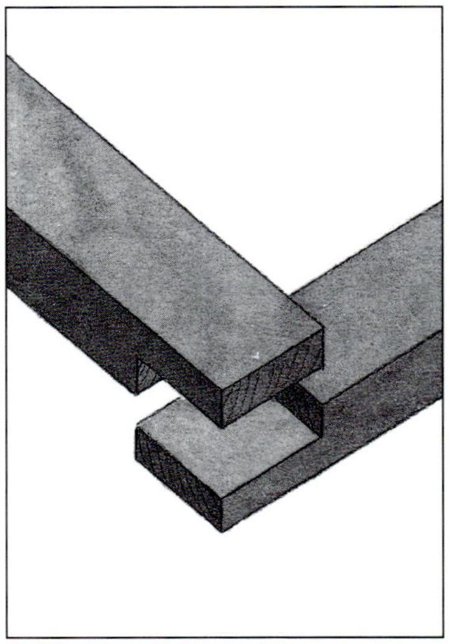

2 Verbindung der ersten beiden Streben
Die Streben werden an den Enden in einem Winkel von 45° auf Gehrung geschnitten.

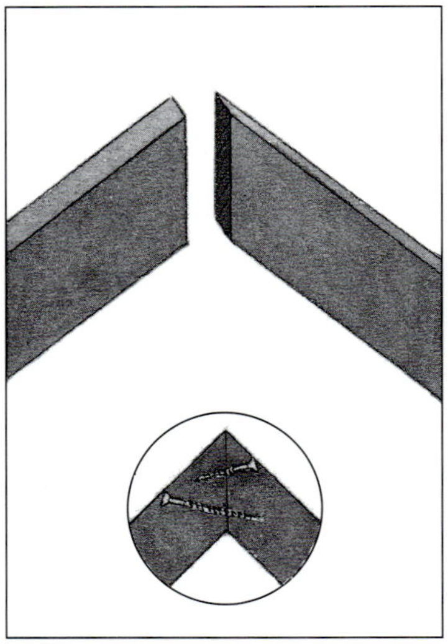

3 Hinzufügen der übrigen Streben
Der Rahmen wird auf der Werkbank befestigt. Die dritte Strebe wird durch die Seiten zur Schnittfläche verschraubt.

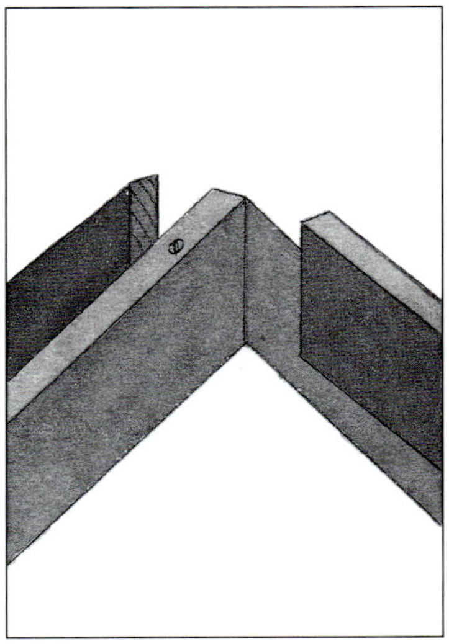

4 Scheitel der fertigen Pyramide
Die Verbindungen der Streben ergeben den sauberen Scheitel der Pyramide.

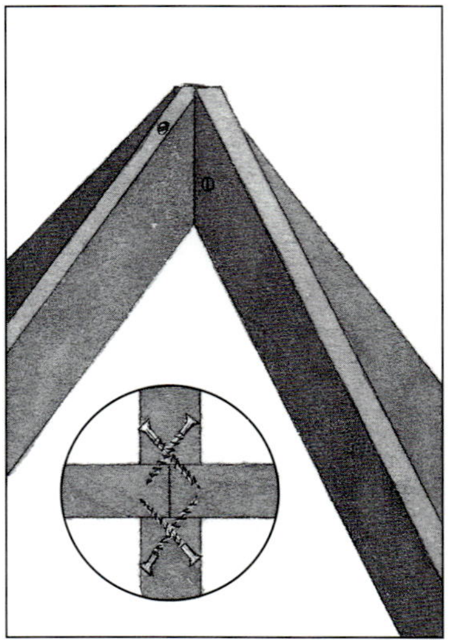

Sägen 148
Bohren 150
Schrauben 150
Nageln 151
Spalierteile 152
Spaliere 152
Überplattung 152
Zapfen 154

hilft, die Stahlschuhe gerade zu setzen; außerdem erkennt man Bodenunebenheiten. Man drückt die Spitze der Stahlschuhe in den Boden und überprüft mit der Wasserwaage, daß sie gerade sitzen. Für das Einschlagen der Metallschuhe in den Boden benötigt man ein schweres Werkzeug wie etwa einen Vorschlaghammer. Man schiebt dafür ein kurzes Stück Holz, 75 x 75 mm in die Halterung, damit die Schuhe gegen die Hammerschläge geschützt sind. Eine andere Möglichkeit ist die Verwendung eines eigens dafür gedachten Schlagwerkzeuges mit Metallkappe. Dieses sollte einen Knebelgriff haben, mit dem man den Schuh festhalten kann.

Mit festen, langsamen Hammerschlägen treibt man die Trägerschuhe in den Boden. In regelmäßigen Abständen schiebt man einen Pfosten in die Halterung und überprüft an zwei benachbarten Seiten, ob die Spitze noch senkrecht in den Boden geht. Durch Herausziehen und Drehen kann man, falls nötig, die Trägerschuhe wieder gerade ausrichten.

5 Befestigung der Pyramiden auf dem Rahmen

Die Pyramiden werden an jeder Ecke mit den Rahmenleisten verbunden.

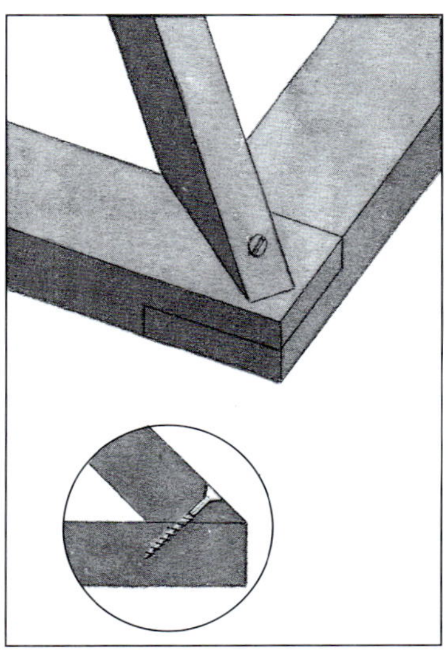

Wenn die Schuhe eingelassen sind, kann man die Pfosten hineinschieben. Meist werden die Pfosten mit zwei Bolzen oder mit großen Schrauben festgehalten. Zum einen überprüft man nun, ob die Pfosten gerade stehen, und zum anderen mit Hilfe eines geraden Holzstücks und der Wasserwaage, ob sie alle gleich hoch sind. Wenn der Boden eben oder nur leicht abfallend ist, dürfte es damit kaum Probleme geben. Schwieriger ist es an einer steileren Hanglage, wobei es da wohl genügt, wenn die Höhe der Pfostenkette der Hangneigung folgt. Mit einem Stück Schnur oder einem langen Brett berichtigt man die unterschiedliche Höhe der Pfosten und sägt sie eventuell mit einer Handsäge zurecht.

Als nächstes befestigt man die Spaliere zwischen den Pfosten (in diesem Fall hier wird abwechselnd immer ein Feld freigelassen). Am Boden legt man Ziegel oder Holzblöcke unter, die die Spaliere im Abstand von 150 mm halten. Wir haben Metallwinkel zur Befestigung gewählt. Man nagelt sie zuerst an den Pfosten, so daß sie etwa 25 mm aufliegen und in der gleichen Breite hervorstehen. Dann hebt man die Spaliere in die richtige Höhe und überprüft, daß die waagrechten Spalierleisten gerade laufen. Sie werden mit verzinkten Schrauben an den Winkeln festgemacht (siehe Handwerkliche Techniken).

Falls nötig, kann man die Spaliere auch direkt an den Pfosten anbringen. Dazu bringt man sie zuerst wie zuvor in die richtige Position. Dann bohrt man Löcher durch die Seitenrahmen der Spaliere, durch die hindurch man 75 mm lange, galvanisierte Zaunnägel in die Pfosten schlagen kann, ohne daß das Holz splittert. Für ein 1 830 mm hohes Spalier braucht man drei Befestigungen an jeder Seite.

Um das Pyramidendach nach oben zu heben, benötigt man Hilfe Das Dach wird so ausgerichtet, daß

die Ecken des Dachs und die Querleisten über den Pfosten sitzen. Dann treibt man 100 mm lange Nägel schräg durch den oberen Rahmen in jeden Pfosten hinein (siehe Handwerkliche Techniken).

Spalier mit Scheinperspektive

Im Garten hat man vielseitige Anwendungsmöglichkeiten für Spaliere. Dieses Projekt hier geht noch einen Schritt weiter und lehnt sich an die französische Tradition an, mit Hilfe von Spalieren einer nackten Wand Tiefe und Perspektive zu verleihen. Die Konstruktion ist sehr einfach, und das Ergebnis zeigt ein bemerkenswertes und wirkungsvolles Beispiel für die Kunst des Trompe-l'oeil. Man kann auf diese Art eine unansehnliche Mauer beleben oder häßliche Industrieziegel und Hohlblöcke dahinter verbergen.

Wahrscheinlich ist dieses Spalier mit Scheinperspektive das einfachste Projekt des Buches. Man kann es wohl ohne große Schwierigkeiten an einem Nachmittag fertigstellen, wenn man sich erst einmal über die Maße und die Art der Perspektive klargeworden ist.

Als erstes muß man sich eine originalgroße Skizze anfertigen, dabei kann man das hier vorgestellte Muster den jeweiligen Maßen anpassen. Die vorgetäuschte Räumlichkeit kommt dann besonders gut zur Geltung, wenn sie mit realer Räumlichkeit kontrastiert. Wenn man wie hier eine Tür oder auch jede andere Art von Öffnung miteinbeziehen kann, erhöht das die Spannung.

Als nächstes nagelt man die Leisten in der gewünschten Form zusammen. Die hervorstehenden Nägel klopft man an der Rückseite flach. Für einen Bogen schneidet man die entsprechende Form mit einer Dekupiersäge aus wetterfestem Sperrholz aus.

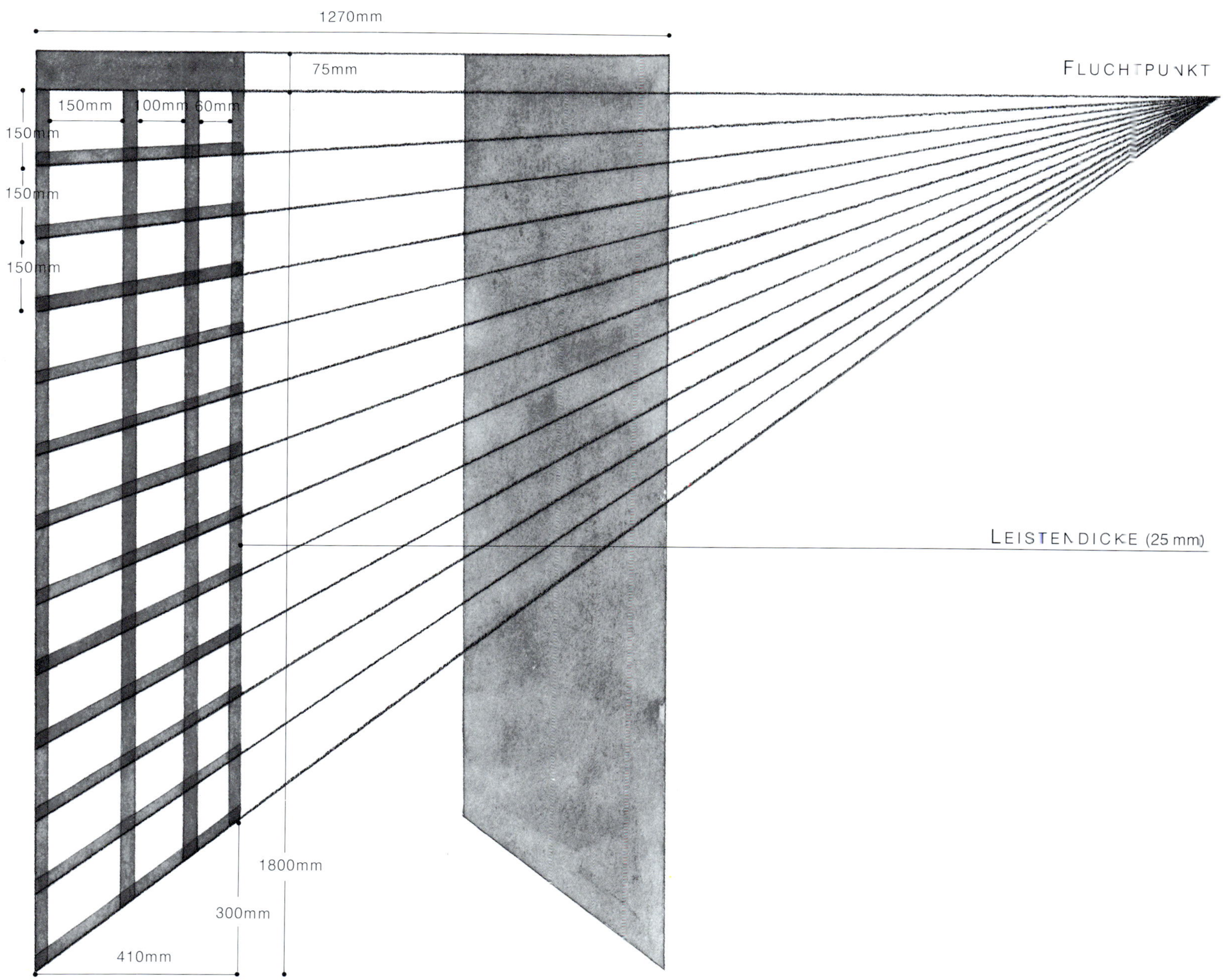

Skizze zum Spalier

Man braucht eine originalgroße Skizze, um die Leistenlängen und den Perspektivewinkel berechnen zu können. Die Gesamthöhe und -breite dieses Projekts richtet sich nach den Maßen der Tür, die miteinbezogen wird. Grundsätzlich wählt man die Maße nach dem Platz, der zur Verfügung steht.

Spalier mit Scheinperspektive

Wenn das Spalier an der Wand befestigt ist, hat man den Eindruck, auf einen dreidimensionalen Bogen bzw. in unserem Fal auf mehrere solcher Bögen zu blikken.

Bezieht man eine Tür oder einer Durchgang in die Konstruktion mit ein, bestimmen diese die Größe des Spaliers. Hier wurden drei Bögen neben einer Gartentür angebracht, über die man ebenfalls ein dazu passendes »Spalierdach« setzte. Zwischen den einzelnen Bögen stehen »Pfosten«, 75 x 25 mm, die nach oben hin spitz zulaufen. Das Konstruktionsprinzip ist ganz einfach auf andere Größen und Formen zu übertragen, je nachdem wieviel Platz man im Garten hat, wieviel Mauer einem zur Verfügung steht und was einem gefällt.

Die Spalierdichte und der Grad an perspektivischer Illusion können ganz frei gewählt werden. Die hier angegebenen Maße eignen sich gut als Grundlage für die Entwicklung eigener Ideen.

Natürlich braucht man eine Wand zur Befestigung des Spaliers. Das muß nicht unbedingt eine Gartenmauer sein; genauso gut eignen sich eine kahle Hausmauer sowie die Wände von der Garage oder anderen Gebäuden.

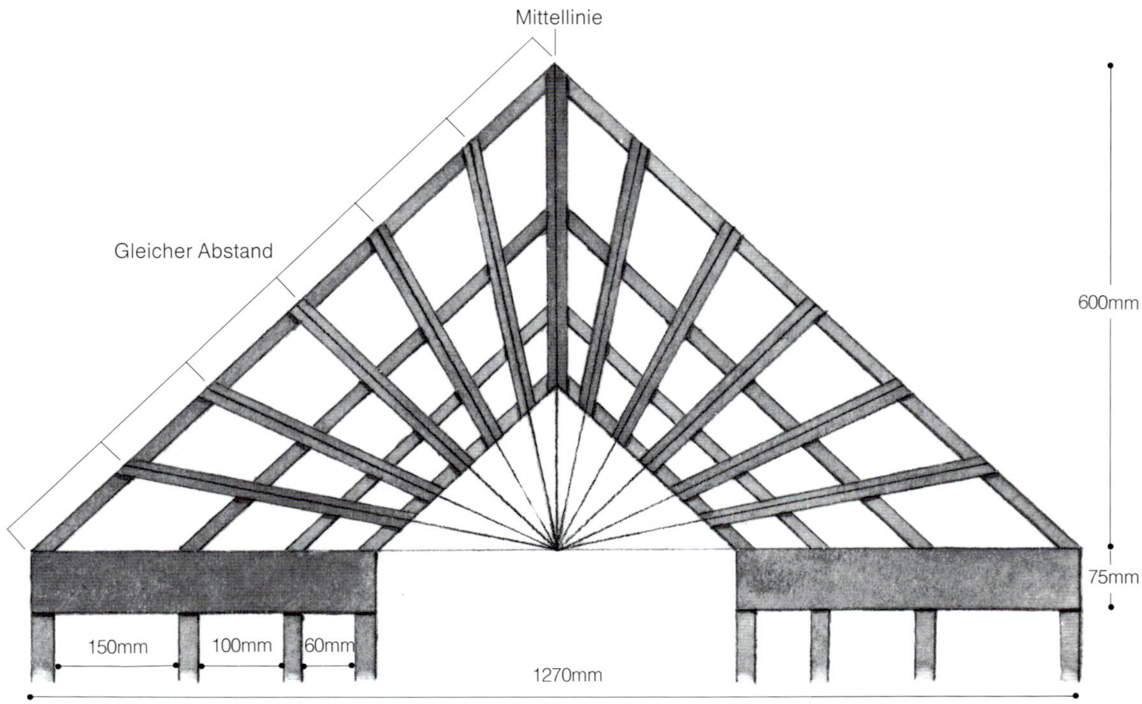

1 Skizze von der Dachkonstruktion

Man zieht eine Linie in der Breite des Spaliers. Eine Mittelsenkrechte dazu verläuft zum Scheitelpunkt. Man zeichnet die Leistendicke ein und dann die beiden Schenkel eines Dreiecks. Man markiert die Stellen, an denen die senkrechten Leisten nach unten gehen und zieht die Linien bis zur Grundlinie durch.

Werkzeuge

- WERKBANK (fest oder tragbar)
- METALLMASSBAND
- ANSCHLAGWINKEL
- FUCHSSCHWANZ (oder Dekupiersäge)
- HAMMER
- BOHRMASCHINE
- BÖHRER – 3 mm
- STEINBOHRER – 6 mm
- SCHRAUBENZIEHER
- WASSERWAAGE

Materialien

Anmerkung: Wenn es keine Leisten mit den Maßen 25 x 12 mm zu kaufen gibt, kann man sie sich auch selbst herstellen. Dazu schneidet man ein Brett, 200 x 25 mm, mit der Kreissäge auseinander. Man gewinnt pro Brett 16 Leisten.

Teil	Menge	Material	Länge
LÄNGSLEISTEN	8 pro Bogen	geschnittenes Weichholz, 25 × 12 mm	1800 mm*
QUERLEISTEN	nach Bedarf	wie oben	nach Bedarf
DACHLEISTEN	nach Bedarf	wie oben	nach Bedarf
DICKE LEISTE (beliebig)	1 pro Bogen	geschnittenes Weichholz, 75 × 12 mm	1270 mm**
PFOSTEN	1 zwischen jedem Bogen	geschnittenes Weichholz, 75 × 25 mm	nach Bedarf

* Endgültige Länge; zunächst wird in Überlänge zugeschnitten und nach der Befestigung auf die richtige Länge gekürzt (siehe Text für die Einzelheiten)

** Das angegebene Maß entspricht der Breite eines einzelnen Spalierbogens.

Verleimen 146
Bohren 150
Nageln 150
Schrauben 150

Die einfachste Art, ein solches Spalier herzustellen, besteht darin, sich zunächst eine orginalgroße Skizze anzufertigen. Dafür braucht man eine große, ebene Fläche wie etwa den Garagenboden, ein paar zusammengestellte Tische oder einfach eine Autoeinfahrt.

Möglicherweise kann man die Skizze gleich direkt auf die ebene Fläche zeichnen. Wahrscheinlich muß man aber mehrere Stück Papier nehmen und diese dann zusammenkleben. Man braucht für die Konstruktion des Spaliers genügend Platz, denn alle Einzelteile müssen auf den Plan gelegt und direkt auf der Skizze zusammengenagelt werden.

Entsprechend den vorgegebenen Skizzen zeichnet man sich den Plan für eine Spaliereinheit. Als erstes muß man die Ausmaße in Höhe und Breite festlegen. Das abgebildete Spalier ist 1 800 mm hoch; die Außenseite ist gleichmäßig zwölfmal unterteilt. Die Zwischenräume (von der Unterseite einer Leiste bis zur Unterseite der nächsten) betragen 150 mm.

Dann benötigt man die Breite einer Spalierhälfte; hier sind es 410 mm von der Außenkante der äußersten Längsleiste bis zur Innenkante der innersten Längsleiste. Zwei weitere Längsleisten kommen noch dazwischen, und man erhält dadurch 150, 100 und 60 mm breite Felder.

Die innerste Längsleiste ist nur 1 500 mm lang und wird 300 mm über dem Boden angebracht. Man verbindet die beiden untersten Punkte und zieht die schräge Linie weiter, bis sie auf die waagrechte obere Linie stößt. Der Schnittpunkt dieser beiden Linien ergibt den Fluchtpunkt, in dem alle anderen Querlinien dann zusammenlaufen müssen.

Mit Hilfe einer Leiste zeichnet man die Dicke aller Längs- und Querleisten an. Als nächstes wird das »Dach« gezeichnet. Man beginnt bei der Grundlinie des Dreiecks, von deren Mitte aus man eine Linie 600 mm lang senkrecht nach oben zieht. Der Endpunkt ist der Scheitel des Dreiecks. Aus der Mittellinie zeichnet man die Leistendicke ein und anschließend die Schenkel des Dreiecks.

Wenn man dieses Teil extra gezeichnet hat, muß man die Stellen markieren, an denen die Längsleisten nach unten gehen. Von diesen Markierungen aus zieht man parallel zu den Dreiecksschenkeln Linien zur Mittellinie hin.

An den Dreiecksschenkeln markiert man in gleichmäßigem Abstand fünf Punkte, von denen aus man Linien zum Mittelpunkt der Grundlinie zieht (dadurch erhält man sechs gleichgroße Abstände auf jeder Seite).

Wie zuvor zeichnet man die Dikke der Leisten ein; die Querleisten enden an der innersten Dachleiste (Abb. 1). An der Skizze mißt man die benötigten Leistenlängen ab (dabei muß man bedenken, daß man die Längsleisten auch jeweils für die andere Hälfte benötigt), und multipliziert dann die Gesamtzahl mit der Anzahl der Einheiten, die man bauen möchte. Für die Abschrägungen an den Enden wählt man die Längen etwas größer.

Nachdem man die Leisten besorgt hat, schneidet man sie entsprechend zu, jeweils mit einem kleinen Überstand für das Abschrägen der Enden.

Alle Querleisten werden genau auf den Plan gelegt, die Längsleisten darüber.

Auf die Punkte, an denen sich zwei Leisten überschneiden, gibt man einen Klecks wasserfesten Holzleim und nagelt die Verbindungen dann jeweils fest. Wenn man auf einer Werkbank arbeitet, hilft es gegen das Verrutschen der Leisten, an den Überkreuzungen jeweils vorübergehend Nägel in die Werkbank zu schlagen. Nach diesem Muster stellt man die benötigte Anzahl von Spalierrahmen her.

Man dreht den ersten Spalierrahmen um und fährt die Umrisse mit einem Stift auf einer Unterlage nach. Auf diese Art erhält man die spiegelbildliche Skizze. Wie zuvor baut man auch nach diesem Muster die benötigte Anzahl an Rahmen.

Das Dach wird genauso wie die Seitenteile hergestellt. Man legt die Querleisten auf den Plan, die Längsleisten darüber und verbindet sie mit Leim und Nägeln.

Die überstehenden Leistenenden sägt man an den Rahmenkanten bündig ab. Die Pfosten und dicken oberen Querleisten werden vorbereitet.

Bei den Querleisten sägt man den Mittelteil nach dem Zusammenbau heraus. Man kann daher auch zwei kürzere Reststücke dafür verwenden, die nicht über die ganze Breite gehen.

Ideal ist die Verwendung von Holz, das bereits mit einem Schutzmittel eingelassen ist. Ansonsten muß man in diesem Stadium das ganze Spalier mit wasserabstoßendem Holzschutzmittel behandeln. Das fertige Spalier wird mit drei Schichten Mikropär-Farbe oder mit einer Schicht wetterfester Grundierung und zwei Schichten wetterfestem Lack gestrichen.

Sollen an dem Spalier Kletterpflanzen emporwachsen, muß man zur Wand hin Abstandshölzchen anbringen, damit sich die Pflanzen herumwinden können. Ansonsten kann man das Spalier direkt an die Mauer schrauben.

Ein Pfosten wird an die Wand gelehnt. Mit einer Wasserwaage überprüft man, ob er auch senkrecht steht. Man bohrt für zwei Schrauben Löcher durch den Pfosten und läßt dabei den Bohrer leicht an der Mauer kratzen. Dann entfernt man den Pfosten wieder und bohrt mit dem Steinbohrer in entsprechender Tiefe die Löcher für die Dübel. Die Dübel werden eingesetzt, dann dreht man die verzinkten Schrauben durch die Pfosten etwa 38 mm in die Wand.

Anschließend befestigt man ein Seitenteil. Dann folgt das Dach. Hierbei verwendet man das ausgeschnittene Stück der dicken Querleiste als Abstandshalter. Anschließend folgt der nächste Pfosten, das nächste Dach, der nächste Pfosten usw. Wenn die ganze Breite fertiggestellt ist, fügt man die anderen Seitenteile ein. Die breiten Querleisten befestigt man zwischen der Oberkante des Seitenteils und der Unterkante des Dachteils.

2 Zusammennageln des Spaliers

Die Querleisten werden auf den Plan gelegt und zusammengebaut.

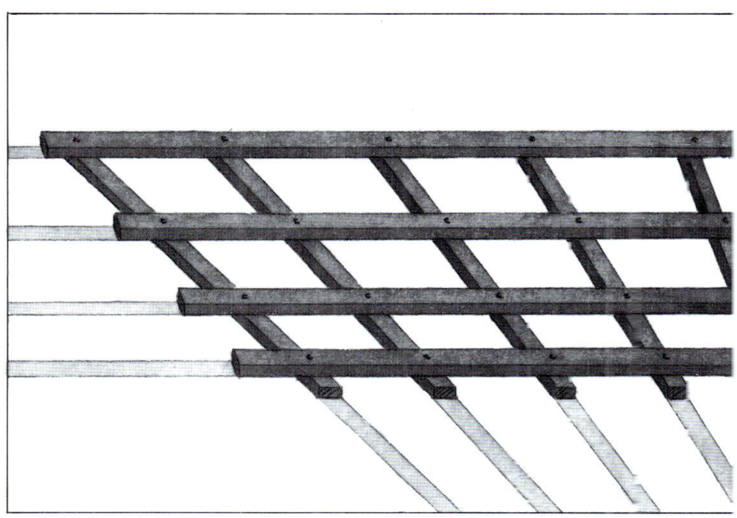

Sechseckige Laube

Eine Laube wirkt in jedem Garten sehr reizvoll. Kletterpflanzen können sich unter idealen Licht- und Luftbedingungen gut daran hochranken. Sehr häufig sind Lauben reine Metallkonstruktionen. In unserem Fall aber wurden für den simplen und doch eleganten Rahmen einfache Kupferrohre und schlichte Holzpfosten, wie man sie in jedem Heimwerkermarkt bekommt, verwendet. Der Bau geht schnell und ist nicht kompliziert.

Die drei Kupferrohre (mit stark verdünnter Salzsäure abgerieben bekommen sie eine grüne Farbe) werden exakt in der gleichen Länge zugeschnitten und rundgebogen. Die Form dafür macht man sich aus einem Stück festem Karton oder Spanholz. Alle 150 mm bohrt man Löcher in die Rohre, durch die man als Kletterhilfe für die Pflanzen einen dünnen, grünen Draht mit Plastikummantelung zieht.

Wie bei allen Pfosten, die im Boden verankert werden müssen, nimmt man auch hier am besten spitze Stahlschuhe. Die Metallspitzen werden in den Boden geschlagen und die Pfosten in die Schuhe gesetzt.

Die senkrechten und waagrechten Balken werden mit Holzschutzmittel behandelt. Die dunkelbraune Farbe, die das Holz dadurch annimmt, bildet einen schönen Kontrast zum Grün des Kupfers.

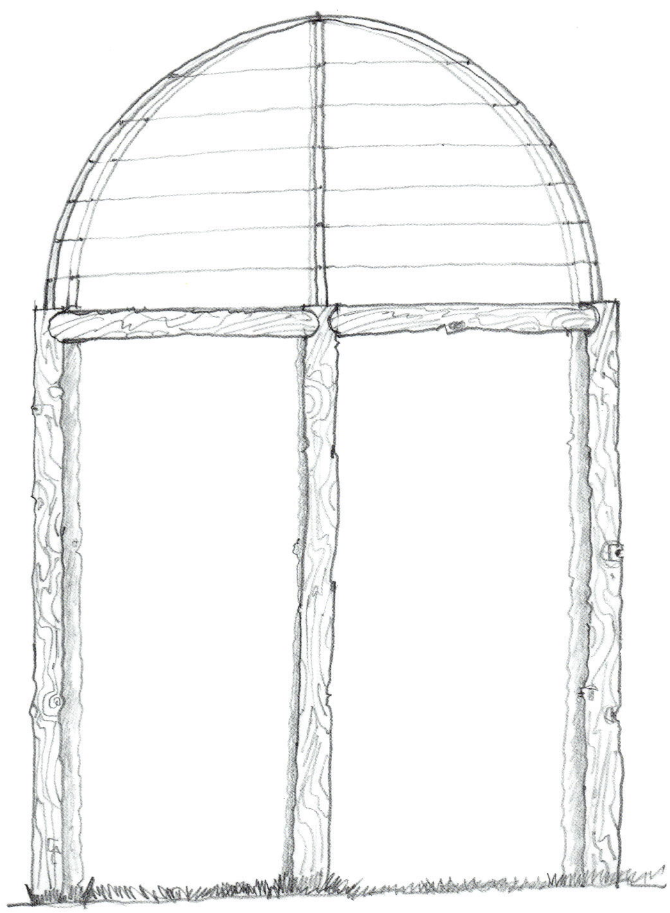

Sechseckige Laube

Die Rahmenhöhe kann etwas variieren. Die Pfosten sollten mindestens 2 m hoch sein, da sich ansonsten große Menschen den Kopf an den Querbalken anstoßen könnten. Aus Gründen der Stabilität macht man die Pfosten allerdings auch nicht höher als 2,5 m.

Mit Schnur und Pflöcken markiert man auf einem ebenen Boden die sechseckige Form mit den Positionen der Pfosten (Abb. 1). Der Abstand dieser Pfosten beträgt je 1 000 mm; die jeweils gegenüberliegenden Pfosten liegen 2 m auseinander. Die Markierungen müssen in jedem Fall genau abgesteckt werden.

Für die Pfosten hebt man mit einem schmalen Spaten oder einem Handbagger 600 mm tiefe Löcher aus. Dann füllt man sie mit einer 150 mm dicken Schotterschicht auf, damit das Wasser gut abfließen kann und die Pfosten nicht verrotten.

Entsprechend der folgenden Beschreibung fertigt man aus je einem Pfosten und einem Querbalken sechs L-förmige Teile an.

Man setzt zwei Pfosten in benachbarte Löcher und verkeilt sie so, daß sie senkrecht stehen. Dann mißt man den lichten Abstand zwischen ihnen und gibt noch 50 mm für die Ausformung der Balkenenden hinzu. Anschließend entfernt man die Pfosten wieder.

Mit der Dekupiersäge sägt man die Enden der Balken halbrund aus, so daß sie an die Seiten der Pfosten passen. Man kann auch statt dessen mit der Handsäge V-förmige Schlitze ausschneiden.

An der Spitze jedes Pfostens zeichnet man 60°-Winkel zur Orientierung für die Position der Balken an (Abb. 2, unten). Die Linien zieht man dann bis zu den gegenüberliegenden Pfostenseiten durch. Damit gewinnt man die Punkte, an denen die Dübel angebracht werden müssen. Diese werden in einer Länge von 150 mm zugeschnitten.

Nun setzt man einen der Pfosten auf ebenen Untergrund ab. Man legt einen Balken an die Pfosten und bohrt das Dübelloch durch den Pfosten in den Balken hinein (Abb. 3). Der Dübel muß mindestens 50 mm in den Balken hineinragen. Man paßt ihn mit wasserfestem Holzleim in das Loch ein. Die fünf anderen L-Konstruktionen werden in gleicher Weise hergestellt.

Zwei Pfosten werden in die Löcher gesetzt und der Balken zwischen ihnen korrekt ausgerichtet. Mit Hilfe eines Richtscheits und einer Wasserwaage bringt man die Pfosten genau ins Lot. Falls nötig, entfernt man einen Teil des Schotters oder schüttet etwas auf. Durch den noch unverbundenen Pfosten bohrt man entsprechend dem angezeichneten Winkel ein Loch in den Balken. Wie zuvor verwendet man für die Verbindung von Pfosten und Balken einen Dübel (Abb. 3).

Auf diese Art verbindet man alle Pfosten miteinander. Dabei hat man darauf zu achten, daß die Pfosten alle gleich hoch sind. Eventuell überstehende Dübel werden bündig abgesägt.

Zur Sicherung der Verbindungen schraubt man schräg durch jeden Querbalken eine 75 mm lange Schraube (Abb. 3).

Werkzeuge

- WERKBANK (fest oder tragbar)
- SPATEN oder HANDBAGGER
- LAUBSÄGE
- WASSERWAAGE
- METALLINELA
- DEKUPIERSÄGE
- BOHRMASCHINE
- HAMMER
- SCHRAUBENZIEHER
- ZANGE
- BÜGELSÄGE
- SCHRAUBZWINGEN
- SCHAUFEL

Materialien

Teil	Menge	Material	Länge
PFOSTEN	6	vorbehandelte Pfosten, 75–100 mm ∅	2,4 m
QUERBALKEN	6	vorbehandelte Pfosten, 50–75 mm ∅	nach Bedarf
KUPPELSTANGEN	3	Pfosten, Kupferrohr, 22 mm ∅	nach Bedarf
Außerdem: Ungefähr 2 m Hartholzdübel, 12 mm ∅			

1 Markieren der Grundfläche
Die Pfosten stehen 1 000 mm voneinander entfernt. Man markiert den Mittelpunkt und zieht die Linien.

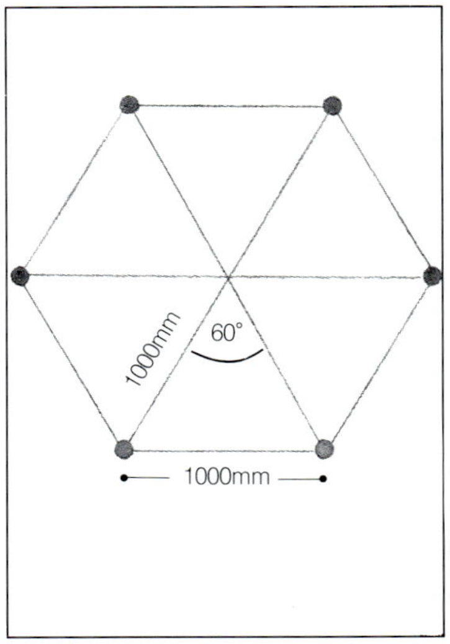

2 Anpassen der Querbalken
Die Enden der Querbalken werden so zugeschnitten, daß sie an die Pfosten passen.

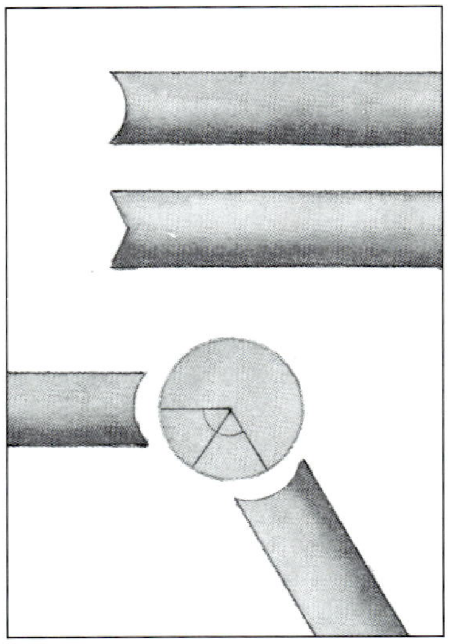

3 Befestigung der Querbalken
Durch die Pfosten bohrt man Löcher in die Querbalken. Zur Befestigung verwendet man Dübel.

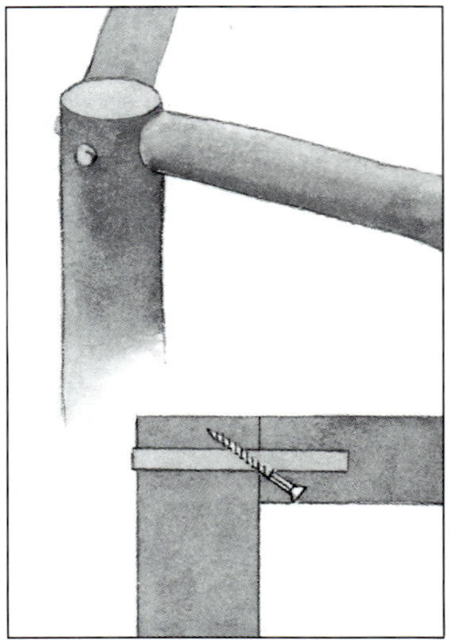

Zum Schluß bindet man um die oberen Pfostenenden ein Stück Gartendraht, den man mit 38 mm-Heftklammern an den Pfosten befestigt. Gespannt wird er, indem man die zwei Enden mit der Zange zusammendreht.

Auf ein großes Stück Sperrholz oder Spanplatte zeichnet man einen Halbkreis (Abb. 4). Ein Bleistift und ein Stück Schnur dienen dabei als Zirkel. Auf diese Art erhält man den Querschnitt der Kuppel. Alle 150 mm markiert man auf der Linie die Löcher, durch die später der Spalierdraht gezogen wird.

Für die Schablone, an der man dann das Kupferrohr in die exakte Form biegt, verwendet man ein Stück Sperr- oder Spanholz von 19 mm Dicke. Der Bogen wird auf die Schablone übertragen und mit der Dekupiersäge ausgeschnitten.

Mit der Bügelsäge schneidet man die Rohre in der Länge zu. In unserem Fall waren das 3,14 m. Da man das Kupfer ein bißchen enger biegen muß als den endgültigen Bogen, drückt man es an jedem Ende ca. 40 mm nach unten.

Man befestigt die Schablone mit Schraubzwingen an der Werkbank oder an einem Tisch, um das Rohr darum herumzubiegen. Dabei benötigt man eine zweite Person zur Hilfe. Zu zweit drückt man das Rohr an die Schablone, bis es dieser ganz entspricht. Wenn die Enden nicht in der vorgesehenen Form bleiben, setzt man eine Spiralfeder, 22 mm, in das Rohr ein.

Das gebogene Rohr legt man an die Zeichnung von der Kuppel an und markiert die 150 mm-Abstände. An diesen Stellen bohrt man Löcher von 3 mm Durchmesser in das Rohr.

Die beiden anderen Rohre werden ebenfalls geformt und mit den Löchern versehen. Die Markierungen für die Löcher nimmt man immer von der Originalskizze ab.

An jedem Rohr wird der Mittelpunkt angezeichnet und dann mit dem Hammer platt geklopft. Dort bohrt man nur jeweils ein Loch von 6 mm Durchmesser (siehe Abb. 5) und schraubt die Teile zusammen.

Als nächstes bohrt man oben in die Mitte jedes Pfostens 25 mm große und 50 mm tiefe Löcher.

Nun kann man die Kuppel auf die Pfosten heben und die Enden der Rohre in die Löcher setzen (Abb. 6). Die Konstruktion hat genügend Spiel, um die Rohre genau einzupassen.

Durch jede Lochreihe wird nun der Gartendraht gezogen und gut festgezurrt. Zur Befestigung der Kuppel auf den Pfosten bohrt man quer durch die Rohre oberhalb jedes Querbalkens und führt einen Nagel, 50 mm, hindurch.

Zum Schluß bereitet man eine feste Betonmischung aus fünf Teilen Sand und einem Teil Zement und gießt diese zusammen mit kleinen Steinchen in die Löcher am Boden. Man rammt den Beton fest und formt dann einen erhabenen, gewölbten Rand, so daß das Wasser ablaufen kann.

ZUSAMMENBAU DER SECHSECKIGEN LAUBE

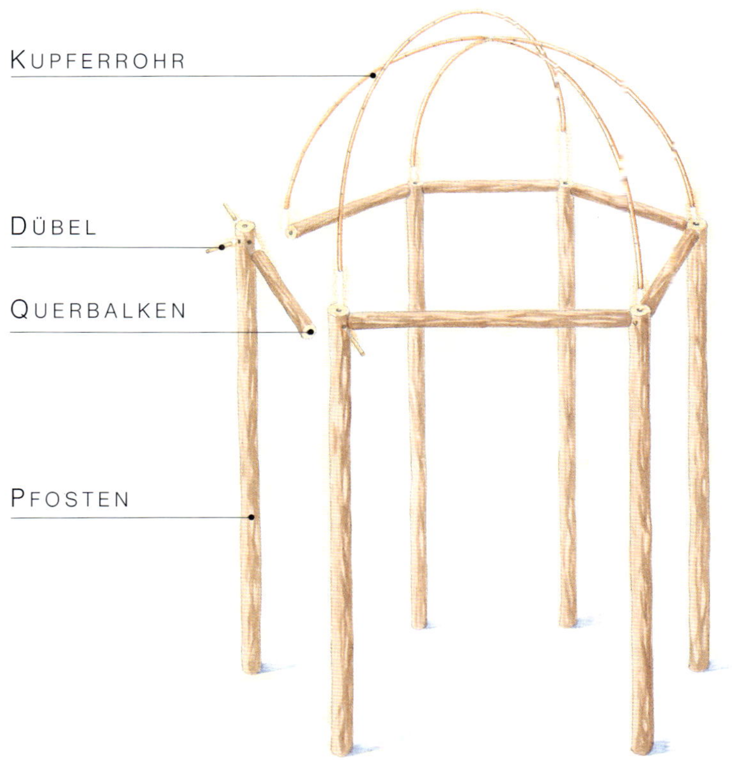

4 Kuppelschnitt und Schablone
Auf einem Halbkreis trägt man Abstände von 150 mm ein.

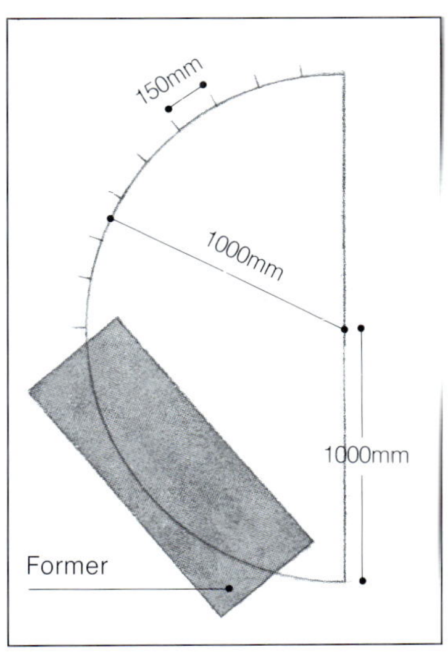

5 Befestigung der Kuppel
Oben in der Mitte werden die Rohre flach geklopft; dann bohrt man ein Loch von 6 mm Durchmesser hindurch.

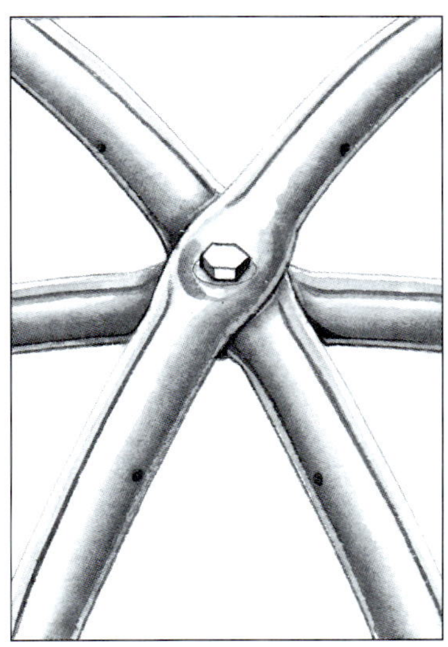

6 Befestigung der Kuppel auf den Pfosten
In die Mitte jedes Pfostens bohrt man ein Loch und setzt die Kuppel auf.

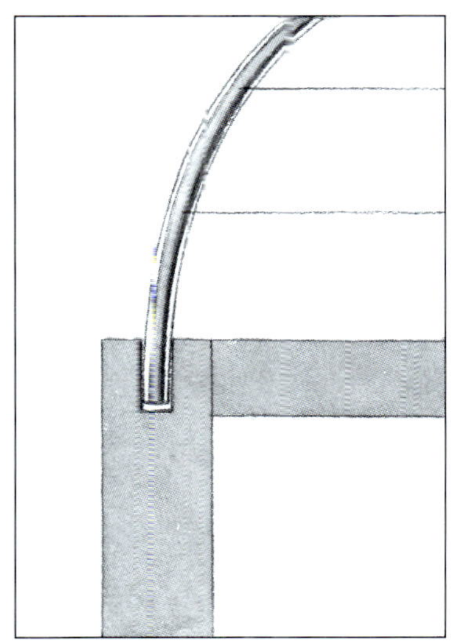

Bohnenstangenzaun

Neue Zäune bringen oftmals einen zu harten Kontrast ins Gesamtbild, und Hecken brauchen immer eine ganze Weile, bis sie eine wirkliche Abgrenzung nach außen bilden, selbst wenn man schnellwachsende Sträucher wählt. Der hier vorgestellte Bohnenstangenzaun wirkt natürlicher als die üblichen Holzzäune, fast wie eine »selbstgemachte Hecke«. Er erinnert etwas an die geflochtenen Strohzäune früherer Zeiten oder an die wunderschönen Schirme und Paneele in japanischen Gärten. Die besondere Wirkung kommt hier durch die Verbindung des strengen, geradlinigen Rahmens mit der natürlichen, unregelmäßigen Struktur der Bohnenstangen zustande.

Der Zaun ist ausgesprochen einfach herzustellen. Die Bohnenstangen werden in den zugeschnittenen Rahmen eingepaßt. Sie sitzen oben und unten in zwei Schlitzen, die durch Querleisten gebildet werden. Die Stangen werden alle in gleicher Länge zugeschnitten, in die Schlitze eingesetzt und zusammengeschoben.

Es ist nicht nötig, die Stangen zu behandeln; allerdings halten sie etwas länger, wenn man die Enden in Holzschutzmittel taucht. Sie lassen sich leicht ersetzen, wenn mal eine zerbricht oder beschädigt wird.

Man kann den Zaun gut in einen Vorgarten setzen; sehr geeignet ist er auch für ein neues Haus, bei dem der Pflanzenwuchs noch nicht sehr ausgeprägt ist. Die Bohnenstangen sind so fest, daß Tiere nicht hindurchpassen.

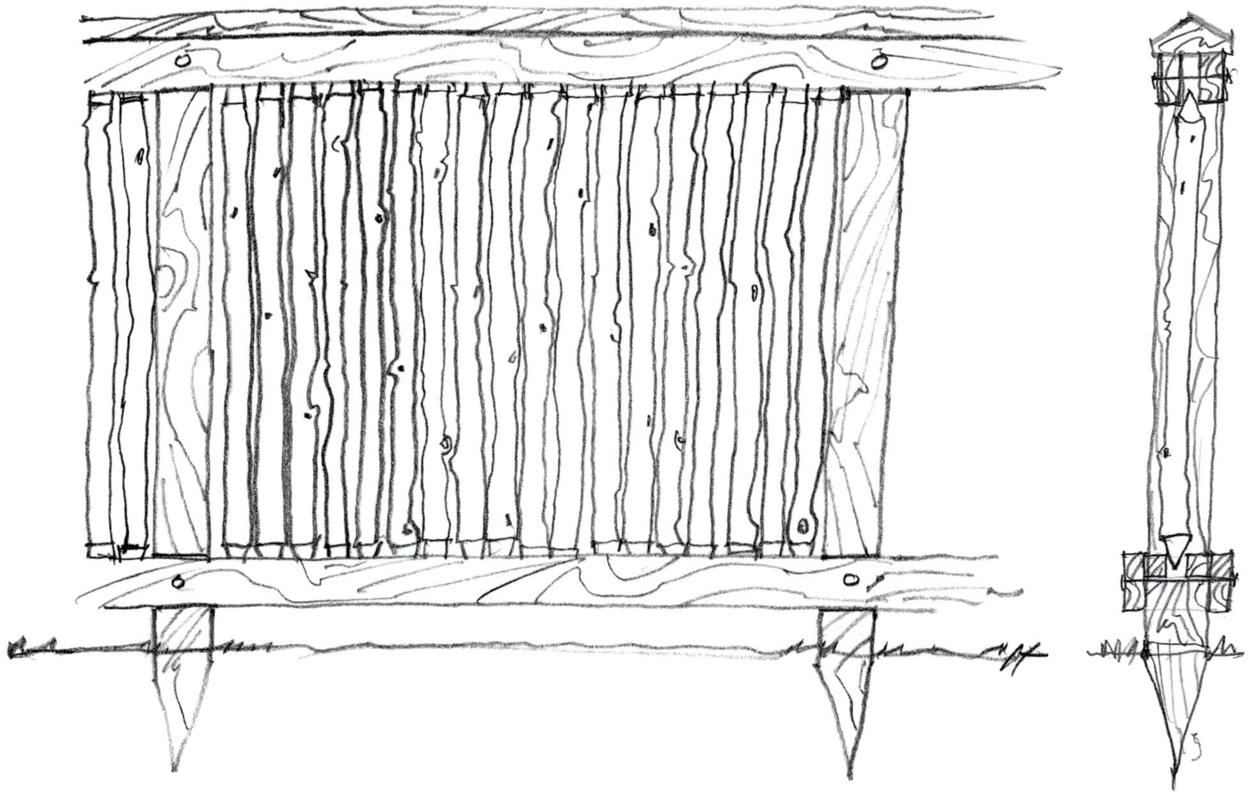

BOHNENSTANGENZAUN

Dieser rustikale Zaun unterscheidet sich gewiß von den entsprechenden Konstruktionen in der Nachbarschaft. Die Bohnenstangen sitzen zwischen Leisten aus dem geschnittenen und behandelten Holz. Man kann das Holz naturfarben lassen, es mit einer dunkleren Holzlasur behandeln oder wie hier mit Mikropur-Farbe streichen. Bei dieser Farbe benötigt man keine Grundierung, und man kann sie jederzeit erneuern.

Wahrscheinlich bekommt man die Bohnenstangen nicht beim Holzhändler, sondern eher bei einer Lieferfirma für Zäune oder im Gartencenter.

Da Bäume im Winter oder im Frühjahrsanfang gefällt werden, kauft man am besten um diese Zeit die Stangen. Man benötigt eine ziemlich große Anzahl. Am besten kauft man zunächst ein oder zwei Bündel, um zu sehen, wieviel das auf die Gesamtlänge ausmacht, und bestellt dann entsprechend.

Der Abstand der Pfosten hängt von der Länge der Leisten ab. Die Leisten werden jeweils an den Pfosten miteinander verbunden, d. h. wenn man 3 m lange Leisten hat, müssen die Pfosten im Abstand von 1 500 mm stehen. Bei 2,4 m langen Leisten beträgt der Pfostenabstand 1 200 mm. So berechnet man die Anzahl der Pfosten (und Pfostenträger), die man braucht.

Schließlich muß man noch entscheiden, wie hoch der Zaun sein soll. In diesem Fall hier sind es 1 000 mm; die Pfosten sind dann 1 500 mm lang, wobei sie 500 mm in den Boden versenkt werden. Ganz grob kann man sagen, daß die Pfosten zu einem Drittel der Zaunhöhe – mindestens aber 500 mm – in den Boden gehen müssen.

Man kann natürlich auch spitze Stahlschuhe verwenden, die in den Boden geschlagen werden; die Pfosten werden dann in die Halterung eingesetzt. Für Zäune bis zu 1 200 mm Höhe braucht man 600 mm lange Spitzen; bei einer Zaunhöhe bis zu 1 800 mm müssen die Stahlschuhe 760 mm lang sein.

Um die Metallschuhe in den Boden zu schlagen, steckt man ein kleines Stück Pfosten lose in den Träger, damit er durch die Hammerschläge nicht beschädigt wird. Mit der Wasserwaage überprüft man immer wieder an allen Seiten, ob die Spitzen gerade in den Boden gehen. Sollten sie schräg sitzen, kann man sie wieder zurechtrücken. Mit einem waagrecht gespannten Stück Schnur kontrolliert man, daß die Spitzen alle in einer Linie und in gleicher Tiefe in den Boden geschlagen sind.

Wenn man nicht mit Stahlschuhen arbeitet, spitzt man bei weichem Boden einfach die Pfosten unten an und schlägt sie ein. Bei dieser Methode ist es allerdings nicht ganz einfach, die Pfosten in einer Linie und ganz senkrecht auszurichten. Deshalb gräbt man die Löcher besser mit einem Handbagger (den es auch zu leihen gibt). Damit kann man die Erde so ausheben, daß man ein rundes Loch von 225 mm Durchmesser und bis zu 600 mm Tiefe erhält.

Dann stellt man die Pfosten entlang einer gespannten Schnur in die Löcher. Die Löcher füllt man so auf, daß alle Pfosten gleich hoch sind. Damit die Pfosten gerade bleiben, stampft man Schotter in die Löcher. In Bodenhöhe wird Beton um die Pfosten gegossen, damit das Regenwasser gut ablaufen kann.

VORBEREITEN UND BEFESTIGEN DER PFOSTEN

Wenn man die Pfosten angespitzt in den Boden treibt (siehe oben), kann man die Verbindungen an Ort und Stelle schneiden. In allen anderen Fällen ist es besser, die Pfosten auf der Werkbank zu bearbeiten.

Man hält eine Seitenleiste an den Pfosten, so daß sie oben bündig abschließt, und zeichnet die Breite der Leiste an. Dasselbe wiederholt man auf der anderen Pfostenseite. Oben an jedem Pfosten kerbt man 25 mm tiefe Einschnitte in der Breite der Leisten aus. (Abb. 1).

Man setzt die Pfosten entweder mit Metallschuhen oder direkt in den Boden und bringt sie alle in gleiche Höhe. Dann legt man ein langes, gerades Brett über die Pfosten und prüft die Höhe mit der Wasserwaage noch einmal nach.

Bei der Verwendung von Metallschuhen schraubt oder klammert man die Pfosten unten fest. Wenn man sie in Löcher setzt, füllt man Schotter auf und schichtet Zement darüber. Dann kontrolliert man noch einmal alle Pfosten, ob sie in einer Linie stehen und gleich hoch sind.

BEFESTIGUNG DER OBEREN LEISTEN

Die oberen Leisten werden an jeder Seite der Pfosten mit zwei Sechskantschrauben befestigt.

Falls man zwei Leisten aneinandersetzen muß, schneidet man sie diagonal so zu, daß sie an einem Pfosten aneinanderstoßen (Abb. 2). Pro Pfosten sollte man allerdings nur eine solche Nahtstelle haben, damit der Zaun nicht seine Stabilität verliert. Man wechselt dabei immer von einer Pfostenseite zur anderen.

Am Zaunende schneidet man die Leisten mit der Pfostenkante bündig ab.

WERKZEUGE

- WERKBANK (fest oder tragbar)
- METALLMASSBAND
- ANSCHLAGWINKEL
- LAUB- oder KREISSÄGE
- BAUMSÄGE
- HAMMER
- BOHRMASCHINE (Hand oder elektrisch)
- BOHRER – 6 mm
- SCHRAUBENSCHLÜSSEL
- WASSERWAAGE
- MEISSEL
- HOLZHAMMER
- HIPPE (oder Axt oder scharfes Messer)

MATERIALIEN

Teil	Menge	Material	Länge
PFOSTEN	nach Bedarf	geschnittenes und behandeltes Weichholz, 75 × 75 mm	nach Bedarf
LEISTEN	nach Bedarf	geschnittenes und behandeltes Weichholz, 75 × 25 mm	nach Bedarf
LATTEN	nach Bedarf	geschnittenes und behandeltes Weichholz, 32 × 25 mm	nach Bedarf
BLENDE	nach Bedarf	geschnittenes und behandeltes Weichholz, 75 × 38 mm	nach Bedarf
BOHNENSTANGEN	nach Bedarf	Haselnuß, Birke oder Kastanie	nach Bedarf

* Die Höhe des Pfostens hängt von der Zaunhöhe und von der Art der Befestigung im Boden ab.

BEFESTIGUNG DER UNTEREN LEISTEN

Die unteren Leisten werden etwa 150 mm oberhalb des Bodens an die Pfosten geschraubt. Man befestigt ein Leistenende mit einer Sechskantschraube an einem Pfosten. Mit Hilfe der Wasserwaage bringt man die Leiste in die Waagrechte und befestigt das andere Ende am nächsten Pfosten. Pro Pfosten verwendet man zwei Sechskantschrauben. Falls nötig, legt man einen Diagonalstoß an den Pfosten.

Man mißt den Abstand zwischen den Pfosten und schneidet sich Latten so zu, daß sie bequem dazwischenpassen (Abb. 3). Die Latten werden innen an die unteren Leisten angebracht, die schmalere Seite nach oben. Die Oberkanten von Latten und Leisten schließen bündig miteinander ab. Durch die unteren Leisten schraubt man je vier verzinkte Schrauben in die Latten. Durch die Latten entsteht zwischen den unteren Leisten ein Schlitz von etwa 12 mm.

Man mißt den Abstand zwischen der Oberkante der oberen Leisten und der Unterkante der unteren Leisten und schneidet in dieser Länge die Bohnenstangen zu. Dazu nimmt man eine Baumsäge.

Mit einer Hippe, einer Axt oder einem scharfen Messer spitzt man ein Ende der Bohnenstangen an, so daß es in den Schlitz paßt.

Man fängt an einem Ende an, die Stangen in die Zwischenräume zwischen den oberen und den unteren Leisten hineinzustecken. Sie werden dicht zusammengeschoben, bis der ganze Rahmen mit ihnen gefüllt ist.

Alle Bohnenstangen werden oben so abgesägt, daß sie bündig mit den Leisten abschließen. Man verwendet dafür eine Baum- oder eine Handsäge und preßt jede Stange dabei fest nach unten.

Zum Schluß nagelt man die Blende so oben auf den Zaun, daß die Kanten der oberen Leisten bedeckt sind.

ZUSAMMENBAU DES BOHNENSTANGENZAUNS

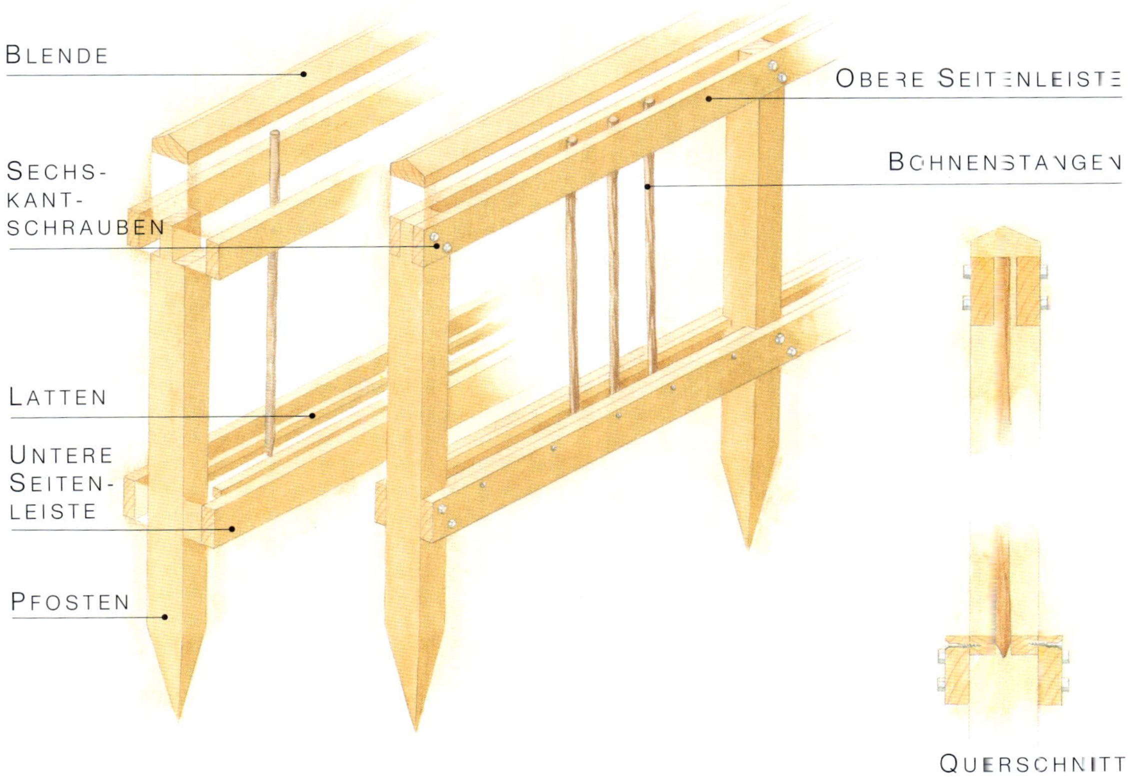

1 Befestigung der oberen Leisten
Man kerbt die Pfosten oben an beiden Seiten 25 mm tief in der Breite der Leisten ein.

2 Verbindung der Leisten
Man schneidet die Leisten diagonal ab und verschraubt die Enden dicht gestoßen in den Pfosten.

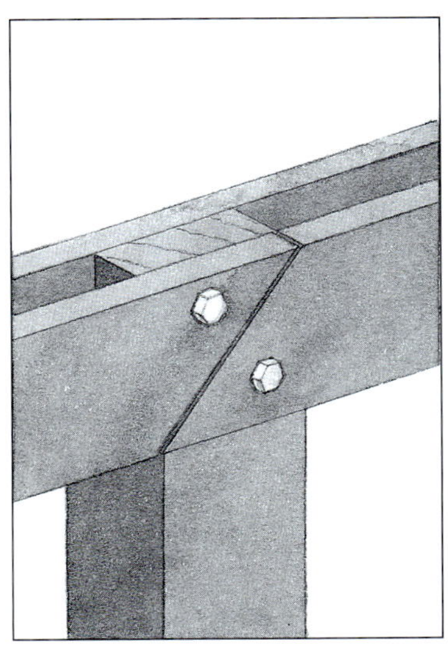

3 Befestigung der Bohnenstangen
Ein Ende der Stangen wird zugespitzt. Man fügt die Stangen zwischen den Leisten hindurch ein.

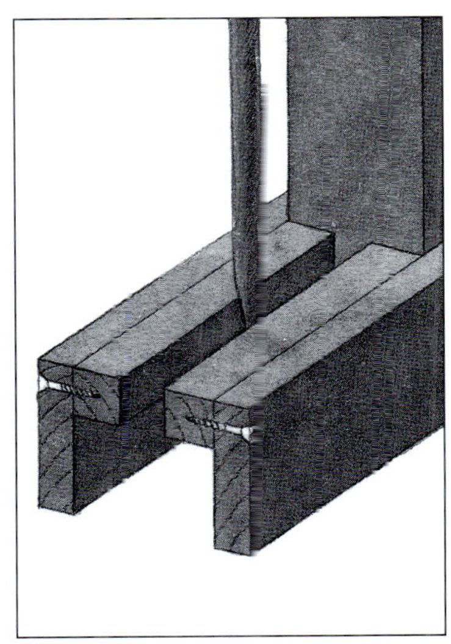

5. TEIL

PFLANZTRÖGE UND -BEHÄLTER

In Versailles kann man jedes Jahr ein Schauspiel besonderer Art erleben: Die Armee muß eingesetzt werden, um Hunderte von Orangen- und Zitronenbäumen, die in Kübeln wachsen, für den Winter in die Gewächshäuser zu bringen. Kaum ein Garten wird eine derartige Fülle an Behältern aufnehmen können, aber für ein paar Pflanztröge findet sich überall Platz. Paarweise neben dem Eingang aufgestellt, machen sich schlichte Behälter mit Lorbeerbäumen sehr gut. Und auch eine üppig bepflanzte Kollektion von Terracotta-Schalen oder hängende Körbe mit freundlichen bunten Sommerblumen wirken sehr hübsch.

Pflanzbehälter haben viele Vorteile: Man kann den Pflanzen genau die richtige Erdmischung geben und sie dort plazieren, wo sie am wirkungsvollsten zur Geltung kommen. Wenn der Behälter nicht zu groß ist, läßt sich die Pflanze zur Blütezeit an einen besonders auffälligen Ort stellen. Pflanztröge und Fensterkästen sind beispielhafte Heimwerkerprojekte, da man sie maßgerecht für die jeweiligen Bedürfnisse bauen kann. Wenn man innen und außen die gleiche Art von Pflanztrögen verwendet, hat man einen schönen Übergang.

PFLANZTRÖGE UND -BEHÄLTER

Es gibt noch mehr, was für eine Gartenkultur im Topf spricht. Menschen mit knapp bemessener Freizeit werden es zu schätzen wissen, daß man normalerweise kaum Unkraut zu jäten braucht. Jede Pflanze erhält genau die richtige Menge an Kompost und Erde; die Folge ist eine große Pflanzenvielfalt auf kleinem Raum. Durch geschickte Anordnung der Behälter gewinnt die Gartengestaltung an Konturen; eine ebene Fläche läßt sich auf diese Weise strukturieren, und die »Ödflächen« unter einem Baum oder auf einem Dach geraten durch die kleine Welt in Töpfen und Kübeln in Bewegung.

Einige Pflanzen, wie beispielsweise Feigen, bevorzugen geradezu die Haltung in Kübeln, andere kann man über Jahre hinweg problemlos darin halten. Wenn man Wucherpflanzen, wie die Pfefferminze, in Töpfen zieht, kommt das dem übrigen Garten natürlich sehr zugute.

Dieser schnelle und leichte Weg der Gartengestaltung beeindruckt aber auch durch die Vielfalt seiner Ausdrucksmöglichkeiten und Stilrichtungen. Bepflanzte Behälter bringt man zunächst meist mit architektonischen Gärten in Verbindung. Symmetrische Arrangements von Kübeln, beschnittener Buchsbaum in gestrichenen Holzbehältern und steinerne Gefäße am Ende eines Weges oder in der Mitte von kreisförmig angelegten Beeten sind architektonische Stilmittel, die geometrische Struktur eines Gartens in besonderer Weise zu betonen.

Doch die Pflanzbehälter müssen durchaus keine Repräsentanten des klassischen Stils sein. In den Mittelmeerländern sieht man an markanten Punkten von Terrassen und Gärten häufig große Terracotta-Töpfe stehen. Die Fensterbänke und Balkone in vielen griechischen und italienischen Dörfern sind voll mit bepflanzten, angemalten Ölkannen – schöne Farbtupfer an den Hauswänden. Auf dem Land oder in ländlichen Gärten quellen Blumenkästen oder hängende Körbe über mit farbenprächtigen Geranien und Lobelien.

BLUMENTÖPFE

Pflanzen in Behältern bieten vielfältige Gestaltungsmöglichkeiten – noch der kleinste Raum wird so zum Garten. Ein Eingangsbereich, der von Kübeln oder Töpfen flankiert wird, ist ein typisches Merkmal architektonischer Gartengestaltung; die Kübelkultur kann man aber auch mit weniger strengen Formen kombinieren (oben links). Viele verschiedene Pflanzen lassen sich in Behältern ziehen: aus einem Kübel wachsen Kletterpflanzen an einem Spalier nach oben (oben), und selbst kleine Bäume gedeihen in Trögen (rechts).

Pflanztröge und -Behälter

Die Pflanztröge sollten immer zum Gesamtstil eines Gartens passen. Man plaziert sie beispielsweise markant in einen Mittelpunkt, oder man arrangiert sie asymmetrisch, so daß sie den Blick durch den ganzen Garten lenken. Pflanzbehälter erweitern die Dimensionen eines ansonsten recht ebenen Gartens, wenn man sie auf eine Mauer stellt oder an der Hauswand herabhängen läßt. Mit einer Reihe von Blumentöpfen oder Pflanztrögen löst man die Begrenztheit eines umschlossenen Bereiches – beispielsweise einer Veranda – auf. Besonders gut machen sich Pflanzgefäße auch rechts und links neben Eingangstüren der Häuser.

Am besten stellt man immer eine Anzahl von Behältern zusammen. Einzeln im Garten verstreut, verlieren sie nicht selten einen Großteil ihres Reizes. Ein Metallgestell mit Blumentöpfen auf jeder Seite einer Tür sieht sehr hübsch aus. Oder man läßt sich von einer Idee inspirieren, die wir einmal in Frankreich entdeckten: Über die ganze Länge einer Gartenmauer waren im Abstand von 45 cm Bretter angebracht, auf denen Dutzende von Blumentöpfen standen.

Auch beim Bepflanzen der Behälter selbst sollte man aus dem Vollen schöpfen. Allerdings wirkt es oft besser, wenn in einem Behälter nur eine Pflanzenart wächst und nicht eine ganze Komposition sorgfältig ausgesuchter Sorten. Einfach nur mit Buchsbaum und Efeu bestückte Holzkästen bieten einen schönen Anblick vor dem Fenster, zudem gedeihen sie auch bei wenig Pflege sehr gut.

Was die Behälter an sich betrifft, so gibt es da eine große Vielfalt an Materialien, Größen und Stilen. Man sollte möglichst bei natürlichen Materialien bleiben: Stein, Holz und Terracotta schmeicheln nicht nur dem Auge, sondern gewinnen auch noch an Reiz durch die Verwitterung. Schön sind auch Metallbehälter, vor allem solche aus Blei, Zink oder Kupfer, doch selbst der Gummi eines alten Traktorreifens bringt eine interessante Strukturkomponente in den Garten. Plastik sollte man allerdings vermeiden; es wirkt in jedem Garten fehl am Platz, weil es weder verwittert noch altert und meist keine Oberflächenstruktur aufweist.

Man sollte die Behälter immer großzügig dimensionieren. Kleine Töpfe werden leicht übersehen oder erscheinen manchmal etwas mickrig und erzielen dann bei weitem nicht die Wirkung, die man vielleicht erwartet hat.

Bei den fertigen Pflanzbehältern sind zunächst einmal die Terracotta-Gefäße zu erwähnen. Es gibt sie in einfachen Formen, wie etwa als Vasen oder flache Schalen, traditionelle Blumentöpfe und Tröge. Auch die schlichten Betonsteinbehälter sehen nicht schlecht aus, vor allem, wenn man bei der Verwitterung ein bißchen nachhilft. Die hölzernen Pflanzbehälter und Kübel aus dem Fachhandel erhalten gleich eine individuelle Note, wenn man sie passend zum Haus streicht oder mit einer Kontrastfarbe einen kräftigen Akzent setzt. Holzbehälter sind natürlich auch eine schöne Aufgabe für den Heimwerker – schon wegen ihrer vielen Verwendungsmöglichkeiten. In einem Holzkübel gedeihen kleine Bäume und Sträucher prächtig, und das Halbfaß ist mittlerweile schon ein Klassiker in der Gartengestaltung. Holztröge und Pflanzbehälter lassen sich zu praktischen Hochbeeten umgestalten, so daß auch ältere oder etwas gebrechlichere Menschen nicht auf die Freude an der Gartenarbeit verzichten müssen. Und man kann mit den Behälterpflanzen auch in die Höhe gehen: eine Pyramide aus Bambusstangen in einem Topf mit rotblühenden Stangenbohnen ist ein sehr hübscher Anblick.

Bei den Pflanzbehältern kann man seiner Phantasie wirklich freien Lauf lassen und nach kreativen Lösungen suchen. Als Behälter läßt sich alles verwenden, angefangen vom Halbfaß bis hin zu alten Wasserkannen. Ausgemusterte Waschbecken und Zuber, Kaminkappen und Steintröge finden wieder eine neue Verwendung. Ein Sperrmüllplatz ist hierfür eine fast unerschöpfliche Fundgrube für die Phantasie.

Pflanzbehälter im Garten

Mit Pflanzbehältern schafft man eine optische Verbindung von Haus und Garten. Der hohe Beliebtheitsgrad von Wintergärten ist nur ein Ausdruck dafür, daß die Menschen sich ein Stück Natur in ihr Heim holen wollen. Eine Kollektion gleichartiger Behälter innerhalb und außerhalb der Tür schafft fließende Grenzen zwischen Haus und Garten.

Kompostkasten und Behälter

Kompostkasten und Pflanzbehälter sind von ihrer Machart her sehr ähnlich. Beide werden aus geschnittenen Holzbrettern gemacht, die an Pfosten befestigt sind. Die Konstruktion ist einfach, und auf Genauigkeit kommt es hier nicht so sehr an. Von daher eignen sich beide Projekte gut zur Einübung der handwerklichen Fähigkeiten, bevor man sich an anspruchsvollere Unternehmungen wagt.

Der Kompost ist für einen Gärtner von unschätzbarem Wert; der ständige Nachschub an nährstoffreicher, organischer Materie gibt den Pflanzen alles, was sie zum Wachstum brauchen. Die Wiederverwertung von Küchen- und Gartenabfällen ist zudem umweltfreundlich und wirtschaftlich.

Die Vorderfront des Kastens besteht aus zwei Doppelpfosten. In den dadurch entstehenden Spalt lassen sich nach und nach Bretter einschieben, wenn der Kompost wächst, bzw. wieder herausnehmen, wenn die fertige Erde entfernt wird. Es lohnt sich »druckimprägniertes« Holz zu kaufen, dem die Wärme und Feuchtigkeit des Komposts nicht soviel anhaben kann.

Pflanzbehälter geben den jungen Bäumen einen Halt. In ihnen sind sie vor Windstößen geschützt, und die Wurzeln können gleichmäßig wachsen. Mit den Querstreben hält man den Stamm gerade, während der Baum anwurzelt.

Pflanzbehälter haben einen Holzschutzanstrich aus schwarzem Teer. Mit Sechskantschrauben werden die Bretter optisch ansprechend an den Längsleisten befestigt.

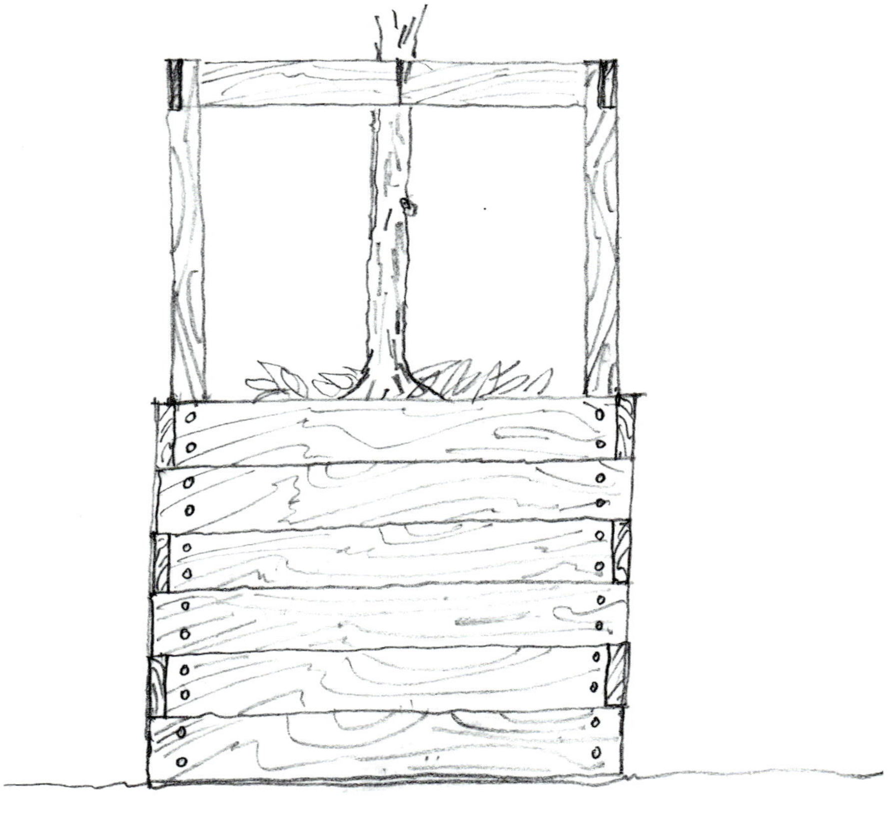

KOMPOSTKASTEN

Die Konstruktion von Kompostkasten und Pflanzbehälter ist im Prinzip die gleiche. Als Material verwendet man am besten geschnittenes und vorbehandeltes Holz in Zaunqualität.

Die Maße des Kompostkastens hängen von seinem Standort ab. Zu groß sollte man ihn allerdings nicht machen, da sonst die Mitte des Haufens nicht mehr belüftet wird und daraus dann kein guter Gartenhumus entsteht.

Der hier vorgestellte K hat eine Seitenlänge von 915 mm. Die Höhe variiert je nach Bedarf. Man sollte aber dabei immer jeweils um 150 mm aufstocken und noch Zwischenräume für die Belüftung lassen. In diesem Fall beträgt die Höhe 990 mm. Der Komposthaufen sollte so hoch sein, daß man die Abfälle bequem daraufwerfen und auch noch hinaufklettern kann, wenn man das verrottete Material zusammentreten will. Die Schlitzgröße zwischen den Brettern kann zwischen 12 und 19 mm betragen.

KONSTRUKTION

Alle Teile werden auf die in der Materialliste angegebenen Längen zugeschnitten. Die Pfosten schneidet man erst nach der Befestigung der Bretter zurecht, damit man die Lüftungsschlitze miteinberechnen kann. Der Kasten wird mit Sechskantschrauben zusammengehalten. Beim Anbringen sichert man die Bretter mit Schnellspannzwingen, damit sie nicht verrutschen können. Die Köpfe der Sechskantschrauben ergeben eine hübsche Verzierung des Kastens; es ist nur wichtig, daß sie alle in einer Linie und im gleichen Abstand zu den Ecken angebracht werden.

An der Vorderseite des Kastens ist nur das unterste Brett fest angebracht. Die restlichen Bretter kann man in den Spalt zwischen den Pfosten einschieben, je nachdem, wie hoch man den Kasten braucht. Genauso leicht lassen sie sich wieder entfernen, wenn man den Kompost umsetzen will.

MATERIALIEN

Anmerkung: Alles Holz ist geschnitten und mit Schutzmittel behandelt

Teil	Menge	Material	Länge
LANGE BRETTER	9	150 × 25 mm	915 mm
MITTLERE BRETTER	6	wie oben	890 mm
KURZE BRETTER	4	wie oben	865 mm
BEWEGLICHE BRETTER	6*	wie oben	wie oben
PFOSTEN	6	50 × 50 mm	1220 mm
SECHSKANTSCHRAUBEN	100	verzinkter Stahl	8 × 50 mm

* Falls die Vorderseite am Schluß die gleiche Höhe wie der restliche Kasten haben soll, benötigt man 7 bewegliche Bretter

WERKZEUGE

- WERKBANK (fest oder tragbar)
- METALLMASSBAND
- METALLINEAL
- ANSCHLAGWINKEL
- STICHSÄGE (oder MOTORKREISSÄGE)
- STREICHMASS
- BOHRMASCHINE
- BOHRER – ca. 6 mm, um die Löcher für die Sechskantschrauben anzubohren
- SCHRAUBENSCHLÜSSEL
- SCHNELLSPANNZWINGEN

1 Befestigung des ersten Brettes an den Pfosten

Die unterste Reihe der Rückseite beginnt mit einem kurzen Brett, das bündig und rechtwinklig zwischen zwei Pfosten angebracht wird. An jedem Ende verwendet man zwei Sechskantschrauben.

2 Seitliche Pfosten und erstes bewegliches Brett

An beiden Seiten wird, bündig mit den Pfosten, je ein langes Brett festgeschraubt. Das unterste Brett der Vorderseite lehnt man an die Rückseite der vorderen Pfosten und verschraubt es später von hinten.

Sägen 148
Bohren 150
Schrauben 150

Zusammenbau des Kompostkastens

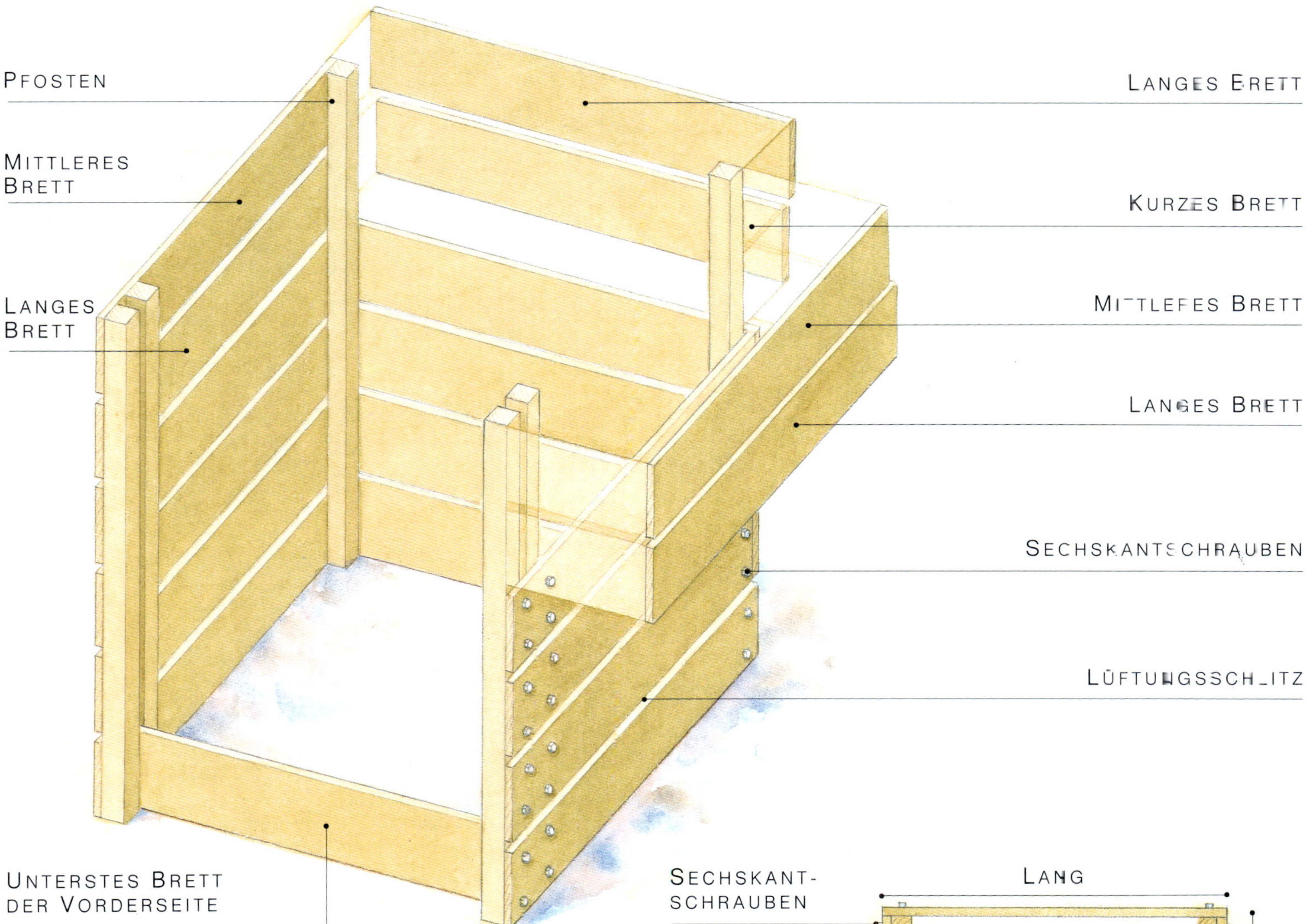

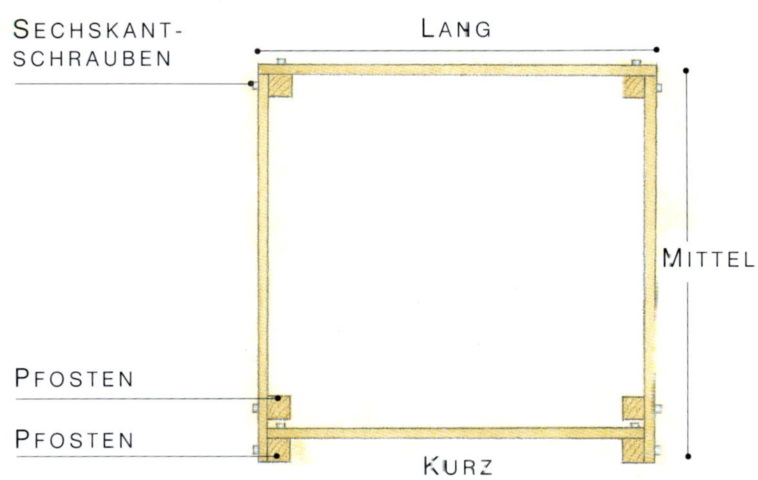

Draufsicht

Kompostkasten

Befestigung der ersten Bretterreihe

Man beginnt mit der Kastenrückseite, indem man zwei Pfosten auf einen ebenen Untergrund legt. Darüber plaziert man ein kurzes Brett so, daß es mit den Pfostenenden bündig abschließt. Die Außenkanten der Pfosten stehen demnach 865 mm auseinander (siehe Abb. 1, S. 132).

Nun überprüft man, daß das Brett an einem Pfosten rechtwinklig aufliegt und befestigt es mit der Zwinge am Pfosten. Man bohrt die Löcher für die Sechskantschrauben an und verbindet dann das Brett mit dem Pfosten.

Mit einem zweiten, oben aufgelegten Brett vergewissert man sich, daß die Pfosten im rechten Winkel zu dem kurzen Brett stehen. Dann überprüft man nochmal mit dem Anschlagwinkel, daß der Pfosten zum ersten Brett rechtwinklig sitzt. Für die Schrauben am anderen Brettende bohrt man die Löcher im gleichen Abstand wie die bereits fertigen vor.

Jetzt wird der Rahmen aufgestellt. An der Seite befestigt man mit der Schnellspannzwinge ein langes Brett bündig mit der Pfostenkante, bohrt die Löcher vor und setzt die beiden Schrauben mittig in den Pfosten.

Das gleiche wiederholt man mit einem weiteren langen Brett für die andere Seite.

An die Innenseite dieses Brettes wird ein weiterer Pfosten bündig angesetzt. Man überprüft mit einem langen Brett, daß der Pfosten auch oben noch senkrecht steht und verschraubt das seitliche Brett und den Pfosten wie zuvor zweimal. Eines der vorderen Bretter stellt man an die Innenseiten der vorderen Pfosten (Abb. 2, S. 135).

Aufbau der Bretterreihen

Auf das Brett an der Rückseite legt man Abstandshölzchen oder -leisten, 12–19 mm. Darüber kommt ein langes Brett (Abb. 1). Man vergewissert sich, daß es an beiden Seiten gleich lang über die Pfosten hinaussteht und befestigt es an beiden Enden wie zuvor mit je zwei Schrauben. Damit es ordentlich aussieht, sollten die Schrauben an den gleichen Stellen wie schon in den Reihen darunter angebracht werden.

Das gleiche wiederholt man auf jeder Seite mit jeweils einem mittleren Brett. Diese sollten beide mit den Enden des rückwärtigen Brettes bündig abschließen.

Auf diese Weise fährt man Reihe um Reihe fort. An der Rückseite wechseln immer ein kurzes und ein langes Brett ab, an den Seiten ein langes und ein mittleres. Man baut bis zur benötigten Höhe; in diesem Fall hier sind es sechs Bretter plus der Zwischenräume.

Während des Arbeitens muß man sich immer wieder vergewissern, daß die Konstruktion noch rechtwinklig ist. Jedesmal, wenn man ein neues Brett hinzufügt, hält man ein freies Brett oben an die Pfosten. Daran kann man erkennen, ob die rechten Winkel noch stimmen.

Die Vorderseite

Mit zwei Schrauben auf jeder Seite befestigt man von innen das unterste Brett der Vorderseite an den Pfosten.

Die beiden letzten Pfosten werden hinter den Schraubenköpfen hingestellt. Von dem vorderen Brett läßt man mindestens einen Abstand von 12–19 mm, wodurch der Spalt entsteht, in den man die beweglichen Bretter locker einschieben kann. Mit einer Schnellspannzwinge hält man einen Pfosten in der richtigen Stellung zum Seitenbrett. Dann zeichnet man eine senkrechte Linie an der Außenseite der Bretter für die Schrauben an (Abb. 3).

Durch jedes Brett bohrt man von außen zweimal in den Pfosten und verschraubt ihn so. Das gleiche wird auf der anderen Seite mit dem zweiten Pfosten wiederholt.

Man fügt soviele bewegliche Bretter in den Spalt ein, wie man benötigt. Wenn man will, daß die vorderen Bretter in gleicher Höhe wie die hinten und an den Seiten abschließen, dann schneidet man das oberste entsprechend zurecht.

Zum Schluß sägt man die Pfosten bündig mit den Oberkanten der Bretter ab. Der Kasten wird etwas abseits aufgestellt, daß man ihn nicht gleich sieht.

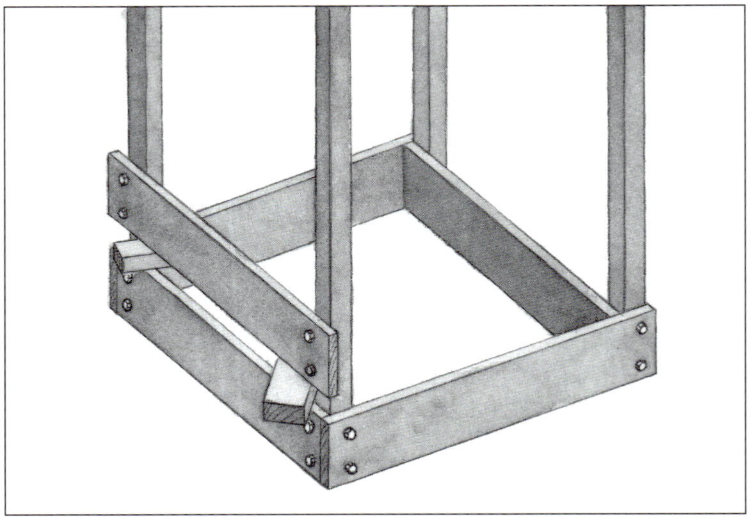

1 Aufbau der Bretterreihen
Mit Abstandshölzchen oder -leisten schafft man die Lüftungsschlitze zwischen den hinteren und seitlichen Bretterreihen. An der Rückseite wechselt man kurze und lange Bretter ab, an den Seiten lange und mittlere.

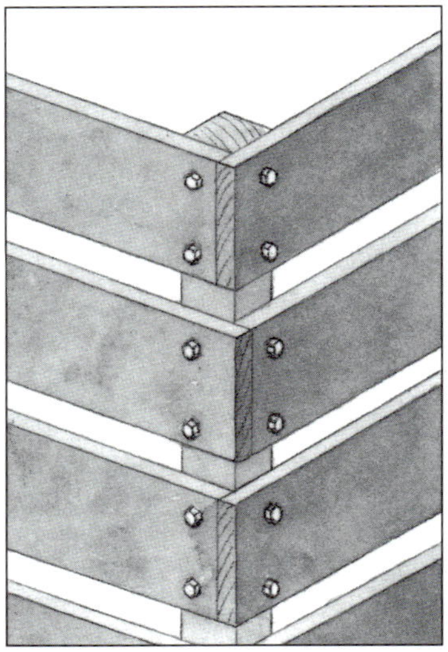

2 Detail der hinteren Ecke
Die Pfosten werden mit der Oberkante der Bretter bündig abgesägt. Die Schrauben sind in einer Reihe.

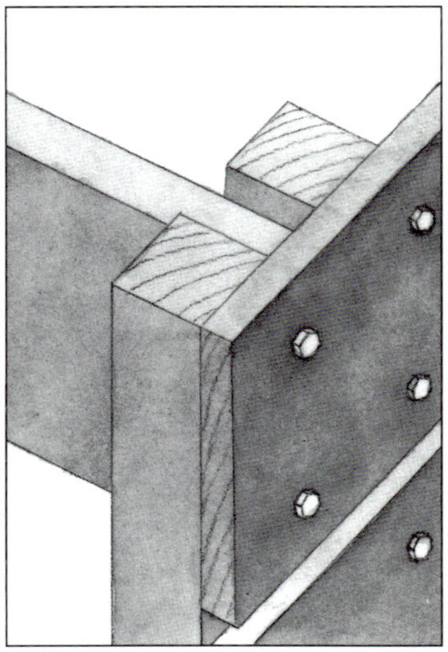

3 Der vordere Spalt
Hinter die vorderen Pfosten wird jeweils ein zweiter Pfosten im Abstand von 38 mm angeschraubt.

PFLANZBEHÄLTER

Mit diesem Pflanzbehälter kann man Bäume, Rosen, Sträucher und andere Blumen an Orten wachsen lassen, die normalerweise dafür nicht in Frage kämen. Dazu zählen beispielsweise gepflasterte Veranden oder Betonwege bzw. Einfahrten. Der Pflanzbehälter wird aus geschnittenem, mit Holzschutzmittel behandeltem Holz in Zaunqualität hergestellt. Da der fertige Behälter sowieso zu schwer zum Heben wäre, braucht man keine Bodenplatte. Der Pflanzbehälter wird an seinen Platz gestellt, mit Erde gefüllt, und der Baum oder Strauch eingesetzt. Normalerweise ist an den Rändern noch Platz für andere Pflanzen, die hier gut zur Geltung kommen.

Die Größe der Pflanzbehälter bemißt man nach dem jeweiligen Verwendungszweck. In diesem Fall hier hat er ein Volumen von ca. 760 mm^3; damit eignet er sich gut für mittelgroße Bäume. Für kleinere Sträucher und Blumen genügt ein Behälter geringeren Ausmaßes. Wenn er leicht genug ist, daß man ihn bewegen kann, sollte man ihn allerdings mit einer Bodenplatte versehen, so daß man den Standort verändern kann (siehe: Herstellung der Bodenplatte S. 137).

Die Eckpfosten ragen über den Behälterrand hinaus und sind mit zwei Querleisten verbunden. Dadurch erhält man eine gute Stütze für den Baum. Der Behälter wird mit Sechskantschrauben zusammengehalten, die der Optik halber fest und genau sitzen sollten. Die Pfosten werden in der benötigten Länge zugeschnitten. An dem glattgesägten Ende der Pfosten markiert man jeweils die Verbindungen für die Querleisten. Dazu legt man die Kante eines Holzes, 75 x 25 mm, (von einem 150 x 25 mm messenden Stück Holz abgeschnitten) oben in der Mitte im Winkel von 45° auf den Pfosten und zeichnet seine Position an (Abb. 1).

Die Querleiste legt man 3 mm unterhalb des Pfostenendes an und achtet dabei auf den rechten Winkel. Die Unterkante wird angezeichnet, und die Linie um alle vier Seiten herumgeführt. Dann zieht man von den Markierungen an den Seiten Linien senkrecht nach unten.

Auf jeder Seite des Pfostens schneidet man nun mit dem Fuchsschwanz entlang der Markierungen ein. Mit der Stichsäge holt man den inneren Teil heraus.

WERKZEUGE

- WERKBANK (fest und tragbar)
- METALLMASSBAND
- METALLINEAL
- ANSCHLAGWINKEL
- KOMBINATIONSWINKELMESSGERÄT – für 45°-Winkel
- STICHSÄGE (oder Motorkreissäge)
- FUCHSSCHWANZ
- FEINSÄGE
- STREICHMASS
- BOHRMASCHINE
- BOHRER – ca. 6 mm zum Vorbohren der Schraublöcher
- SCHRAUBENSCHLÜSSEL
- EIN PAAR SCHNELLSPANNZWINGEN
- HAMMER – für Bodenplatte

MATERIALIEN

Anmerkung: Man verwendet geschnittenes und mit Schutzmittel behandeltes Weichholz

Teil	Menge	Material	Länge
LANGE BRETTER	10	150 x 25 mm	760 mm
KURZE BRETTER	10	wie oben	710 mm
ECKPFOSTEN	4	50 x 50 mm	1 350 mm
QUERLEISTEN	2	150 x 25 mm, auf 75 x 25 mm zugeschnitten	1 220 mm, nach Bedarf zurechtgeschnitten
SECKSKANTSCHRAUBEN	80	verzinkter Stahl	8 x 50 mm

1 Anzeichnen der oberen Verbindung am Pfosten
Die Querleiste wird oben auf dem Pfosten in der Mitte im 45°-Winkel angezeichnet.

2 Befestigung der zweiten Rahmens für die Hauptkonstruktion
Die kurzen Bretter werden jeweils bündig mit den Enden zweier Pfosten befestigt. Die langen Bretter schraubt man an die Seiten eines Rahmens. Dann setzt man den zweiten Rahmen innerhalb der langen Bretter ein, so daß die Enden rechtwinklig und bündig sind.

Pflanzbehälter

Hauptkonstruktion

Zwei Eckpfosten werden auf eine flache Oberfläche gelegt und darüber ein kurzes Brett, das mit den Enden bündig an den Außenkanten der Pfosten abschließt. Der Abstand beträgt 710 mm.

Das Brett wird an einer Seite mit zwei verzinkten Sechskantschrauben 25 mm vom Pfostenende festgeschraubt (die Löcher werden vorgebohrt). Damit es schön aussieht, achtet man darauf, daß die Schrauben immer im gleichen Abstand zur Kante gesetzt werden.

Das gleiche wiederholt man für die beiden anderen Pfosten, die man unten mit einem kurzen Brett verbindet.

Man stellt einen Rahmen auf und legt ein langes Brett an der Seite bündig mit dem Pfosten an und hält es mit einer Schnellspannzwinge an Ort und Stelle. Mit zwei Schrauben (vorbohren!) wird das Brett in der Mitte des Pfostens befestigt. Das gleiche wiederholt man ebenfalls mit einem langen Brett für die andere Rahmenseite.

Der zweite Rahmen wird zwischen die langen Bretter gesetzt, wobei die Eckpfosten nach innen kommen (Abb. 2, S. 135). Die Seitenbretter werden mit jeweils zwei Schrauben an den Eckpfosten befestigt.

Aufbau der Bretterreihen

Man nimmt ein anderes kurzes Brett und legt es auf das befestigte lange Brett, so daß es bündig mit den Pfosten abschließt. Mit den Zwingen befestigt man das Brett an den Pfosten und verschraubt es dann auf jeder Seite zweimal. Die Schrauben sitzen an gleicher Stelle wie beim unteren Brett.

Dann nimmt man ein langes Brett und legt es an der nächsten Seite an, so daß es das kurze Brett überlappt (Abb. 1). Man achtet auf das bündige Ende und schraubt es in den Pfosten.

Auf diese Art fährt man Reihe um Reihe fort und wechselt die kurzen und langen Bretter jeweils ab. An jeder zweiten Reihe sind die Enden an der Seite sichtbar. In diesem Fall sind es fünf Bretterreihen (aber das ist beliebig). Wichtig ist, daß man immer wieder die rechten Winkel während der Arbeit überprüft. Man hält dazu jedesmal, wenn ein neues Brett hinzugefügt wird, ein anderes oben drauf und achtet darauf, daß es mit den Pfosten bündig abschließt.

Befestigung der Querleisten

Oben am Pflanzbehälter mißt man diagonal von einem Pfosten zum andern und rechnet einen Überstand von 50 mm hinzu. Nach diesem Maß schneidet man von einem Holz, 75 x 25 mm, zwei Teile ab.

In der Mitte der beiden Querleisten schneidet man eine Überplattung (siehe Handwerkliche Techniken) und fügt sie zusammen. Die Querleisten werden in die Spalten an den Pfosten eingepaßt und angeleimt (Abb. 3).

Man muß das Holz nur streichen, wenn man eine bestimmte Farbe wünscht.

1 Aufbau der Seiten

Die Bretterreihen werden eine nach der anderen aufgebaut, wobei man abwechselnd kurze und lange Bretter anbringt. Dabei überprüft man immer, daß die Bretter rechtwinklig zu den Pfosten sitzen und die Enden bündig abschließen.

2 Verbindung der Querleisten

In die Mitte der beiden Querleisten schneidet man Überplattungen, so daß sie ineinanderpassen.

Schutzanstrich 146
Bohren 150
Schrauben 150
Überplattung 152

Wenn man eine andere Holzfarbe wünscht, trägt man wasserabstoßende Holzschutzlasur in der entsprechenden Tönung auf. Damit keine Farbe in die Schraubenköpfe gelangt, schützt man sie mit kleinen Stückchen Plastik- oder Gummischlauch.

DIE BODENPLATTE

Falls man eine Bodenplatte benötigt, schraubt man die Latten, 50 x 50 mm, unten innen in den Behälter. Dann legt man die Bretter, 150 x 25 mm, über die Latten. Man schiebt die Bretter soweit auseinander, daß jeweils ein schmaler Abstand von 3 mm bleibt, durch den überschüssiges Wasser abfließen kann. Damit der Boden auch das Gewicht der schweren Erde aushält, verstärkt man die Bodenplatte noch einmal mit den Latten, 50 x 50 mm, die im Abstand von 225 mm im rechten Winkel zu den Brettern angebracht werden.

Man füllt den Behälter mit Erde und setzt einen Baum oder Strauch hinein. Eine Schicht kleiner Steine unter der Erde ist gut für die Entwässerung.

3 Befestigung der Querleisten an den Pfosten

Die Querleisten passen in die Schlitze, die in jeden Pfosten geschnitten wurden, und stehen gleichmäßig über.

ZUSAMMENBAU DES PFLANZBEHÄLTERS

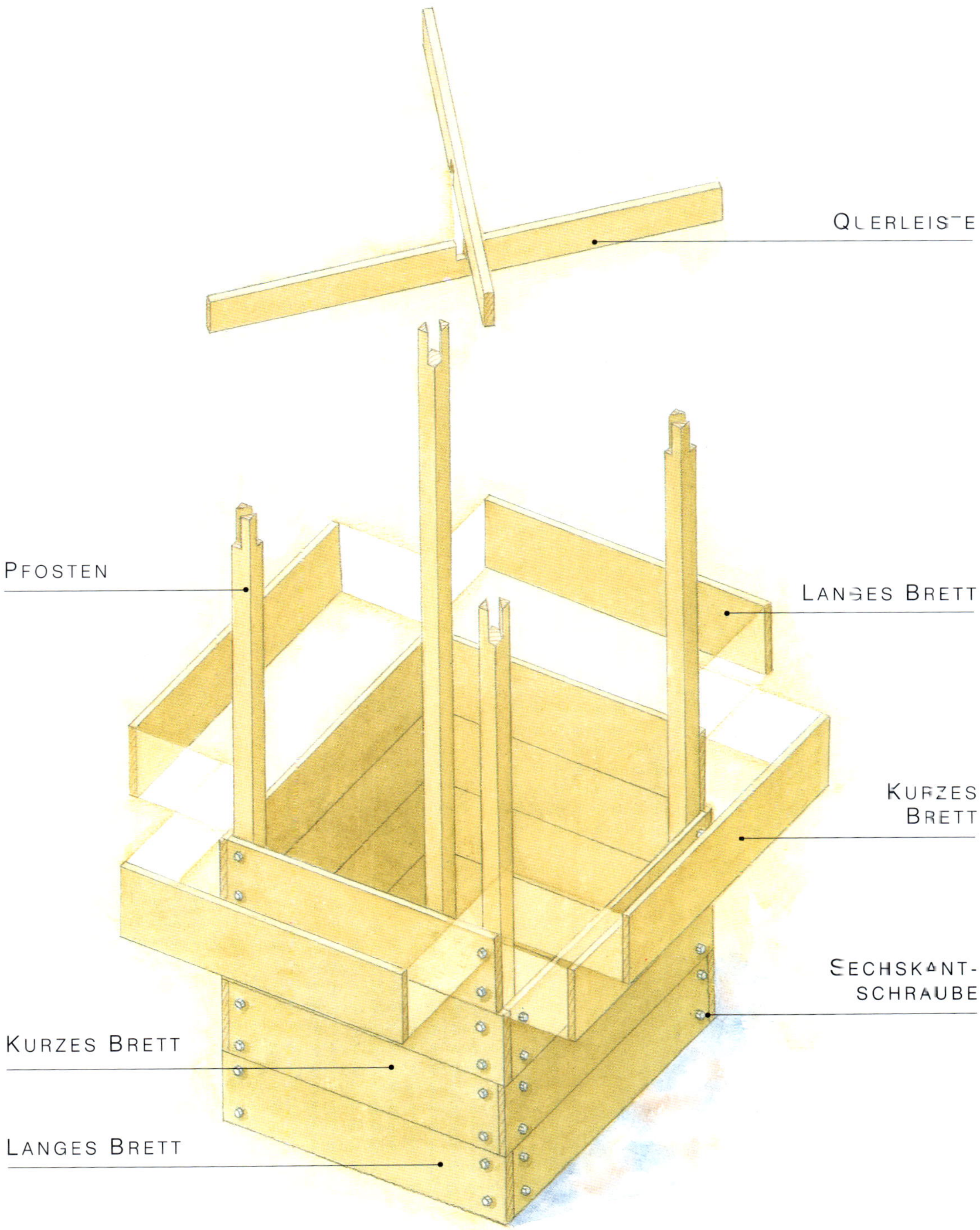

Frühbeet

Wenn man sich kein Gewächshaus leisten kann, wird man vielleicht wenigstens ein Frühbeet haben wollen. Es spielt eine wichtige Rolle bei der Anzucht von Setzlingen und frühen Gemüsesorten. Den Winter über kann man darin bestimmte Salate, wie etwa Feldsalat, Broquette oder Radicchio ziehen. So ist das Frühbeet das ganze Jahr über eine große Bereicherung für jeden Garten. Wenn man ein Gewächshaus besitzt, kann man das Frühbeet zum Abhärten der Pflänzchen verwenden, die man im Gewächshaus gezogen hat, oder man überwintert darin empfindliche zweijährige Pflanzen. Vom Aussehen her unterscheidet sich dieses Frühbeet hier kaum von der bekannten traditionellen Form. Es ist ausgesprochen vielseitig einzusetzen und sehr leicht zu bauen. Der Holzunterbau ist mit wetterfestem Holzschutzmittel eingelassen, was einen schönen Kontrast zu den weißgestrichenen Rahmen der Glasflächen bildet. Die Glasflächen müssen vollständig entfernt werden können, damit man freien Zugang zum Boden des Frühbeets hat. Er läßt sich dann ohne große Mühen umgraben und bepflanzen.

Frühbeete sollten immer in Südlage gebaut werden, damit sie so viel Sonnenlicht wie nur möglich erhalten. Da man sie aber normalerweise transportieren kann, lassen sie sich jedes Jahr an einem anderen Platz aufstellen. Wenn im Hochsommer die Gefahr besteht, daß die Pflanzen »verbrennen«, muß das Glas zum Verdunkeln mit weißer Farbe gestrichen werden.

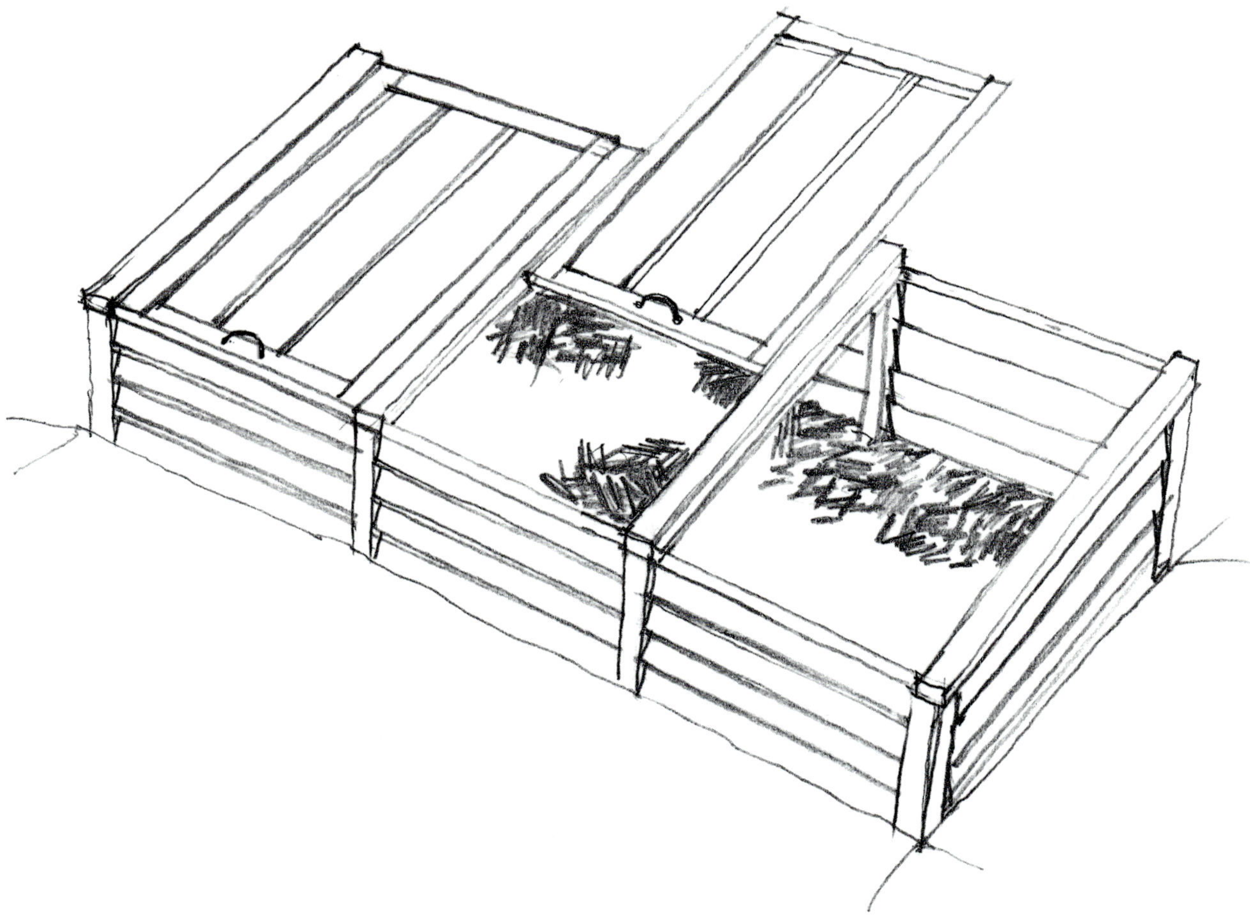

Frühbeet

Werkzeuge

- WERKBANK (fest oder tragbar)
- METALLMASSBAND
- METALLINEAL
- ANSCHLAGWINKEL (oder Kombinationswinkelmeßgerät)
- STICHSÄGE (oder Motorkreissäge)
- FUCHSSCHWANZ
- STREICHMASS
- BOHRMASCHINE
- BOHRER – ca. 3 mm Durchmesser
- VERSENKKOPF
- SCHRAUBENZIEHER
- KLAUENHAMMER
- VERSENKER
- ZANGE
- MEISSEL – ca. 25 mm
- HOLZHAMMER
- KANZENZWINGEN

Alle Gartenliebhaber, egal, ob sie sich nun auf Blumen, Obst oder Gemüse spezialisiert haben, wissen das Frühbeet zu schätzen. Es ist sinnvoll für Setzlinge, Ableger und empfindliche oder sehr frühe Pflanzen.

Unser Rahmen hier ist aus dem erprobten Standardfrühbeet entstanden, wie es über die Jahre entwickelt worden ist. Der Hauptrahmen besteht aus geschnittenem und mit Holzschutzmittel behandeltem Weichholz. Er setzt sich aus einzelnen Sektionen zusammen, die vorne mit einer Wasserschlagschalung versehen sind. Dies verleiht dem Rahmen seine Eigenart und hebt ihn von den einfachen herkömmlichen Frühbeeten ab. Trotzdem zieht man eventuell die Schalung lieber gleich über die ganze Länge, was schneller und einfacher zu bauen geht.

Materialien

Die Mengenangaben sind für den hier abgebildeten dreiteiligen Rahmen berechnet

Teil	Menge	Material	Länge
Rahmenunterbau			
UNTERE LEISTEN	4	geschnittenes und behandeltes Weichholz, 50 × 50 mm	1220 mm*
VORDERE PFOSTEN	4	wie oben	270 mm*
HINTERE PFOSTEN	4	wie oben	400 mm*
OBERE LEISTEN	4	wie oben	1230 mm*
OBERE STÜTZLATTEN	6	gehobeltes Weichholz, 25 × 25 mm	1230 mm*
VORDERE BEFESTIGUNGSLEISTEN	6	wie oben	330 mm*
HINTERE BEFESTIGUNGSLEISTEN	6	wie oben	460 mm*
VORDERE UND HINTERE VERKLEIDUNG	nach Bedarf	Wasserschlagschalung, 6 × 19 × 150 mm	Breite des Fensterrahmens plus Zwischenraum
SEITLICHE VERKLEIDUNG	nach Bedarf	wie oben	1220 mm
Fensterrahmen			
SEITENLEISTEN	6	gehobeltes Weichholz, 50 × 38 mm	1270 mm
OBERE LEISTEN	3	wie oben	800 mm
UNTERE LEISTEN	3	gehobeltes Weichholz, 75 × 25 mm	800 mm
MITTELSTREBEN	3	gehobeltes Weichholz, 38 × 25 mm	1270 mm
LANGE GLASHALTELEISTEN	12	gehobeltes Weichholz, 25 × 12 mm	1150 mm*
KURZE GLASHALTELEISTEN	6	wie oben	400 mm*
GLASSCHEIBEN	18	durchsichtiges Glas, ca. 425 × 400 mm	

Außerdem: 3 Griffe; metallene Glashalterungen; Mastix zum Einbetten des Glases; Rahmennägel, die das Glas halten; Stützen; Scharniere (wahlweise)

* in Überlänge zuschneiden und erst nach der Befestigung auf die richtige Länge zuschneiden

Die Ausmaße des Rahmens können ganz individuell bemessen werden, je nachdem, für welchen Zweck das Frühbeet gedacht ist. Der hier vorgestellte Rahmen hat eine gute Durchschnittsgröße: vorne ist er 370 mm hoch, hinten 500 mm, und 1220 mm ist er tief. Das Gute an diesem Entwurf ist, daß man einen einzelnen Abschnitt bauen oder auch mehrere aneinanderfügen kann. Das Frühbeet hier hat drei Unterteilungen; die Materialangaben in der Liste sind für diese Größe berechnet.

Die Glasscheiben liegen lose auf, so daß sie bei der Arbeit nicht stören. Zur Belüftung kann man sie auch einfach ein Stückchen zurückschieben. Wenn man an den Pflanzen zu tun hat, entfernt man sie etwas mehr. Es besteht auch die Möglichkeit, sie vorne hochzuheben und zur Belüftung abgestützt offen zu lassen. Andererseits kann man sie ganz leicht nach vorne oder hinten rausziehen und wegstellen. Anstelle von Glas lassen sich auch durchsichtige Plastikbahnen verwenden; das ist zudem sicherer, wenn man Kinder hat, die im Garten spielen. In diesem Fall befestigt man die Fenster an der Rückseite mit Scharnieren. Dafür benötigt man an der Rückseite eine Holzleiste, 75 × 50 mm, auf der gleichen Höhe wie die Stützlatten.

Rahmenstruktur

Herstellung der Seitenwände

Der Basisrahmen wird um vier Seitenwände herum gebaut (bei einem Frühbeet mit drei Abteilungen); sie bilden auch den Anfang der Konstruktion. Als erstes schneidet man die vier Einzelteile zu, aus denen eine Seitenwand besteht; die oberen und unteren Leisten sowie die vorderen und hinteren Pfosten. Dafür verwendet man Weichholz, 50 × 50 mm, und gibt bei den Maßen jeweils mindestens 50 mm zu.

Man legt die untere Leiste hin und markiert in der Mitte einer Seite

Bohren 150
Schrauben 150
Schräges Nageln 151
Scharnier 152

ZUSAMMENBAU DES FRÜHBEETS

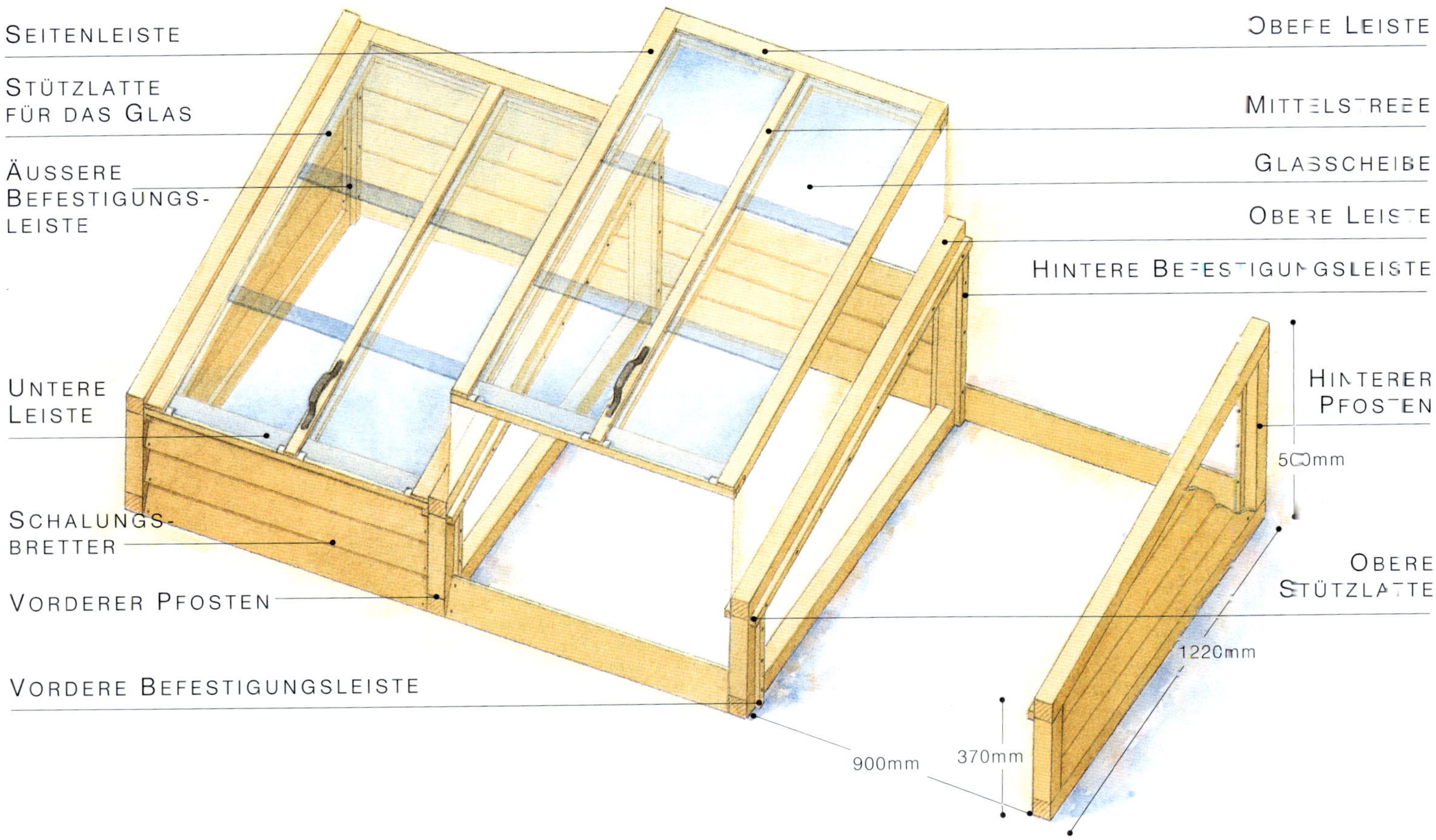

die endgültige Länge. An den entsprechenden Stellen werden dann die vorderen und hinteren Pfosten angelegt.

An den Pfosten markiert man die endgültige Höhe und legt dann entlang dieser Markierung die obere Leiste an (die richtige Pfostenhöhe ist dabei an der Außenkante). Nun kann man die richtigen Winkel, in denen die Pfosten oben abgeschnitten werden müssen, markieren. Danach schneidet man die Pfosten auf die richtige Länge.

Der Rahmen wird so zusammengenagelt, daß die Nägel schräg durch die untere und obere Leiste in die Pfosten gehen. Wenn der Rahmen fertiggestellt ist, überprüft man noch die rechten Winkel. Man schneidet die überstehenden Enden an den Leisten ab, so daß sie mit den Pfosten bündig abschließen. Auf diese Art stellt man die benötigte Anzahl an Einzelrahmen her – in unserem Fall sind es vier Stück.

STÜTZLATTEN UND BEFESTIGUNGSLEISTEN

Ein Reststück der 50 × 38 mm-Seitenlatten des Fensterrahmens legt man von der Oberkante der oberen Leiste 2 mm nach unten, um die Position der oberen Stützlatten festzulegen. Man braucht eine an jeder Seite des mittleren Rahmens und je eine für die Innenseiten der Außenrahmen. Man nagelt sie fest und sägt die Enden mit den vorderen und hinteren Pfosten bündig ab.

Wenn man die Schalung nicht über der ganzen Länge der Vorder- und Rückseite anbringt, muß man an die vorderen und hinteren Pfosten Befestigungsleisten nageln.

Man hält die Leisten so, daß man an den Enden den Winkel der oberen Stützlatten anzeichnen kann. Man schneidet die Leisten in diesem Winkel zu und schraubt sie so fest, daß sie mit den Innenkanten der vorderen und hinteren Pfosten bündig abschließen (siehe Abb. 1, S. 142). Die Enden der Leisten werden mit der Unterkante der unteren Leiste bündig abgesägt. Die Seitenleisten befestigt man an beiden Seiten der Unterteilungsrahmen, desgleichen an den Innenseiten der Außenrahmen. Zur Stützung der Schalung an den Außenseiten mißt man die innere Höhe der vorderen und hinteren Pfosten am Außenrahmen. In dieser Länge schneidet man Latten zu und befestigt sie an den Innenkanten der Außenrahmen (Abb. 2, S. 142).

FENSTERSCHEIBEN

Man schneidet zunächst alle Teile aus. Zu jedem Fensterrahmen gehören zwei Seiten, eine obere Leiste, eine untere Leiste und eine Mittelstrebe (Abb. 3).

Alle Verbindungen werden, wie angegeben, markiert (Abb. 3). Die Seiten sind an der oberen Leiste mit Eckküberplattungen angebracht (siehe Handwerkliche Techniken, Überplattung). Die untere Leiste wird so angebracht, daß sie von den Seitenteilen überlappt wird.

Die Mittelstrebe wird mit einer T-Überplattung an der oberen Leiste und mit einer Überlappungsverbindung an der unteren Seite befestigt. Dabei sitzt die Überlappung auf der unteren Leiste (Abb. 3).

Alle Verbindungen werden deutlich beschriftet, damit man sie beim Zusammenbau noch identifizieren kann. Anschließend werden sie alle geschnitten.

Herstellen der Fensterrahmen

Beginnend mit der Mittelstrebe werden alle Verbindungen an die obere und die untere Leiste geleimt. Man verwendet dafür einen wasserfesten Holzleim. Dann dreht man den Rahmen um, damit man ihn von der Unterseite verschrauben kann. Mit Hilfe eines Anschlagwinkels überprüft man, ob der Rahmen rechtwinklig ist. Mit Zwingen hält man den Rahmen zusammen, während man für jede der drei oberen Verbindungen zwei Löcher vorbohrt und ansenkt. Dann schraubt man die Verbindungen zusammen.

Die unteren Eckverbindungen werden mit je drei Schrauben befestigt. Man mißt die Mitte der unteren Leiste aus und schraubt die Mittelstrebe mit zwei Schrauben darauf fest.

Nun legt man den Rahmen auf eine ebene Fläche und prüft seine Rechtwinkligkeit, indem man die Diagonalen nachmißt. Dann nagelt man eine Versteifungsleiste quer über den Rahmen, damit er sich nicht verzieht, während der Leim trocknet. Überschüssiger Leim wird abgewischt.

Das ganze wiederholt man für alle benötigten Rahmen – in diesem Fall hier also dreimal.

Stützlatten für das Glas

Man schneidet aus Holz, 25 × 12 mm, vier Latten nach der Innenlänge des Fensterrahmens zu und nagelt sie bündig an der Unterseite des Rahmens an.

Dann schneidet man zwei Stükke mit dem Maß der lichten Weite oben zwischen den Seitenleisten zu. Man nagelt die Latten oben zwischen die Seitenlatten; die untere Kante schließt bündig mit der Unterseite des Rahmens ab.

Das gleiche wiederholt man für die anderen Rahmen.

Schalung

In diesem Fall hier wurde eine Wasserschlagschalung gewählt. Man kann aber in diesem Fall genausogut Planken oder Nut-und-Feder-Bretter nehmen.

Für die Seitenteile bemißt man die Schalung nach den Innenmaßen der Außenrahmen. Bei der Befestigung der Schalung beginnt man mit dem untersten Brett, das auf die Befestigungsleisten genagelt wird. Bei einer Wasserschlagschalung sollten die Bretter ca. 12 mm überlappen. Die Nägel an der Unterkante jedes Brettes gehen durch die Oberkante des darunterliegenden Brettes, damit sie auch wirklich fest halten. Man verwendet galvanisierte Rundkopfnägel. Die letzten Schalungsbretter müssen entsprechend der Neigung zugeschnitten werden.

Die vorderen und hinteren Schalungsbretter werden so zugeschnitten, daß sie zwischen die Trennrahmen passen und man die Fensterrahmen lose einsetzen kann. Man muß mit einberechnen, daß das Holz aufquillt, wenn es feucht wird. Zwischen den Trennrahmen und den Seitenteilen der Fensterrahmen muß ein Abstand von 2 mm bleiben, damit sich die Fenster leicht schieben lassen.

Die Schalungsbretter werden auf die vorderen und hinteren Befestigungsleisten genagelt; wie zuvor beginnt man dabei unten. Die beiden oberen Ecken der letzten Bretter müssen jeweils eingekerbt werden, damit die Bretter gut an die oberen Stützlatten passen.

Wenn man die Schalung vorne und hinten in einem Stück macht, braucht man keine Befestigungsleisten, sondern nagelt die Bretter direkt auf die vorderen und hinteren

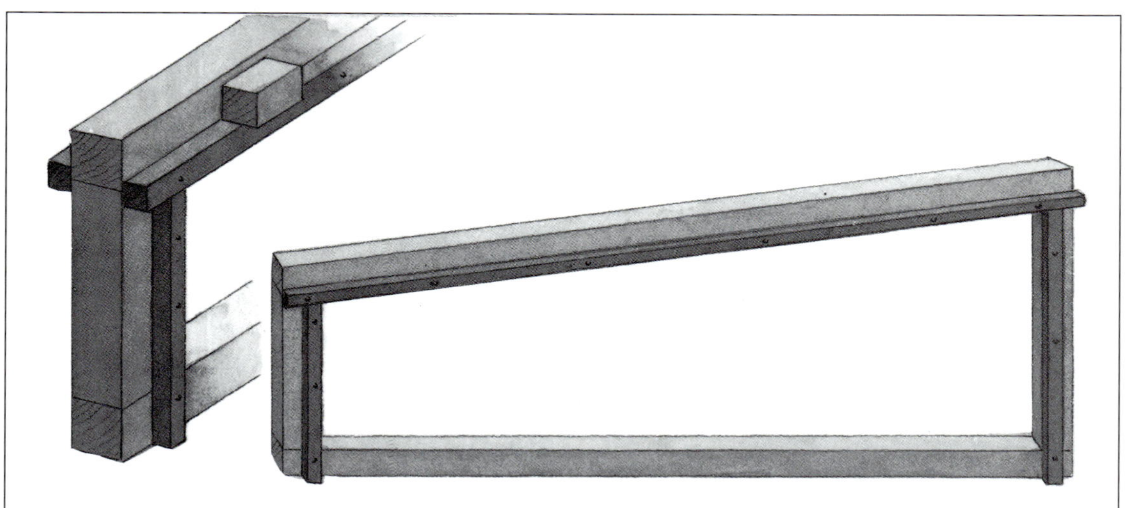

1 Einpassen der oberen Stützlatten und der seitlichen Befestigungsleisten

Links. **Der Ausschnitt zeigt den Abstandsblock 2 mm unterhalb der oberen Leiste zur Positionierung der oberen Stützlatten.** ***Unten.*** **Die obere Stützlatte verläuft über die ganze Länge der oberen Leiste; die seitlichen Befestigungsleisten schließen mit den Innenkanten der vorderen und hinteren Pfosten ab; oben sind sie abgeschrägt, damit sie unter die Stützlatten passen.**

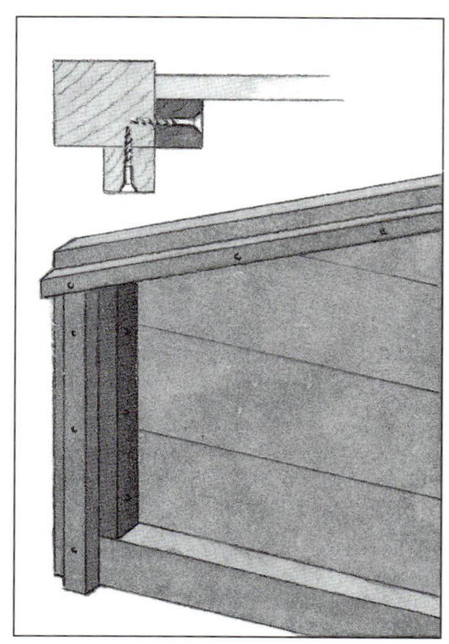

2 Befestigung der äußeren Leisten

Die Befestigungsleisten für die Außenplatten werden bündig angepaßt.

Bohren 150
Nageln 150
Schrauben 150
151
Befestigen 151
Scharnier 152
Scharnier einlassen 152
Überplattung 152

3 Herstellung der Fensterrahmen
Oben. **Seitenleisten und obere Leisten sind durch Ecküberplattung verbunden; mit einer T-Überplattung sitzt die Mittelstrebe an der oberen Leiste; die untere Leiste geht unter die Seitenleisten und die Mittelstrebe.** ***Unten.*** **Geleimt und geschraubt wird von der Unterseite; eine Versteifungsleiste hält den Rahmen rechtwinklig.**

Pfosten der Trennrahmen. Wenn die Bretter nicht lang genug sind, um über den ganzen Rahmen zu passen, verwendet man mehrere Bretter. Man läßt diese immer kurze Bretter. Man läßt diese immer in Pfostenmitte aneinanderstoßen, allerdings versetzt, so daß darüber und darunter immer ein durchgehendes Brett ist.

HOLZSCHUTZBEHANDLUNG UND FERTIGSTELLUNG

Der ganze Rahmen muß auf jeden Fall mit mindestens zwei Schichten klarem Schutzmittel oder Fäulnisschutzmittel gestrichen werden. Nach dem Trocknen kann man mit Mikropur- oder Außenlack darübergehen oder das Holz mit wasserabstoßender Schutzlasur versehen, wenn man auf die natürliche Holzstruktur Wert legt. Man sollte kein Steinkohlenkreosot oder irgendein Holzschutzmittel verwenden, das für die Pflanzen schädlich ist.

EINPASSEN DES GLASES, HANDGRIFFE UND SCHARNIERE

Man läßt sich das Glas so zuschneiden, daß es in den Rahmen paßt. Wir haben drei Scheiben für jede Seite schneiden lassen, wobei die obere Scheibe die untere jeweils überlappt. Die unterste Scheibe wird von kleinen Aluminiumclips gehalten, die in den unteren Fensterrahmen genagelt sind. Sie werden über die Glaskante nach hinten gebogen, so daß die Scheibe nicht herausgleiten kann. Alle Scheiben liegen auf den mit Mastix bestrichenen Stützlatten. Die Scheiben werden mit kleinen Nägeln, sogenannten Rahmenstiften, gehalten. Man nagelt sie waagrecht in die Seitenleisten, so daß sie das Glas nach unten drücken. Die Unterkanten der überlappenden Glasscheiben stoßen gegen zwei Rahmenstifte, damit die Scheiben nicht nach unten wegrutschen können.

An Stelle von Glas kann man die Fenster auch mit durchsichtigen Plastikbahnen versehen. Das ist billiger und wesentlich sicherer. Am besten eignet sich eine Gartenbaufolie, die das Wachstum der Pflanzen anregt, außerdem vergilbt und reißt sie nicht so schnell. Auf keinen Fall darf man Plastik mit UV-Hemmer nehmen, denn dann wird in dem Frühbeet überhaupt nichts wachsen.

Damit man die Fenster zum Lüften oder zur Pflanzenpflege leichter anheben kann, schraubt man unten an die Mittelstrebe einen Handgriff.

Wenn man die Fenster nicht befestigt, kann man sie vorne hochheben und mit einem Pflock darunter offen stehen lassen. Man kann sie dann auch nach vorne und nach hinten schieben, so daß man einen guten Zugang zum Beet hat.

Eine andere Möglichkeit besteht darin, die Fenster hinten mit einem Scharnier zu versehen. Besonders praktisch ist das bei Plastikscheiben, die den ganzen Rahmen sowieso leichter machen. Man schneidet ein Holz, 75 × 50 mm, in der Gesamtrahmenlänge zu. Die Oberkante wird abgeschrägt, so daß man die Rahmen über 90° kippen kann (man lehnt sie dann hinten an eine Mauer oder einen Zaun). Diese Leiste schraubt man in gleicher Höhe wie die oberen Stützlatten an die hinteren Pfosten. Dann schraubt man die Scharniere an die rückwärtigen Kanten der Fensterrahmen und oben auf die abgeschrägte Leiste (siehe Handwerkliche Techniken).

Aus einem Stück Holz, 150 × 100 × 50 mm, macht man eine einfache Belüftungsstütze. Alle 25 mm kerbt man kleine Stufen ein, so daß man die Größe der Belüftungsöffnungen wählen kann. Statt dessen kann man auch eine Hebelstütze anbringen, die den Rahmen teilweise offen hält. Man befestigt diese Stütze unten an der Mittelstrebe. Wenn man sie nicht braucht, wird sie von einer Klemmfeder zur Seite gehalten.

Wenn man Plastikscheiben und Scharniere an der Rückseite hat, befestigt man an der Vorderkante Haken und Ösen, damit man den Rahmen bei Wind fest geschlossen halten kann.

Das Frühbeet wird an einem sonnigen Ort direkt auf den Boden gestellt. Man kann es auch auf eine Reihe halb eingegrabener Ziegel stellen, um das Holz vor Feuchtigkeit zu schützen.

4 Stützlatten für das Glas
Die Seitenlatten werden nach den Rahmeninnenmaßen zugeschnitten; die oberen Latten müssen in der Länge zwischen die Seitenlatten passen.

Werkzeuge, Materialien und handwerkliche Techniken: Werkzeuge

Werkzeuge zur Vorbereitung

Schraubstock und Anschlag Der Schraubstock wird an der Unterseite der Werkbank so angebracht, daß die Backen bündig mit der Oberseite sind. Zum Schutz des Werkstücks und der verwendeten Werkzeuge legt man in die Backen Hartholzstücke ein. Einige Schraubstöcke sind mit einem kleinen Stahlstift ausgerüstet, der über die normale Backenhöhe hochgeschoben werden kann. Zusammen mit dem Anschlag am oberen Ende der Werkbank kann man damit sperrige Holzstücke in der erforderlichen Position festklammern.

Bohrständer Man benötigt einen Bohrständer für Arbeiten, bei denen es auf größtmögliche Präzision ankommt, etwa bei Dübelverbindungen. Das Loch wird genau senkrecht zur Oberfläche gebohrt, außerdem kann man die Bohrtiefe exakt einstellen. Der Bohrer wird mit einem Handgriff, der unter Federdruck steht, auf das Werkstück gesenkt, was ein ganz genaues Arbeiten ermöglicht.

Schmiege Mit diesem verstellbaren Anschlagwinkel kann man jeden beliebigen Winkel auf Holz markieren.

Streichmaß Damit reißt man eine benötigte Breite oder Stärke an. Das Streichmaß besteht aus einem Griff, auf dem sich ein Block mit einer Stahlreißnadel verschieben läßt. Das Werkzeug kann auf einem exakten Punkt festgestellt werden.

Zapfenstreichmaß Ähnlich wie ein Streichmaß, nur mit zwei Spitzen, einer festen und einer beweglichen. Man markiert damit gleichzeitig beide Seiten des Schlitzes bei Verzapfungen

Reißmesser Zum Anreißen einer dünnen Linie für ein exaktes Ansetzen von Stemmeisen oder Säge.

Schneidlade Der einfache, oben und an den Querseiten offene Holzkasten gibt eine genaue Führung, um 45°- oder 90°-Winkel in Materialien zu sägen.

Senkblei und Kreide Hiermit überprüft oder markiert man senkrechte Linien an Wänden. Das Senkblei ist einfach ein Gewicht mit einer Spitze an einem langen Stück Schnur. Reibt man die Schnur mit farbiger Kreide ein und drückt man sie nach dem Auspendeln an die Wand, hinterläßt sie an dieser einen Abdruck.

Tragbare Werkbank Für Holzarbeiten ist eine zusammenklappbare, tragbare Werkbank fast unentbehrlich. Sie ist leicht, und man kann an Ort und Stelle auf einer stabilen Arbeitsfläche hantieren. Eine tragbare Werkbank ist wie ein riesiger Schraubstock: Die Arbeitsfläche besteht aus zwei Teilen, die man je nach Größe des Werkstücks und der Art der Arbeit mehr oder weniger weit öffnen kann.

Wasserwaage Dient zur Überprüfung senkrechter und waagrechter Oberflächen. Am vielseitigsten einsetzbar ist eine 1000 mm lange Waage. Eine Aluminium- oder Metallwaage ist stoßfest. Für Arbeiten auf engem Raum nimmt man eine kleine, 250 mm lange Wasserwaage. Zusammen mit einem Richtscheit läßt sie sich auch für große Flächen einsetzen.

Metallbandmaß Ein drei oder fünf Meter langes, feststellbares Bandmaß (aus Metall oder Plastik) ist am besten.

Metallineal Bei einem Metallineal nutzt sich die Graduierung nicht ab, außerdem kann man sehr genau damit arbeiten. Das Lineal ist auch ein genaues Richtscheit, um Schneidelinien zu markieren.

Richtscheit Man kann sich dieses Hilfsmittel aus dem Reststück einer Holzlatte mit den Maßen 50 × 25 mm selbst herstellen. Es wird zusammen mit der Wasserwaage verwendet, um zu überprüfen, ob eine Oberfläche eben ist oder Punkte auf einer Linie liegen.

Anschlagwinkel Das L-förmige Präzisionswerkzeug besteht aus einem Stahlblatt und einem Griff, die an der Außen- und Innenkante im exakten rechten Winkel zueinander stehen.

Kombinationswinkelmeßgerät Ein vielseitiges Meß- und Markierungswerkzeug, bestehend aus einem Metallineal, einem Anschagwinkel, einem Gehrungswinkel und einer Wasserwaage.

Werkzeuge zum Schärfen und Schneiden

Stemmeisen Man verwendet das Werkzeug, um Nuten oder Kerben in Holz zu stemmen oder um dünne Späne abzuschälen. Das Nuten geschieht in Verbindung mit einem Holzhammer. Bei einem neuen Stemmeisen ist die Schneidefläche noch stumpf und muß vor dem Gebrauch mit Ölstein geschliffen werden, damit sie scharf wird.

Lochbeitel Wird für tiefe Schlitze verwendet.
Stechbeitel kann man bei allen Heimwerkerarbeiten gebrauchen.
Abstechbeitel Benutzt man zum Unterschneiden auf engem Raum.
Balleneisen Hat eine lange Klinge, um tiefe Schlitze oder lange Nuten zu schneiden.

Bohrlehre Man klemmt die Bohrlehre auf ein Arbeitsstück, um zu gewährleisten, daß die Bohrung genau in die Mitte der gewünschten Stelle geht.

Bohrmaschinen

Handbohrer Vor allem in Holz bohrt man mit ihm Löcher für Schrauben vor oder stellt große Löcher her. Man kann auch Metall durchbohren. Sinnvoll ist der Einsatz überall da, wo es keinen Strom gibt.

Elektrische Bohrmaschine Die Ausführungen sind unterschiedlich: einfache Geräte haben nur einen Gang (damit kann man nur in weiche Materialien bohren), aufwendigere Maschinen gibt es mit mehreren Gängen und Vollwellen-Elektronik. Die meisten Arbeiten lassen sich mit einer zweigängigen Schlagbohrmaschine durchführen.

Bohrer

Man benötigt Bohrer in verschiedenen Größen und Funktionen für die Bohrmaschine.
Spiralbohrer Hat einen konisch zulaufenden, rechteckigen Schaft, um ihn in einer Bohrwinde befestigen zu können. Man bohrt damit tiefe Löcher in Holz, normalerweise bis zu 250 mm. Spiralbohrer gibt es in Durchmessern von 4 mm bis 38 mm.
Versenker Nachdem das Loch bereits ins Holz gebohrt ist, setzt man den Versenker an, um eine Vertiefung für den Schraubkopf zu schaffen. Es gibt verschiedene Ausführungen für die Bohrwinde wie für die elektrische Bohrmaschine.
Holzbohrer Mit ihm bohrt man Dübellöcher. Er hat zwei Schneidspuren und eine Spitze, damit der Bohrer nicht verrutscht.
Scharnierlochbohrer und Zylinderfräser Der Scharnierlochbohrer wird in erster Linie dafür verwendet, um flache Löcher für die Scharniernaben bei versteckten Scharnieren zu bohren. Den Zylinderfräser benutzt man bei elektrischen Bohrmaschinen, am besten im Bohrständer.
Flachfräsbohrer Wird in der Bohrmaschine verwendet. Damit er voll wirksam ist, muß er mit hoher Geschwindigkeit gedreht werden (1000 bis 2000 U. p. M.). Er bohrt quer zur Maserung in Astlöcher und verleimte Bretter.
Steinbohrer Er hat eine spezialgehärtete Wolfram-Karbid-Spitze, mit der man in Mauerwerk genau in der Größe bohrt, die man für einen Dübel braucht.
Zylinderbohrer Für kleine Löcher in Holz oder Metall, die mit der elektrischen Bohrmaschine hergestellt werden.

Motorhobel Mit diesem elektrischen Handhobel schneidet man Nuten, Vertiefungen und viele Arten von Holzverbindungen und formt die Kanten langer Holzlatten.

Sägen

Handkreissäge Sie wird verwendet, um große Holzplatten oder -bretter sowie Nuten und Winkel zu schneiden. Die gebräuchlichste Größe hat einen Durchmesser von 184 mm. Kreissägen sind äußerst gefährlich, und man muß sehr vorsichtig mit ihnen umgehen. Das Werkstück liegt auf Reststükken von Holzlatten und muß gut festgehalten werden. Das Sägeblatt wird auf die richtige Schnittiefe eingestellt. Das Gerät sollte oben und unten eine Schutzhaube besitzen.

Laubsäge Man führt damit gebogene oder runde Schnitte aus. Das schmale Sägeblatt ist drehbar. Beim Schneiden kann man das Blatt so schräg einlegen, daß der Rahmen nicht an das Werkstück stößt.

Metallsäge Man schneidet damit Metall. Eine traditionelle Metallsäge hat einen Holzgriff und einen soliden Metallrahmen. Das Sägeblatt wird mit einer Flügelschraube gespannt. Moderne Metallsägen haben einen Rohrrahmen, den man auf verschieden lange Sägeblätter einstellen kann.

Dekupiersäge Vielseitiger verwendbar als eine Kreissäge, allerdings nicht so schnell und kraftvoll. Mit ihr schneidet man Bögen, komplizierte Formen, Winkel und Löcher in viele verschiedene Materialien. Die besseren Maschinen haben unterschiedliche Geschwindigkeiten.

Stichsäge Mit dem schmalen, spitz zulaufenden Sägeblatt schneidet man Löcher und Formen in Holz. Man bohrt ein Loch und setzt dann die Säge zum Schneiden an.

Bügelsäge Eine Handsäge, mit der man grobe Tischlerarbeiten ausführt. Das auswechselbare Sägeblatt ist 510–660 mm lang.

Feinsäge Zum Schneiden der Zapfen bei einer Zapfenverbindung und für andere feine Arbeiten. Die Rückseite des 250–300 mm langen Sägeblattes ist verstärkt.

Reibeisen Eine grobe, entweder flache oder halbrund gebogene Feile zur Holzbearbeitung.

Raspeln Die Raspeln in verschiedenen Längen zwischen 150 und 250 mm werden zur groben Holzbearbeitung eingesetzt. Das Stahlblatt besteht aus kleinen Zähnen und Löchern, durch die das abgefeilte Holz fallen kann. Dadurch verklumpen die Zähne nicht.

Handwerkzeuge

Schleifpapier siehe Schleifklotz

Zwingen

Mit den Zwingen hält man verleimte Werkstücke fest, bis der Leim getrocknet ist. Unter den vielen verschiedenen Arten von Zwingen ist die Schnellspannzwinge am universellsten einzusetzen. Man erhält sie mit unterschiedlich großen Spannbacken.

Schnellspannzwinge Bei allen hier vorgestellten Arbeiten braucht man Zwingen, die sich mindestens 200 mm öffnen lassen. Das bearbeitete Holz wird zwischen die Spannbacken gelegt, die man dann mit einer Flügelschraube, einem Knebel- oder irgendeiner anderen Art von Griff festzieht. Bei der Schnellspannzwinge sitzt eine Spannbacke beweglich auf einer Schiene. Nachdem man diese Backe entsprechend dem Werkstück eingestellt hat, wird sie durch Drehen am Griff gespannt. Zwischen Spannbacken und Werkstück legt man zum Schutz vor Druckstellen Holzscheiben ein.

Kantenzwingen Sie haben eine lange Metallschiene und sind unerläßlich, wenn man große Rahmenteile zusammenhalten will. Manchmal kann man sich allerdings auch mit einem Stück Schnur behelfen, das um das Werkstück geschlungen und dann mit Hilfe eines Stöckchens festgezurrt wird.

Spannband Das Material, aus dem das Band besteht, ist in etwa das gleiche wie das von Sicherheitsgurten. Man schlingt das Band um das Werkstück und zieht es zunächst von Hand so fest wie möglich an. Die letztendliche Spannung erhält man durch einen Schraubmechanismus oder eine Ratschwinde.

Hämmer

Klauenhammer Mit ihm kann man Nägel schnell und sauber aus einem Werkstück ziehen.

Tischlerhammer Der eine Teil des Hammerkopfes ist abgeflacht. Damit beginnt man beim Einschlagen von dünnen Stiften und Reißnägeln. Diesen Hammer gibt es je nach Art des Einsatzes in unterschiedlichen Größen.

Heftmaschine Mit diesem Werkzeug heftet man durch Knopfdruck Oberflächenmaterialien wie Gewebe, Holzfaserplatten oder dünnes Holz mit Heftklammern an Holzlatten. Gegenüber der herkömmlichen Methode, Stifte mit dem Hammer einzuschlagen, hat der Tacker den Vorteil, daß man ihn einhändig bedienen kann.

Holzhammer Man verwendet ihn am häufigsten dazu, ein Stemmeisen ins Holz zu treiben. Wenn das Stemmeisen allerdings einen druckunempfindlichen Stiel hat, kann man auch einen normalen Hammer verwenden. Durch den verjüngten Hammerkopf trifft man beim Schlagen immer rechtwinklig auf den Gegenstand.

Versenker Verwendet man zusammen mit einem Hammer, um Nägel oder Stifte unter die Oberfläche zu schlagen, damit man sie nicht mehr sieht und die Löcher verspachtelt werden können.

Tellerschleifer Verleiht dem Holz eine feine, glatte Oberfläche. Auf der Tellerscheibe wird Schleifpapier befestigt. Je nach der zu bearbeitenden Oberfläche verwendet man unterschiedliches Schleifpapier; man erhält es in verschiedenen Körnungen, von ganz fein bis grob. Tellerschleifer erzeugen sehr viel Staub; man sollte daher bei der Arbeit einen Mundschutz tragen.

Pinsel Zum Streichen und Lackieren schafft man sich am besten drei verschieden große Pinsel an: 25 mm, 50 mm und 75 mm. Die Pinselgröße sollte immer der Oberfläche entsprechend gewählt werden, d. h. ein kleiner Pinsel für kleine Werkstücke, ein großer für flächiges Arbeiten.

Hobel

Einhandhobel Man hält den Hobel in der Handfläche und verwendet ihn für kleine Arbeiten. Er eignet sich auch gut, um Kanten zu brechen und Schnittstellen glatt zu hobeln.

Rauhbank Ein vielseitig verwendbares Werkzeug mit einer langen Auflagefläche, mit dem man auch lange Kanten begradigen kann.

Motorhobel Damit kann man Hölzer genau auf die richtigen Maße zuhobeln. Das Einhandmodell ist leicht und kann überall verwendet werden. Der schwerere Zweihandhobel ist für die Benutzung auf der Werkbank gedacht. Mit dem Motorhobel lassen sich auch Schrägen und Fugen schneiden.

Bankhobel Ein vielseitig verwendbares Handgerät zum Glätten und Begradigen von Oberflächen und Kanten. Der Hobel ist etwa 250 mm lang und das Messer 50–60 mm breit. Je breiter das Messer, um so besser lassen sich breite Holzteile bearbeiten. Es gibt eine Feineinstellung für die Hobeltiefe und einen Hebel für die seitliche Führung.

Schleifklotz und Schleifpapier Einen Schleifklotz verwendet man zusammen mit Schleifpapier, um ebene Oberflächen zu überarbeiten und zu glätten. Der Klotz besteht aus Kork, Gummi oder Weichholz; das Schleifpapier wird um ihn herumgewickelt. Dabei muß man darauf achten, daß keine Falten im Papier sind. Grobes Papier verwendet man für rauhe Oberflächen; feines Papier nimmt man zum abschließenden Glätten.

Schraubenzieher Gibt es in vielen Größen und Formen. Man unterscheidet grundsätzlich nach der Art der Spitze (für Schlitzschrauben oder Kreuzschrauben), der Länge und der Form des Griffs – es gibt gerade, kannelierte und birnenförmige.

Am besten hat man eine ganze Reihe verschiedener Schraubenzieher für alle Schraubengrößen zur Verfügung. Einfach in der Handhabung sind Schraubenzieher mit einer Ratsche; man braucht den Griff nicht loszulassen, um zum Ausgangspunkt zurückzukommen.

Schraubenschlüssel Zum Festziehen von Sechskantschrauben; jede Art, die um den Schraubenkopf paßt, ist geeignet. Wenn man keinen Klauenschlüssel oder Ringschlüssel in der passenden Größe bekommt, kann man auch einen verstellbaren Schraubenschlüssel verwenden.

MATERIALIEN

NUTZHOLZ UND BRETTER

Nutzholz Man unterscheidet zwischen Weichholz und Hartholz. Weichholz stammt von immergrünen Bäumen, Hartholz von Laubbäumen. Vor dem Kauf überprüft man das Holz auf Fehler. Holz mit groben Rissen und Splittern sollte man nicht nehmen. Kleine Oberflächenrisse spielen keine Rolle, da man sie glatthobeln oder -schleifen und ausspachteln kann. Mit verzogenem Holz kann man nicht arbeiten. Wenn man an der Längskante eines Holzstückes entlangschaut, erkennt man an eventuellen Krümmungen oder Drehungen, ob es verzogen ist.

Im Freien verwendetes Holz muß gegen Verrottung und Insektenbefall geschützt werden. Man kann bereits behandeltes Holz kaufen, allerdings ist es teuer und auch nicht überall zu haben. Unbehandeltes Holz muß man so schnell wie möglich mit einem der hier vorgestellten Anstrichmittel behandeln. Besonders sorgfältig sollten Schnittstellen und Pfosten, die in den Boden versenkt werden, eingelassen werden – ein doppelter Anstrich hat sich hier sehr bewährt.

Weichholz Meist spricht man von Kiefernholz, obwohl es von ganz verschiedenen Bäumen stammt. Weichholz ist wesentlich günstiger als Hartholz und wird für alle Arbeiten verwendet. Man erhält es in einer Reihe von Standardgrößen. Von 1,8 m an steigt die Länge in Intervallen von 30 cm bis zu 6,3 m. Die Standardstärke reicht von 12 mm bis zu 75 mm, die Breite von 25 mm bis zu 225 mm. Die Standardholzmaße beziehen sich immer auf geschnittenes Holz, d. h. so wie es vom Sägewerk kommt. Für die meisten Arbeiten in diesem Buch kann man geschnittenes Holz verwenden. Wenn man jedoch eine glatte Oberfläche braucht, weil es auf Aussehen und genaues Arbeiten ankommt, verwendet man gehobeltes Holz. Auch gehobeltes Holz ist im Fachhandel erhältlich. Es ist ungefähr 5 mm schwächer und schmaler als angegeben.

Hartholz Hartholz ist teuer und nicht so leicht zu bekommen. Möglicherweise muß man es bestellen oder beim Holzfachhandel kaufen. Auf vielen Holzplätzen bekommt man das Hartholz exakt nach den eigenen Maßangaben zugeschnitten.

Bretter Bereits fertig zugeschnittene Bretter bekommt man aus Holz und anderen Materialien. Sie sind ein vielseitig verwendbarer, relativ billiger Werkstoff von einheitlicher Qualität, den man in vielen Größen kaufen kann. Man muß die Vorteile der einzelnen Bretterarten kennen, um die richtige Entscheidung treffen zu können.

Sperrholz Dünne Holzfurniere werden in Lagen verleimt. Die Maserung der einzelnen Schichten verläuft immer rechtwinklig zueinander. Dadurch wird das Sperrholz stark und verzieht sich nicht so leicht. Die gebräuchlichsten Platten haben drei, fünf oder sieben Schichten. Sperrholz wird nach Qualität eingeteilt: A bedeutet beste Qualität, B ist durchschnittlich und BB eignet sich nur für grobe Arbeiten. Standardmaße für die Stärke sind 3 mm, 6 mm, 12 mm und 19 mm. Für den Gebrauch im Freien nimmt man wetter- und wasserfest verleimtes Sperrholz.

Stäbchenplatten Naturholzstreifen werden zwischen Furnierschichten eingelegt. Für das Furnier wird meist entweder fernöstliches Rotholz oder gewöhnliches Birkenholz verwendet. Birke ist zwar etwas teurer als Rotholz, dafür aber von wesentlich besserer Qualität. Stäbchenplatten sind beanspruchbar, doch ergeben sich beim Sägen oftmals häßliche Kanten, an denen es dann schwierig ist, Befestigungen anzubringen. Die Qualitätseinteilungen sind die gleichen wie bei Sperrholz; am gebräuchlichsten sind 12 mm, 19 mm und 25 mm starke Platten.

Nut-und-Feder-Schalung Wird vor allem zum Verkleiden von Rahmengestellen verwendet. Die Bretter haben auf der einen Seite eine Feder und auf der anderen eine Nut. Die Feder paßt in die Nut des anschließenden Brettes. Die Verbindung dehnt sich je nach Temperatur und Feuchtigkeit aus oder zieht sich zusammen, ohne daß zwischen den Brettern Fugen entstehen. Für die Verwendung im Freien braucht man wetterfeste Bretter.

Wasserschlagschalung Die Bretter haben eine dicke und eine dünne Kante. Wenn man sie anbringt, lappt die dicke Kante des einen Bretts über die dünne des anderen.

KLEB- UND FÜLLSTOFFE

Klebstoffe Moderne Kleber sind stark und wirksam. Wenn sie nicht halten, liegt das daran, daß man den falschen Kleber verwendet oder die Herstellerhinweise nicht genau beachtet hat. Für Holzarbeiten im Freien verwendet man entweder einen Kunstharzleim, der mit Wasser gemischt wird (er hat Spachteleigenschaften und eignet sich gut dafür, nicht ganz exakt geschnittene Verbindungen auszugleichen), oder einen Zweikomponenten-Harzleim, der getrennt auf die zu verbindenden Teile aufgetragen wird.

Füllstoffe Für Außenarbeiten nimmt man immer wetterfeste Spachtelmasse, die aufgrund ihrer speziellen Zusammensetzung natürliche Bewegungen der Spalten und Löcher durch Witterungsveränderungen ausgleicht.

Wenn das Holz farbig gestrichen werden soll, nimmt man einen wetterfesten Zellulosefüllstoff. Er trocknet weiß und bleibt unter jeder anderen Form von Anstrich sichtbar. Wenn die Spachtelmasse unsichtbar sein soll, füllt man die Ritzen und Löcher mit einem Markenholzfüller. Diese dicken Pasten gibt es in einer ganzen Reihe von Holztönen. Sie lassen sich auch untereinander oder mit Holzlasur mischen, wenn man die benötigte Farbe nicht erhält. Man wählt die Farbe etwas heller als das Holz, da die Füllstoffe unter dem Anstrich meist etwas nachdunkeln. An einem Stückchen Restholz kann man die richtige Tönung ausprobieren.

OBERFLÄCHENBEHANDLUNG

Die Art der Oberflächenbehandlung richtet sich danach, ob das Holz oder die Bretter sichtbar bleiben, farbig gestrichen oder mit einem klaren Anstrich geschützt werden.

Farbe Für Holz eignet sich flüssige Hochglanzfarbe (auf Ölbasis), die man auf eine Schicht Vorstreichfarbe aufträgt. Ganz allgemein gilt: Zwei dünne Farbschichten sind besser als eine dicke. Eine Alternative dazu ist tropffreie Farbe. Sie hat eine geleeartige Konsistenz und kann ohne Vorstreichfarbe verwendet werden. Ein zweiter Anstrich mag aber für eine qualitätvolle Oberflächenbehandlung durchaus notwendig sein. Wenn man die Farbe aufsprühen will, muß sie flüssig sein.
Mikropur-Farbe Sie wird direkt auf das Holz ohne Grundierschicht oder Vorstreichfarbe aufgetragen. Die Farbschicht blättert nicht ab und wirft keine Bläschen, denn die spezielle Zusammensetzung läßt Feuchtigkeit entweichen. Streicht man die Mikropur-Farbe allerdings über eine alte Farbschicht, verliert sie ihre besonderen Eigenschaften.

Schutzanstrich (Lasur) Ein noch nicht behandeltes Holz, das auch keine schmückende Oberflächenbehandlung erhalten soll, muß in jedem Fall mit einem Holzschutzmittel eingelassen werden. Die modernen Schutzmittel auf Wasserbasis sind für Pflanzen nicht giftig. Man erhält sie farblos, grün und in einer Anzahl natürlicher Holztöne. Das Schutzmittel dringt gut in das Holz ein und bewahrt es vor Verrottung und Insektenbefall.

Lack Für die Verwendung im Freien braucht man immer einen wetterfesten Lack (ist als solcher ausgezeichnet) oder Schiffslack. Es gibt ihn in Hochglanz, Seidenmatt oder Matt, sowohl farblos wie auch in vielen Farbtönen. Man kann dem Holz also eine andere Farbe geben und es gleichzeitig schützen. Da die Farbe nicht in das Holz eindringt, kommt bei Kratzern die ursprüngliche Tönung durch. Mit Holzbeize verändert man die Farbe von Holz. Sie dringt in das Holz ein, schützt es aber nicht, so daß man zusätzlich einen Lack braucht.

BETON

Beton Man mischt Portland-Zement und Ballast (eine Mischung aus Sand und Zusätzen) mit Wasser. Die übliche Mischung für Wege und Fundamente besteht aus einem Teil Zement und vier Teilen Ballast. Man bekommt Beton zwar auch als Fertigmischung in Säcken, doch ist das nur bei kleinen Mengen sinnvoll. Beton von Hand zu mischen, ist sehr mühsam. Man leiht sich daher besser einen kleinen elektrischen Mischer.

Vorfabrizierte Betonbodenplatten Man erhält sie in verschiedenen Formen und Größen; am gebräuchlichsten sind 450 mm^2. Größere Platten sind schwierig zu handhaben. Die Auswahl an Farben ist beschränkt, die Oberflächen sind glatt, gemustert oder strukturiert. Die übliche Stärke liegt zwischen 35 mm und 40 mm.

Ziegel und Mörtel Siehe Handwerkliche Techniken: Maurerarbeiten.

TRENNWÄNDE

Zäune Man benötigt sie in erster Linie, um Grenzen zu markieren und eine abgeschlossene Privatsphäre zu schaffen. Folgende Formen sind besonders beliebt:
Bretterzaun Ein solider, sicherer Zaun, der sich in jeder beliebigen Höhe herstellen läßt. Eine Wasserschlagschalung wird senkrecht auf waagrechte, kantige Leisten genagelt, die wiederum an festen Holz- oder Betonpfosten befestigt sind.
Geschuppte Schalung Fertigteile aus Lärchen- oder Kiefernholzbrettern, die waagrecht überlappen. Normalerweise sind die Teile 1800 mm breit und 600–1800 mm hoch; sie werden an Holz- oder Betonpfosten befestigt.
Lattenzaun Senkrechte Holzlatten werden alle 50 mm auf kantige Leisten genagelt, die an Holzpfosten befestigt sind. Die Pfähle können an den Enden verziert oder angespitzt sein. Die Höhe ist unterschiedlich; am gebräuchlichsten sind 900 mm. Diese Art Zaun verwendet man vor allem für Vorgärten.
Ländlicher Zaun Holzriegel werden waagrecht in Abständen an Holzpfosten genagelt. Ein Zaun mit zwei Riegeln ist normalerweise etwa 1000 mm hoch, einer mit vier Riegeln etwa 1300 mm.
Maschendrahtzaun Ein sicherer, 900 bis 3600 mm hoher Zahn. Das Metallnetzwerk ist entweder verzinkt oder plastiküberzogen. Die Pfosten sind aus Eisen oder Beton.
Plastikdraht Schmuckzaun, den man normalerweise zur Umrandung eines Fischteichs oder eines Kräutergartens verwendet. Der Zaun kann direkt im Boden verankert werden; wenn er über 600 mm hoch ist, sollte man ihn an Pfosten befestigen. Man bekommt ihn von der Rolle und kann ihn in der benötigten Länge zuschneiden.

Pfahlzaun Haselnuß-, Birken- oder Kastanienpfähle bekommt man im Garten-Center. Sie sind zwischen 50 und 125 mm dick. Die dickeren benötigt man für die senkrechten Pfähle und die Träger, die dünneren für die Querstreben. An den Pfählen befindet sich noch Rinde, die sich mit der Zeit ablöst.

Spaliere Quadratspaliere erhält man in Höhen zwischen 600 und 1220 mm, jeweils 1800 mm lang. Die einzelnen Quadrate haben eine Seitenlänge von etwa 150 mm. Die Spaliere sind aus Hartholzleisten hergestellt. Rautenspaliere gibt es 300–1220 mm hoch und 1800 mm lang.

BEFESTIGUNGEN

Die Wahl der Befestigung hängt von der Größe und dem Gewicht des jeweiligen Materials ab.

Nägel Verwendet man ganz allgemein für alle Rahmenkonstruktionen.
Breitkopfstifte Diese Nägel mit großen, flachen Rundköpfen nimmt man für feste Verbindungen, bei denen die Rahmenkonstruktionen überdeckt werden, so daß man die unschönen Nägel nicht sieht.
Kammnägel Für ausgesprochen starke Befestigungen.
Tapeziernägel Werden dann verwendet, wenn die äußere Erscheinung wichtig ist.
Drahtstifte Damit befestigt man dünne Platten. Die unauffälligen Köpfe können bündig auf die Oberfläche geklopft oder auch versenkt werden.
Maurernägel Als Alternative zu Schrauben und Dübeln kann man damit Holzlatten an Wänden befestigen.

Schrauben Alle Arten von Schrauben bekommt man mit den herkömmlichen Schlitzen oder auch als Kreuzschrauben. Wenn man einen elektrischen Schraubendreher verwendet, nimmt man am besten Kreuzschrauben.

Schrauben mit Versenkköpfen haben einen weiten Anwendungsbereich, da sie mit der Oberfläche bündig abschließen. Mit Rundkopfschrauben befestigt man Metallbeschläge wie etwa Türbolzen mit zumeist ausgestanzten Schraublöchern. Linsenkopfschrauben verwendet man da, wo es auf eine ordentliche äußere Erscheinung ankommt.
Holzschrauben Sie haben hinter dem Kopf ein Stück glatten Schaft. Sie halten dadurch sehr fest, aber es besteht auch die Gefahr, daß der gewindelose Teil des Schafts das Holz reißen läßt.
Bohrschrauben Bei diesen Schrauben ist das Splittern des Holzes seltener als bei den Holzschrauben. Außer bei sehr langen Schrauben geht das Gewinde über den ganzen Schaft, wodurch sie gut greifen.
Sechskantschrauben Für sehr haltbare Befestigungen bei schweren Rahmenkonstruktionen. Die Schraubenköpfe sind entweder vier- oder sechseckig und werden mit dem Schraubenschlüssel angezogen. Man legt eine Beilagscheibe unter, damit der Schraubenkopf nicht ins Holz einschneidet.

Wanddübel Mit dem Steinbohrer bohrt man ein Loch in der Größe der Schraube (ein Bohrer, 10 mm ∅, für eine Schraube, 10 mm ∅, beispielsweise). Man drückt den Dübel in das Loch und schraubt dann durch das jeweilige Werkstück die Schraube in den Dübel hinein.

Kippdübel Ähnlich wie ein Wanddübel, nur daß Schraube und Dübel bereits eine Einheit bilden. Man muß ein wesentlich größeres Loch bohren – meist von 10 mm Durchmesser. Die Kippvorrichtung geht auseinander, wenn man die Schraube anzieht.

Hochbelastungsdübel Wenn man die Schraube im Innern anzieht, dehnt sich ein Teil des Dübels aus. Er faßt sehr gut in Beton, Ziegel oder Stein. Es gibt verschiedene Längen und Größen; manche sind mit einem Haken oder einer Öse versehen. Die meisten Schrauben sind verzinkt, es gibt aber auch welche aus einer Aluminium-Bronze-Legierung, die korrosionsfester sind.

Winkel Zur Verstärkung von geleimten Holzverbindungen. Man bekommt sie 6–22 mm tief und 22–30 mm lang.

Krampen Damit kann man schnell und einfach Plastikdrahtzaun an Holzpfosten anbringen.

Latte oder Leiste Allgemeine Begriffe für ein schmales, längliches Stück Holz. Die gebräuchlichsten Größen sind 25 × 25 mm oder 50 × 25 mm.

Man kann die Leisten an die Wand schrauben und sie als Träger für Regalbretter verwenden, oder man baut aus ihnen einen Rahmen an der Wand, verkleidet diesen mit Platten oder Brettern und erhält auf diese Art eine »neue« Wand.

Holzdübel Mit ihnen hält man Holzrahmenkonstruktionen zusammen oder setzt Bretter Kante an Kante bzw. Kante an Fläche zusammen.

Hartholzdübel werden in Durchmessern zwischen 6 mm und 10 mm verkauft. Ganz allgemein gilt: Die Dübellänge sollte eineinhalb mal die Stärke der zu verbindenden Bretter betragen.

Holzdübel benutzt man in Verbindung mit Leim. Der überschüssige Leim muß beim Fertigen der Verbindung entweichen können. Günstig sind dafür Dübel mit kannelierten (fein eingekerbten) Seiten und abgerundeten Enden. Wenn man glatte Dübel verwendet, schneidet man selbst am Dübel entlang dünne Ritzen ein.

Handwerkliche Techniken: Sägen und Schneiden

Messen und Anreissen

Man zeichnet zunächst mit einem harten Bleistift leicht die Linien an und zieht dann mit einem Reißmesser entlang einem Richtscheit, Anschlagwinkel oder Metallineal, eine scharfe, glatte Linie.

Wenn man ein Holzteil rundum markieren will, verwendet man einen Anschlagwinkel und drückt ihn mit dem Griff gegen die Stirnseite, die eine winklige Kante haben muß. Man zieht – vorzugsweise mit einem Messer – eine Linie am Winkel entlang. Dann zieht man mit Hilfe des Anschlagwinkels die Linien von der Stirnmarkierung über die Kanten nach unten. Zum Schluß setzt man den Anschlagwinkel an der anderen Stirnseite an und achtet darauf, daß die Linien rundum verlaufen.

Man verwendet dazu Lattenreste, 19 mm oder 25 mm. Durch die Abstandshölzer ist gewährleistet, daß alle Streben, die an einem Rahmen angebracht werden, den gleichen Abstand zueinander haben. Um die Länge der Abstandshölzer zu berechnen, schiebt man einfach alle Streben an einem Ende des Rahmens zusammen. Von da weg mißt man zum anderen Rahmenende und teilt diese Länge durch die Anzahl der benötigten Abstände (die man an den nebeneinanderliegenden Streben abzählen kann). Daraus ergibt sich die Länge, in der man die Abstandshölzer zuschneiden muß, um jede Strebe an der richtigen Stelle anzubringen.

Bei der Herstellung eines Rahmens ist es wichtig, daß alle Ecken einen exakten rechten Winkel haben. Es gibt zwei verschiedene Verstrebungsmethoden, mit denen man das gewährleisten kann.

Methode 3–4–5 Man mißt an einem Rahmenholz drei Einheiten ab und am angrenzenden vier Einheiten. Dann nagelt man eine Strebe genau in einen der abgemessenen Punkte. Den rechten Winkel stellt man her, indem man an der Verstrebung genau fünf Einheiten abmißt und diesen Punkt mit dem Meßpunkt am zweiten Rahmenholz zur Deckung bringt. Die Strebe bildet die Hypotenuse des Dreiecks. Ihre Enden werden bündig mit dem Rahmen abgesägt. Die Strebe bleibt solange am Rahmen, bis dieser fertiggestellt ist.

Methode mit dem Anschlagwinkel Man nagelt die Strebe auf ein Rahmenholz, bringt den Rahmen mit Hilfe des Anschlagwinkels in die rechte Form und nagelt die Strebe am zweiten Rahmenholz fest.

Keile sind sehr hilfreich, wenn man für den Zusammenbau große Rahmenteile auf der Werkbank festzwingen will. Man verwendet die Keile immer paarweise; für einen großen Rahmen braucht man wahrscheinlich mehr als ein Paar. Jedes Keilpaar wird aus einem Stück Holz, 38 × 38 × 330 mm, geschnitten (Hartholz ist in diesem Fall ideal).

Für die Keile wird das Holzstück diagonal in zwei Teile gesägt. Zur Verwendung der Keile nagelt man zunächst eine Holzlatte auf die Werkbank. Das Werkstück, das eingespannt werden soll, wird an die Latte geschoben. Parallel zur ersten Latte nagelt man 45 mm von dem Werkstück entfernt eine zweite Latte auf die Werkbank. Die Keile werden nun zwischen das Werkstück und die zweite Latte geschoben. Mit zwei Hämmern schlägt man dann die Keile nach innen fest, wodurch das Werkstück in jedem Fall fest eingespannt wird.

Sägen und Schneiden

Das Ablängen des Werkstücks von Hand. Man hält das Holz fest und läßt die Schnittlinie (s. Messen und Anreißen, oben) an der rechten Seite der Werkbank überstehen (falls man Rechtshänder ist). Das Sägeblatt wird senkrecht an die abzuschneidende Seite der Linie angelegt; der Schnitt beginnt mit einer Rückwärtsbewegung.

Damit das Sägeblatt zu Beginn des Sägens nicht verrutscht, drückt man mit dem Daumengelenk der anderen Hand seitlich kräftig gegen das Blatt.

Schlitzsägen von Hand. Das Holz oder Brett wird etwa in Kniehöhe aufgelegt. Man beginnt mit dem Schnitt wie oben beschrieben und sägt an der abzuschneidenden Seite der Linie entlang, indem man nur nach unten Druck ausübt.

1 Längs- und Rundummarkierung von Holz
An der Stirnseite des Holzes markiert man entsprechende Maße mit einer Reißnadel, die gegen die Kante des Anschlagwinkels gedrückt wird. Um die Ecken herum markiert man alle Seiten, bis sich die Linien wieder treffen.

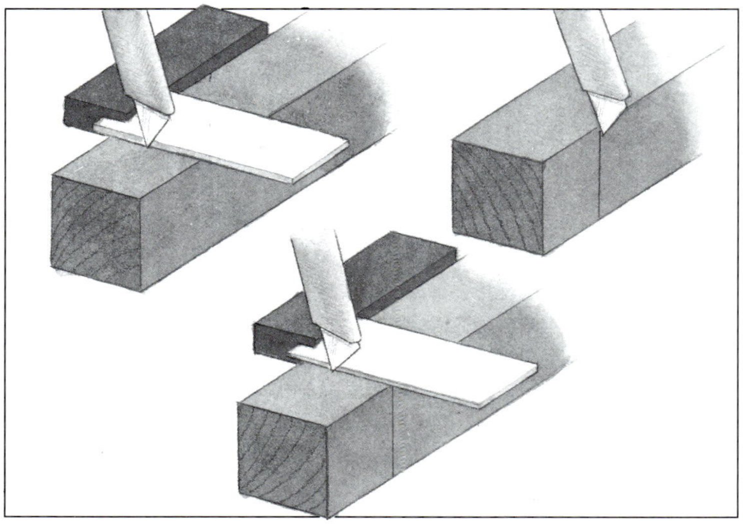

2 Abstandshölzchen
Man mißt den Abstand von den zusammengeschobenen Leisten bis zum Rahmenende und teilt ihn durch die Anzahl der benötigten Zwischenräume.

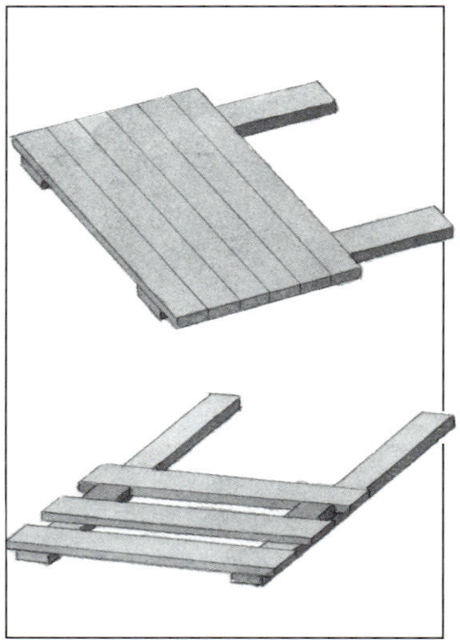

3 Herstellung von Keilen
Ein Holzstück wird diagonal durchgesägt. Auf die Werkbank nagelt man Latten. Die Keile werden zwischen Latte und Werkstück getrieben.

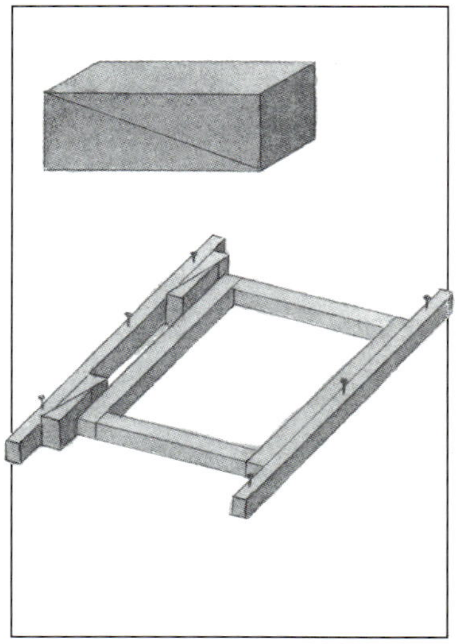

Verwendung einer tragbaren Motorsäge. Wenn die Schnittlinie nahe bei einer geraden Kante des Werkstücks liegt, wird die Säge an der Kante entlanggeführt. Den Anschlag der Säge stellt man so ein, daß die Schneide an der Schnittlinie verläuft.

Gewährleistung eines geraden Schnitts Wenn man Platten oder Bretter mit der Motorkreissäge oder der Dekupiersäge zuschneiden will, befestigt man am besten an der Oberfläche eine Führungslatte parallel zur Schnittlinie. Man kann dann die Kante des Sägetisches an der Latte entlangführen. Die Latte muß so angebracht werden, daß man an der abzuschneidenden Seite der Schnittlinie sägt. Je nachdem, auf welcher Seite der Schnittlinie die Führungslatte befestigt wird, kann bei einer Kreissäge das Motorgehäuse an die Latte oder die Schnellspannzwingen stoßen. In so einem Fall ersetzt man die Latte durch einen breiten Streifen geradkantiges Sperrholz und setzt die Befestigungszwingen weit genug weg.

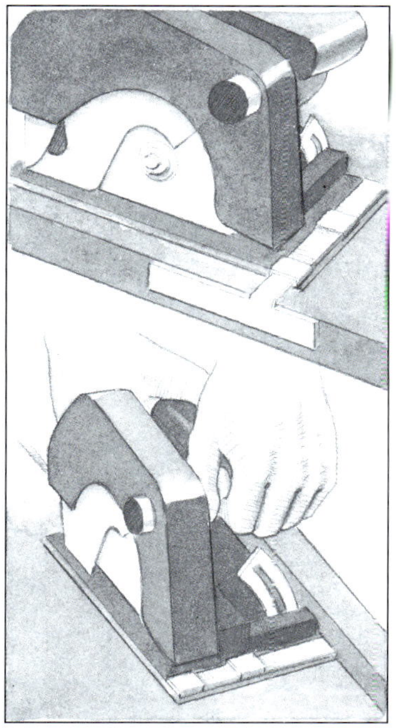

5 Gerades Schneiden mit der Motorsäge
Oben. **Wenn man nahe an einer Kante sägt, verwendet man den Führungsanschlag der Säge.** ***Unten.*** **Eine Latte dient als Führung für einen geraden Schnitt.**

SÄGEN EINES KREISES

Mit einer Laubsäge Man zeichnet den Kreis an, kerbt die Linie ein und bohrt direkt innerhalb des Kreises ein Loch von etwa 10 mm Durchmesser. Man löst das Sägeblatt an einer Seite, schiebt es durch das Loch und befestigt es wieder. Am besten hält man das Werkstück während des Arbeitens mit Zwingen senkrecht. Das Sägeblatt kann gedreht werden, damit man mit dem Rahmen nicht anstößt. Aber selbst diese Möglichkeit reicht eventuell nicht aus, wenn man weit im Innern eines Werkstücks zu sägen hat. In so einem Fall verwendet man eine Stichsäge.

Mit einer Stichsäge Eine Stichsäge hat ein steifes, spitz zulaufendes Sägeblatt, das an einem einfachen Handgriff befestigt ist. Es gibt sehr gut verwendbare Stichsägen, deren Sägeblatt in einen normalen Messergriff paßt.

Da diese Säge keinen Rahmen hat, ist sie ideal zum Sägen von Kreisen und anderen Öffnungen in einer Platte, wie etwa Schlüssellöchern. Man bereitet den Kreis auf die gleiche Art wie bei der Laubsäge vor. Bei der Stichsäge hält man das Sägeblatt senkrecht und sägt mit schnellen, kurzen Bewegungen ohne allzuviel Druck.

Fräsen von Nuten Die Nut wird zunächst mit dem Reißmesser angezeichnet. Man hält das Arbeitsstück auf der Werkbank fest und schneidet senkrecht an der Innenseite der Markierungslinien entlang so tief in das Holz ein, wie die Nut werden soll. Wenn die Nut breit ist, schneidet man zusätzlich mehrere Male senkrecht in das auszunehmende Holz. Nun stemmt man das Holz aus, jeweils von der Außenkante nach innen. Zum Schluß schält man den Boden der Nut mit der flachen Seite des Stemmeisens nach unten glatt aus.

Mit einem Fräskopf Man verwendet einen geraden Fräskopf, der auf die benötigte Tiefe eingestellt wird. Idealerweise hat der Fräskopf genau die Breite der Nut. Man schneidet an der Innenseite entlang der Markierungslinie. Als Führungsanschlag befestigt man mit Zwingen eine Latte.

4 Quer zur Länge sägen
Man hält das Holz gut fest. Zu Beginn des Sägens führt man das Sägeblatt mit dem Daumengelenk.

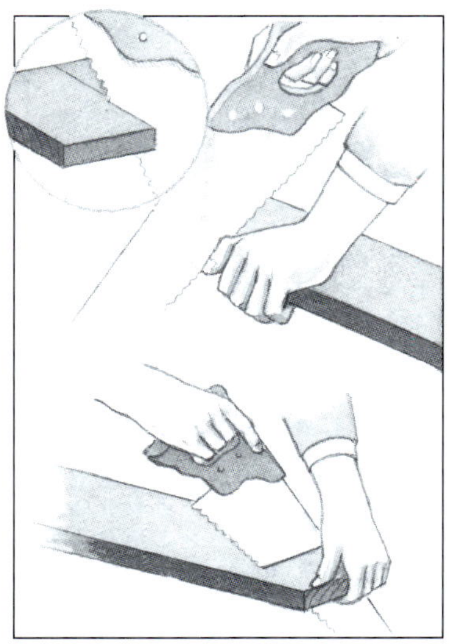

6 Sägen mit der Feinsäge
Man beginnt den Schnitt wie mit einer Handsäge. Beim Weiterschneiden hält man das Sägeblatt waagrecht.

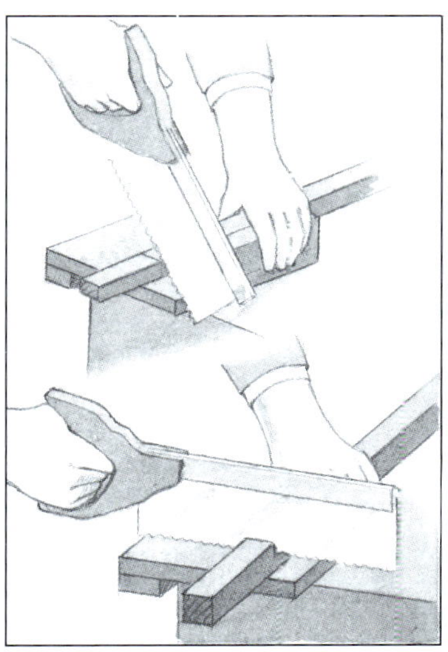

7 Gerades Sägen
Man befestigt mit Zwingen eine Latte an der Schnittlinie und sägt an ihr entlang. Mit einem Keil hält man den Schnitt.

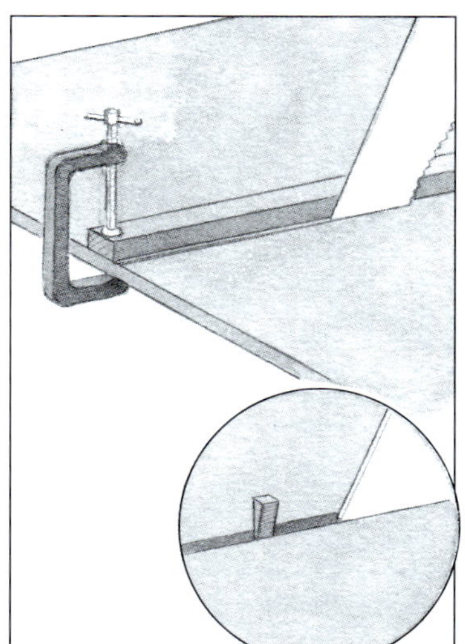

8 Sägen von Kreisen
1. Man bohrt ein kleines Loch und sägt den Kreis mit der Stichsäge aus.
2. Sägen mit der Laubsäge.

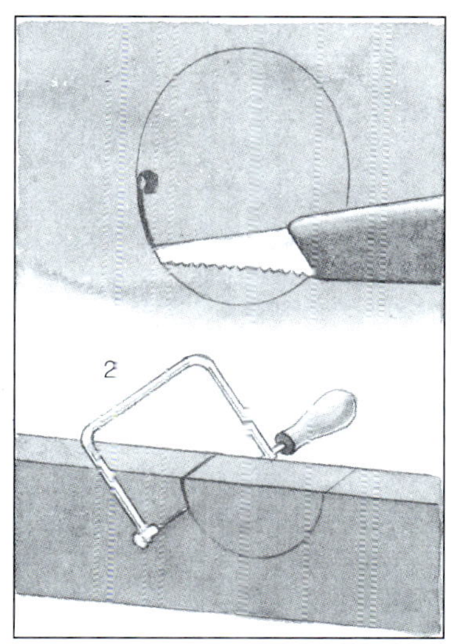

Handwerkliche Techniken: Bohren und Befestigen

Sägen von Falzen

Ein Falz ist ein L-förmiger Absatz an der Kante eines Holzstücks.

Von Hand Mit einem Streichmaß zeichnet man die Falzbreite oben und an den beiden Seiten eines Werkstücks an. Die Falztiefe markiert man am Ende und an der Seiten. Man legt das Holz auf eine Unterlage und sägt an der Falzseite der markierten Linie nach unten bis zur benötigten Tiefe. Stück für Stück stemmt man den Falz aus.

Mit einem Fräskopf Hierbei muß man den Falz nicht unbedingt anzeichnen, außer man möchte eine Führung zum Arbeiten. Es empfiehlt sich, zunächst an einem Holzrest eine Probefräsung zu machen, damit man den Fräskopf richtig ansetzt.

Wenn man einen geraden Fräskopf verwendet, macht man den Anschlag an der Maschine in der richtigen Breite fest. Dann stellt man die Frästiefe ein. Wenn die Maschine exakt eingestellt ist, braucht man sie nur noch eben auf das Werkstück zu setzen und entgegen der Drehrichtung zu bewegen. Wenn man einen Falzfräser mit Anlaufzapfen verwendet, braucht man nur die Schnittiefe einzustellen und kann dann die Maschine entlang der Holzkante bewegen. Der Fräskopf folgt allen Unregelmäßigkeiten im Holz, so daß man darauf achten muß, daß die Kante vollkommen gerade ist.

Hobeln

Von Hand Das Hobelmesser muß scharf und richtig eingestellt sein. Man steht leicht gegrätscht vor einer Seite des Werkstücks und hobelt von einem Ende des Werkstücks zum anderen. Zunächst ist der Druck fest auf der Führungshand, dann verlagert man ihn auf beide Hände, und kurz vor dem Ende liegt er auf der hinteren Hand. Das Ergebnis ist besser, wenn man den Hobel leicht schräg zur Holzmaserung ansetzt.

Mit einer Hobelmaschine Lockere Kleidungsstücke sollte man ausziehen und eine Schutzbrille und Staubmaske tragen. Das Werkstück wird mit Zwingen befestigt. Man stellt die Hobelmaschine an und justiert die benötigte Tiefe. Man beginnt immer mit einem flachen Schnitt und vertieft ihn, falls nötig.

Man steht bequem auf einer Seite des Werkstücks, hält den Hobel mit beiden Händen und führt die Maschine von einem zum anderen Ende. Wenn man fertig ist, stellt man die Maschine aus und vergewissert sich, daß die Messer zur Ruhe gekommen sind. Mit der Schnittiefeeinstellung auf Null stellt man die Maschine weg.

Bohren

Damit das Holz möglichst nicht reißt, bohrt man Schraublöcher entweder vor oder durch. Bei durchgebohrten Löchern ist das Loch im Durchmesser etwas kleiner als der Schaft der Schraube.

Ein vorgebohrtes Loch hat etwa die Hälfte des Durchmessers eines durchgebohrten Lochs. Von der Tiefe her ist das Loch etwas kürzer als die Schraube.

Bohren senkrechter Löcher Damit die Löcher wirklich senkrecht werden, befestigt man die Bohrmaschine an einem Bohrständer. Wenn das nicht möglich ist, stellt man einen Anschlagwinkel mit der Griffkante auf das Werkstück in die Nähe der Bohrstelle. Man orientiert sich am senkrecht stehenden Blatt und führt den Bohrer so nahe wie möglich daran entlang.

Schrauben

Wenn man zwei Holzteile miteinander verschraubt, muß man darauf achten, daß die Schraube zur Hälfte in das untere Holz dringt. Die Dicke der Schraube sollte nicht mehr als ein Zehntel der jeweiligen Holzbreite betragen. Man setzt die Schrauben in einem Abstand von der Seitenkante des Holzes, der fünfmal dem Durchmesser ihres Schaftes entspricht; von den Holzenden aus entspricht der Abstand zehnmal dem Durchmesser.

Nageln

Die richtige Nagellänge beträgt das Zweieinhalb- bis Dreifache der Stärke des Holzes, das befestigt werden soll. Man muß jedoch dar-

1 Ausstemmen einer Nut
Nachdem man die Nutseiten mit der Säge eingeschnitten hat, stemmt man von jedem Ende aus das überschüssige Holz weg.

2 Bohren senkrechter Löcher
Mit einem Bohrständer ist nicht nur das senkrechte Bohren gewährleistet, sondern man kann auch die Bohrtiefe einstellen.

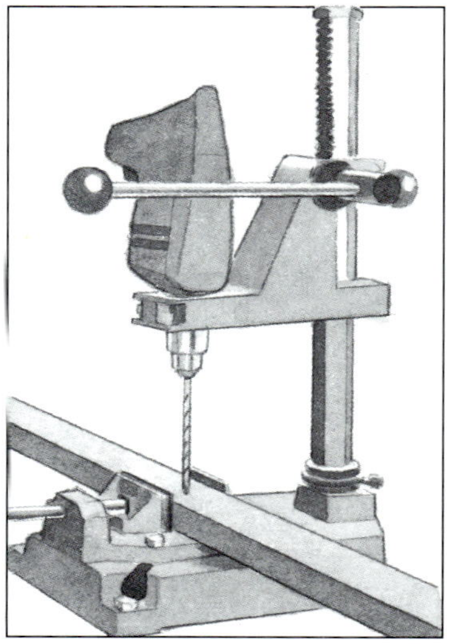

3 Freihändige Bohrführung
Für exaktes Bohren kann ein Anschlagwinkel eine gute Hilfe sein.

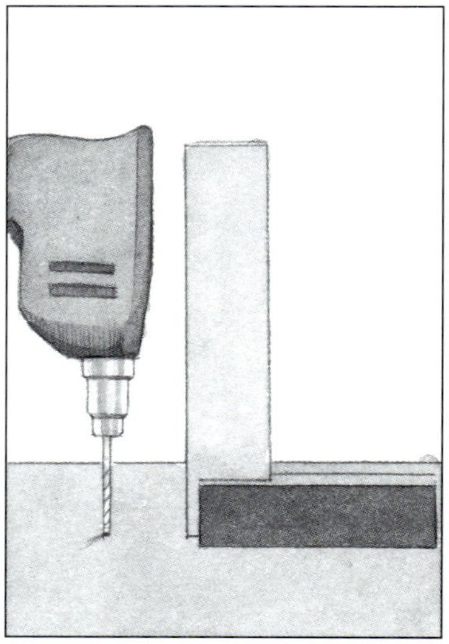

4 Bohrtiefemarkierung
Es gibt verschiedene Möglichkeiten, die Bohrtiefe zu kontrollieren, beispielsweise kann man Ringe oder Klebeband am Bohrer anbringen.

auf achten, daß der Nagel nicht zwei miteinander zu verbindende Holzteile durchdringt. Wo immer es möglich ist, nagelt man durch das dünnere Holzteil in das dickere.

Nägel fassen am besten, wenn man sie schräg einschlägt. Bei einer Reihe von Nägeln setzt man in entgegengesetzter Schräge an. Beim Zusammennageln von Rahmen werden die Nägel immer schräg gesetzt. Mit Zwingen oder Nägeln befestigt man vorrübergehend einen Holzklotz an einer Seite des senkrechten Teils, damit es nicht beim ersten Nagel, den man einschlägt, davonrutscht.

BEFESTIGUNGEN

Massive Wände Für normale Befestigungen an einer Massivwand nimmt man Holzschrauben und Plastik- oder Nylondübel. Bevor man das Dübelloch bohrt, überprüft man mit einem Metalldetektor, daß sich unter der Oberfläche keine Rohre oder Kabel verbergen. Man bohrt die Dübellöcher mit einem Steinbohrer auf der Bohrmaschine. Auf der Packung der Dübel ist angegeben, welche Bohrergröße verwendet werden soll. Wenn die Wand hart ist, muß man die Maschine auf Schlagbohren umstellen. Bei einer glatten Wand muß die Schraube lang genug sein, daß sie durch das zu befestigende Teil und 25 mm in die Wand geht; bei einer rauhen Wand müssen es 35 mm sein.

Wenn die Wand beim Bohren bröckelt, mischt man sich eine Spachtelmasse auf Zementbasis (in Heimwerkergeschäften erhältlich). Bevor die Spachtelmasse abbindet (nach etwa fünf Minuten), dreht man die Schraube eine halbe Umdrehung heraus. Wenn die Spachtelmasse ausgehärtet ist (nach etwa einer Stunde), wird die Schraube herausgedreht und die endgültige Befestigung ausgeführt.

Wenn der Bohrer unter dem Putz sehr leicht in die Wand geht und ein feiner grauer Staub aus dem Loch kommt, hat man es wahrscheinlich mit Gasbetonsteinen zu tun. In diesem Fall verwendet man spezielle Federklappdübel.

Für eine schnelle, leicht- bis mittelbelastete Befestigung im Mauerwerk kann man auch Mauernägel verwenden. Der Mauernagel muß so lang sein, daß er durch das zu befestigende Material in eine glatte Wand 15 mm, in eine rauhe 25 mm eindringt. Man sollte beim Einschlagen eine Schutzbrille tragen, falls der Nagel abbricht.

Hochbelastungsdübel Bei stabilen Konstruktionen verwendet man für die Wandbefestigungen Hochbelastungsdübel. Das Loch in der Wand muß tief genug sein, um den Dübel aufzunehmen. Den Herstellerhinweisen kann man den richtigen Durchmesser für das Loch entnehmen. Man drückt den Dübel in das Loch, führt die Schraube durch das zu befestigende Teil hindurch ein und zieht den Schraubenkopf mit einem Schraubenschlüssel fest. Dadurch wird der Dübel gespreizt und klemmt fest in der Wand.

Befestigung von Schalungen Schalungsbretter bringt man immer von unten nach oben an. Das erste Brett überprüft man mit der Wasserwaage. Ist es nicht genau waagrecht, werden alle darüberliegenden Bretter schief und sind nicht mehr zu befestigen.

6 Schräges Nageln gibt Festigkeit
Man hält die Rahmenteile mit einer Zwinge zusammen und verbindet sie mit schrägen Nägeln. Eine solche Verbindung wird sich nicht mehr lösen.

5 Schraublöcher in Holz bohren
Das dünnere Teil wird durchbohrt. Das Loch wird angesenkt. Dann bohrt man ein Loch nicht ganz so tief, wie die Schraube lang ist. Detailpunkt: Zum Versenken bohrt man ein Loch im Durchmesser des Schraubenkopfes in der benötigten Tiefe.

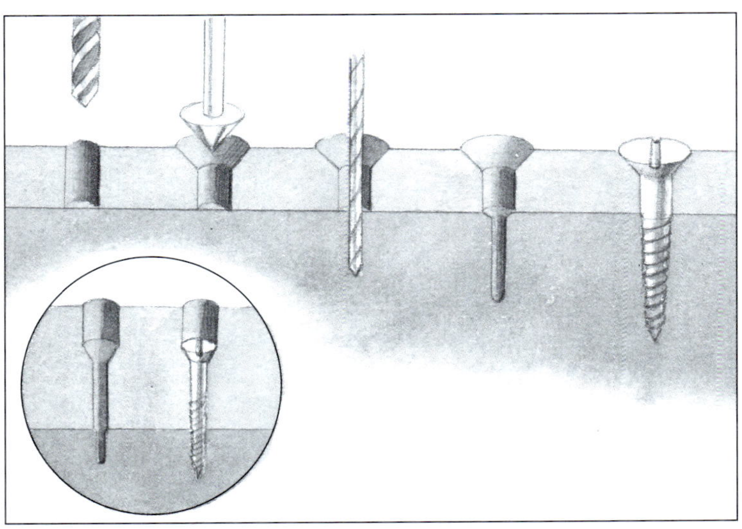

7 Techniken für genagelte Holzverbindungen
Die Nägel sollten zweieinhalb- bis dreimal so lang sein, wie das jeweilige Holz stark ist. Man setzt die Rahmenteile auf der Werkbank zusammen, indem man sie gegen eine Anschlaglatte nagelt. Detailpunkt: Nägel werden stumpf geschlagen.

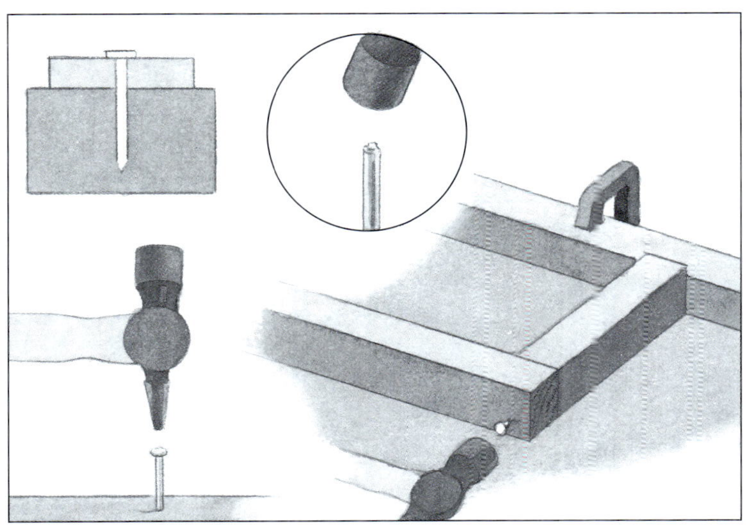

Handwerkliche Techniken: Befestigungen

Man nagelt durch die Mitte des ersten Brettes in jede der dahinterliegenden senkrechten Trägerlatten. Dafür verwendet man verzinkte Rundkopfnägel, 25 mm. Genügt eine Brettlänge nicht, um die ganze Breite der Verkleidung abzudekken, läßt man zwei Bretter jeweils über einer Trägerlatte dicht aneinanderstoßen.

Bei der Befestigung einer Wasserschlagschalung ist es wichtig, daß die einzelnen Bretter gleichmäßig übereinanderlappen. Man erreicht das mit einem Abstandshalter aus Restholz. Sind die Bretter 112 mm und der Abstandshalter 100 mm breit, bekommt man eine gleichmäßige Überlappung von 12 mm. Dazu legt man den Abstandshalter mit der Unterkante auf das zuerst befestigte Brett und das überlappende Brett oben auf. Man nagelt am unteren Rand des oberen Berettes durch den oberen Rand des darunterliegenden in die Latten.

Nut-und-Feder-Bretter werden befestigt, indem man schräg durch die Feder nagelt und den Kopf unter die Oberfläche versenkt. Die Nut des nächsten Brettes schiebt sich über die Feder und verdeckt dadurch den Nagel.

Eine Schiffsplankenverkleidung wird genauso befestigt, nur daß die Bretter nicht ineinandergreifen, sondern einfach überlappen.

Befestigung von Spalieren Spaliere befestigt man etwa 150 mm über dem Boden, damit sie unten nicht verrotten. Man stellt das Spalier auf Blöcke der entsprechenden Höhe, während man es an senkrechten Hölzern oder einer Wand befestigt. Mit der Wasserwaage überprüft man die waagrechten Leisten. Dann bohrt man durch die seitlichen Vertikalleisten des Spaliers Löcher, durch die verzinkte Nägel in den dahinterliegenden Pfosten geschlagen werden. Nagelt man direkt in das Spalier, besteht die Gefahr, daß das Holz reißt. Drei Befestigungen an jeder Seite sind ausreichend für ein 1800 mm hohes Spalier. Man kann auch spezielle Halterungen verwenden, die man an die Stützpfosten schraubt und dann das Spalier hineinschiebt. Wenn man das Spalier an der Wand befestigt, legt man an jeder Befestigungsstelle einen 25 mm dicken Holzklotz unter, um einen Abstand zu erhalten. Die Löcher werden vorgebohrt; zur Befestigung nimmt man Mauerdübel und etwa 75 mm lange, verzinkte 8,0 mm oder 10,0 mm Schrauben.

Befestigung von Pfosten und Stangen Auf Betonwegen und Grundplatten, die in Zement verlegt wurden, kann man Metallschuhe zum Befestigen von Pfosten verwenden. Die rechteckigen Platten mit einer Aufkantung zur Aufnahme der Pfosten werden festgeschraubt.

Metallschuhe werden in die Erde getrieben. Auch hier kommt der Pfosten in eine rechteckige Halterung und wird festgeklemmt. Da der Pfosten nicht in der Erde steckt, verrottet er unten nicht so schnell.

Befestigung von Scharnieren

Gerade Scharniere Diese Scharniere sind normalerweise aus Stahl, für qualitätsvollere Arbeiten aus Messing. Sie sind relativ einfach anzubringen. Allerdings muß man die Scharnierbänder in das Holz einlassen und braucht dafür ein Stemmeisen oder einen Fräser.

Man markiert am Rahmen des hängenden Werkstücks die Lage des Scharniers. Dabei ist darauf zu achten, daß die Befestigungsschrauben nicht ins Stirnholz von Querriegeln kommen.

Zunächst markiert man die Länge der Scharniere mit einem Reißmesser. Dann zeichnet man mit einem Streichmaß die Breite und die Stärke des Bandes an. Mit einem senkrecht gehaltenen Stemmeisen und einem Holzhammer sticht man innen an der Markierung entlang und dann noch ein paarmal in das zu entfernende Holz. Vorsichtig stößt man das Holz ab und glättet die Fläche mit der flachen Seite des Stemmeisens nach unten (Abb. 4).

Wenn man sorgfältig arbeitet, kann man auch einen Fräser mit geradem Kopf benützen. Der Fräskopf wird auf die benötigte Tiefe eingestellt. Anschließend putzt man die Ecken noch mit dem Stemmeisen aus.

Holzverbindungen

Stoßverbindung Sie ist die einfachste aller möglichen Rahmenverbindungen. Die Enden der zu verbindenden Hölzer müssen gerade abgeschnitten werden, so daß sie glatt aneinanderstoßen können. Man kann Eck- und T-Verbindungen herstellen, die geleimt und genagelt werden. Durch Wellennägel erhalten diese Verbindungen zusätzliche Haltbarkeit. Man nimmt sie vor allem dann, wenn die Teile verplankt werden, so daß man die Winkel nicht sieht. T-Verbindungen, die im Innern eines Rahmens gebildet werden, nagelt man schräg fest.

Überplattung Diese Verbindung verwendet man bei Holzteilen mit ähnlicher Stärke. Man kann Eck-, T- oder X-Verbindungen herstellen. Jedes Teil wird dabei auf halbe Stärke ausgeschnitten. Mit dem Anschlagwinkel markiert man die Breite des Ausschnitts; das

1 Befestigung von Schalungen
Oben. **Nageln durch die Feder.** ***Unten.*** **Abstandsholz für die Wasserschlagschalung.**

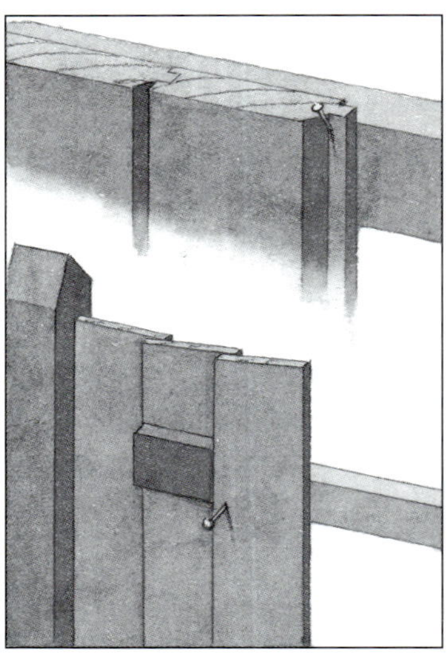

2 Befestigung von Spalierteilen
Spalierhalterungen werden an die senkrechten Stützpfosten geschraubt. Die Spalierteile werden hineingeschoben.

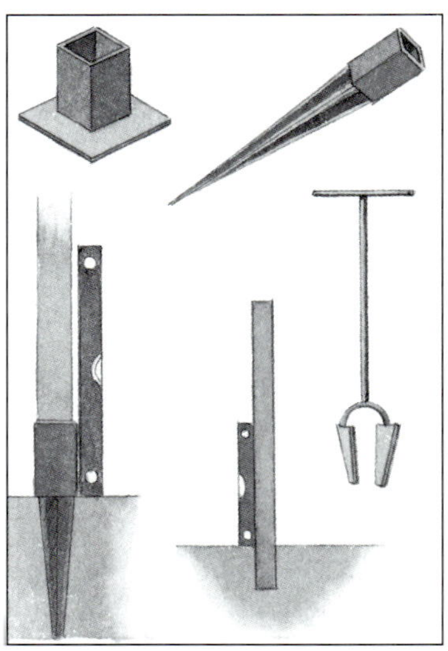

3 Befestigung von Pfosten
Links und oben rechts. **Metallschuhe halten die Pfosten.** ***Unten rechts.*** **Mit dem Handbagger hebt man ein Loch für den Pfosten aus.**

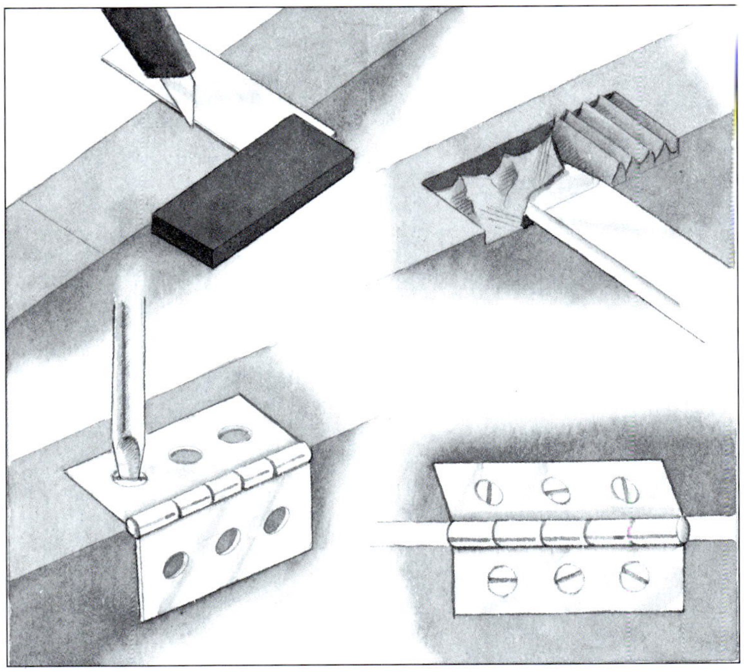

4 Einlassen eines Scharniers
Mit Anschlagwinkel und Reißmesser markiert man die Scharnierlänge, mit Streichmaß Breite und Stärke des Scharnierbands. Mit senkrecht gehaltenem Stemmeisen sticht man entlang der Markierung und einige Male in das auszuhebende Holz hinein. Das ausgehobene Holz wird entfernt. Dann überprüft man, ob das Scharnierband bündig sitzt. Das Scharnier wird festgeschraubt.

Streichmaß stellt man auf halbe Holzstärke ein, um die Tiefe anzureißen. Mit dem Bleistift streicht man das auszunehmende Holz durch, damit man nicht aus Versehen die falsche Seite nimmt. Eine Ecküberplattung behandelt man wie eine Zapfenverbindung. Für eine T- oder X-Überplattung sägt man jede Seite bis zur Mittellinie ein und verwendet zum Entfernen des Holzes ein Stemmeisen.

Stumpf genutete Verbindung Man verwendet sie vor allem beim Regalbau. Im Prinzip stellt man einen Schlitz her, in den das Regalbrett geschoben wird. Eine durchgehende, stumpf genutete Verbindung nimmt das ganze Brett auf; daneben gibt es auch die Möglichkeit, nur teilweise eine Nut anzubringen. Man stemmt das Holz von beiden Seiten aus. Läuft die Nut nicht über die ganze Breite, stemmt man von innen nach außen. Man kann die Nut auch mit einem Fräskopf ausfräsen. Der Fräser wird dabei an einer Latte entlanggeführt, die im rechten Winkel zum Brett mit Zwingen angebracht ist.

8 Verschiedene stumpf genutete Verbindungen
Oben. Durchgehende stumpf genutete Verbindung. *Mitte.* Durchgehende stumpf genutete Verbindungen. *Unten.* Stumpf genutete Verbindung.

5 Einfache Stoßverbindungen
Eckverbindungen (oben) und T-Verbindungen (unten) werden schräg zusammengenagelt oder mit Wellennägeln verbunden.

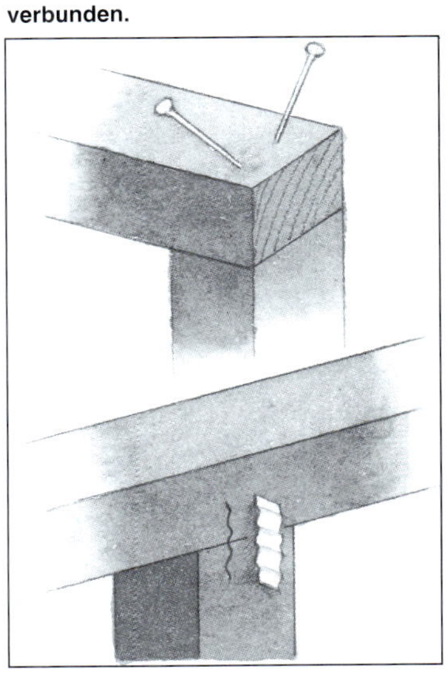

6 Verschiedene Überplattungen
Oben. Ecküberplattung.
Unten links. T-Überplattung.
Unten rechts. Kreuzüberplattung.

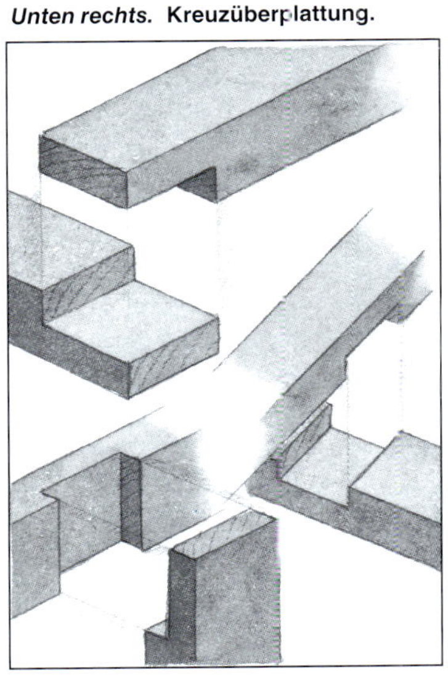

7 Fertigen der Überplattung
Die Breite des Ausschnitts wird markiert. Mit dem Streichmaß zeichnet man die halbe Holzstärke an. Der zu entfernende Teil wird durchkreuzt. Mit der Feinsäge schneidet man die Seiten nach unten ein und stemmt das Holz aus.

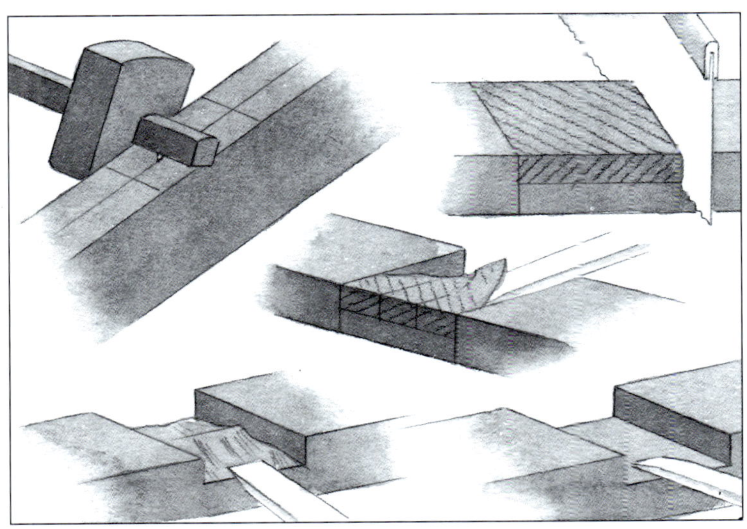

HANDWERKLICHE TECHNIKEN: HOLZVERBINDUNGEN

Dübelverbindung Dübel sind starke, einfache und nicht sichtbare Holzverbindungen.

Am besten verwendet man bereits zugeschnittene, kannelierte Dübel mit abgerundeten Ecken (siehe Materialien). Es gibt sie 6–25 mm im Durchmesser und 10–50 mm lang. Die Dübel sollten etwa eineinhalbmal so lang sein, wie das Holz stark ist.

An beiden Holzteilen mißt man mit einem Streichmaß die Mittellinie aus und zeichnet sie mit dem Bleistift an. Man bohrt die Dübellöcher in halber Dübellänge. Den Bohrer setzt man in einen Bohrständer, oder man behilft sich mit einem aufgestellten Anschlagwinkel. Man bohrt die Dübellöcher zunächst nur in ein Teil. Dann steckt man Dübelanreißer (Dübelfix) hinein und bringt die beiden Holzteile zusammen, so daß sie genau aneinanderpassen. Die Anreißer drücken sich in das andere Holzteil und markieren dadurch die Stellen für die Dübellöcher. Man bohrt die Löcher auf halbe Dübellänge plus einer kleinen Zugabe für den Leim. An Stellen, an denen die Dübel keiner großen Belastung ausgesetzt sind, setzt man sie Dreiviertel in die eine Kante und ein Viertel in die andere. In die Löcher füllt man Leim und klopft mit einem Holzhammer zunächst die Dübel in eines der Teile. Dann trägt man an beiden Verbindungsstellen Leim auf, fügt die Teile zusammen und spannt sie solange mit Zwingen fest, bis der Leim getrocknet ist.

Verwendung einer Bohrlehre Mit Hilfe einer Bohrlehre kann man Dübellöcher ganz genau bohren. Die Bohrlehre wird auf das Werkstück über die angezeichneten Bohrlöcher geklemmt. Man wählt eine Buchse im Durchmesser des Bohrers aus und setzt sie auf die Bohrlehre. Die Buchse hält den Bohrer während des Bohrens senkrecht. Eine Tiefenlehre garantiert die richtige Lochtiefe. Die Bohrlehre wird anschließend am anderen Holzteil angesetzt und der Vorgang wiederholt.

Gehrung Eine einfache Gehrung wird verleimt und mit Stiften gehalten. Für eine stärkere Verbindung nimmt man Dübel, oder man sägt diagonale Einschnitte, in die Federn geleimt werden. Die Gehrungswinkel von 45° sägt man mit Hilfe einer Gehrungslade.

Die Zapfenverbindung Eine Zapfenverbindung wird mit dem Zapfenstreichmaß angerissen. Der Zapfen wird so markiert, daß er ein Drittel der Holzstärke beträgt. Der Schlitz wird in gleicher Breite am anderen Holzteil angezeichnet. Die Schlitztiefe muß der Zapfenlänge entsprechen. Mit einer Reihe von Löchern bohrt man den Großteil des Schlitzes aus. Der Bohrer ist etwas kleiner als die Schlitzbreite. Von der Mitte aus hebt man mit dem Stemmeisen den Schlitz in der benötigten Tiefe aus. Wenn man eine Verbindung herstellt, bei der das Ende des Zapfens sichtbar

1 Plattenverbindung mit Dübeln
Rechts. **Die Dübelpositionen werden angezeichnet, die Dübelanreißer eingesetzt. Das zweite Teil wird markiert.**

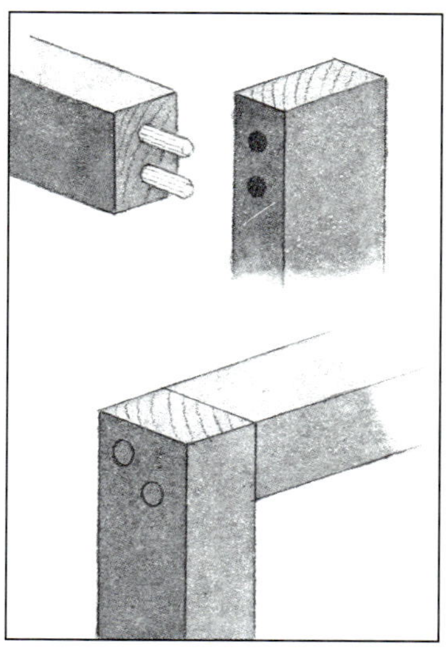

2 Verschiedene Dübelverbindungen
Mit Dübeln kann man die Kanten von Platten oder die Ecken von Rahmen zusammenfügen.

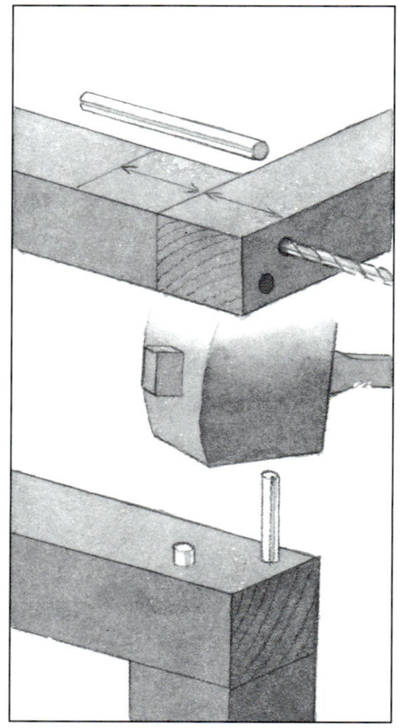

3 Gedübelter Rahmen
Sind die Kanten des Rahmens später nicht sichtbar, bohrt man die Löcher, nachdem der Rahmen zusammengesetzt ist. Man klopft die Dübel mit dem Hammer hinein.

4 Verwendung der Bohrlehre
Wenn die Dübel nicht sichtbar sein sollen, kann man mit einer Bohrlehre sehr einfach Löcher bohren.

ist, dreht man das Holz um und beendet das Ausstemmen des Schlitzes von der anderen Seite.

Das Holz mit dem Zapfen hält man senkrecht mit leichter Neigung vom Körper weg, spannt es in den Schraubstock ein und sägt mit der Feinsäge vorsichtig an der angerissenen Linie bis zur sogenannten Brustlinie. Dann dreht man das Holz um und sägt die andere Zapfenseite ein. Als nächstes stellt man das Holz senkrecht und vervollständigt die Zapfenschnitte. Zum Schluß legt man das Holz hin und sägt die beiden Abfallstücke ab. Bevor man die beiden Teile zusammensetzt und verleimt, prüft man, ob sie auch richtig passen. Für eine stärkere Verbindung kürzt man den Zapfen an beiden Enden, so daß weitere Leimflächen entstehen.

Einseitige Zapfenverbindung Wenn der Zapfen nicht in der Mitte sitzt, nennt man das eine einseitige Zapfenverbindung (Abb. 8). Sie eignet sich als Verbindung von dünnen mit dicken Leisten sehr gut.

6 Markieren und Schneiden einer Zapfenverbindung
Man markiert die Länge des Schlitzes entsprechend der Leiste, die verbunden werden soll. Das Zapfenstreichmaß stellt man entsprechend der Breite des verwendeten Stemmeisens ein. (Das Stemmeisen sollte ein Drittel so breit sein wie das Holz, das verbunden wird.) Mit dem Zapfenstreichmaß markiert man auf der jeweiligen Leiste Schlitz und Zapfen. Der Schlitz wird ausgebohrt, die Feinarbeit macht man mit dem Stemmeisen. Der Zapfen wird mit der Feinsäge geschnitten.

5 Schneiden von Gehrungen
Gehrungen ergeben rechtwinklige Verbindungen. Mit einer Gehrungslade als Führung schneidet man mit der Feinsäge das Holz im 45°-Winkel zu.

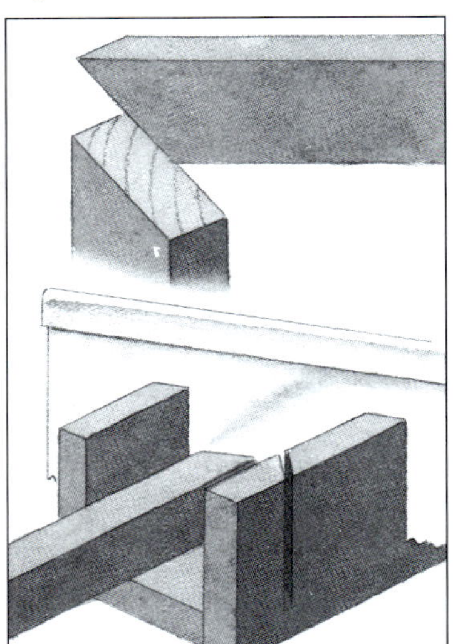

7 Zapfenverbindungen
Oben. **Gewöhnliche Zapfenverbindung.** ***Unten.*** **Durchgehende Zapfenverbindung.**

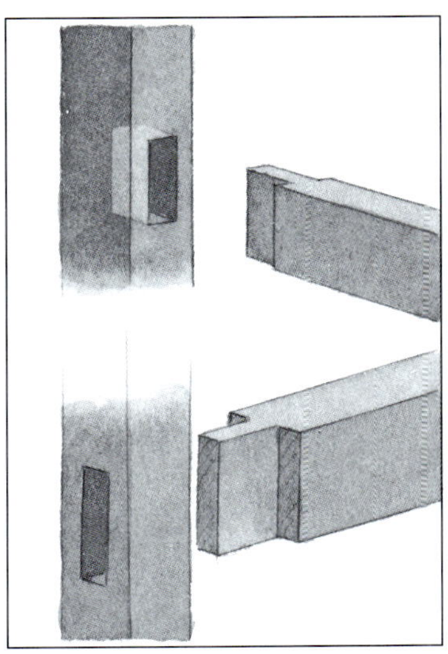

8 Einseitige Zapfenverbindung
Der Zapfen ist nach einer Seite versetzt. Man zeichnet ihn an und schneidet ihn aus wie abgebildet.

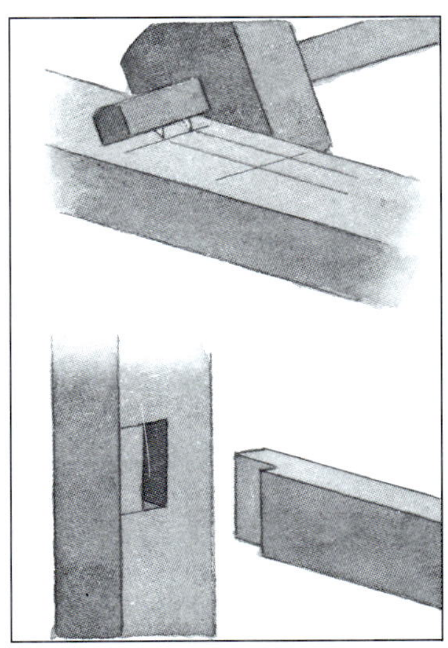

9 Verstärkte Zapfenverbindung
Zusätzliche Stärke bekommt ein Zapfen, wenn man ihn an jedem Ende kürzt und somit breitere Leimflächen erzeugt.

Handwerkliche Techniken: Maurerarbeiten

Werkzeuge

Meißel und Maurerfäustel Zum Teilen der Ziegel.

Eimer Man benötigt zwei gleich große. In einem werden die Mörtelbestandteile abgemessen, im anderen der Zement.

Maurerwinkel Drei Latten im Verhältnis 3:4:5 werden zu einem rechtwinkligen Dreieck zusammengenagelt. Man überprüft damit, ob jede Schicht senkrecht ist.

Eichstab Das Holz, 25 × 25 mm, hat alle 75 mm eine Markierung. Man überprüft damit, daß die einzelnen Ziegelschichten waagrecht verlaufen. Im ganzen sollte es etwas länger als die Mauerhöhe sein, die man zu bauen beabsichtigt.

Maurerkelle Damit verteilt man den Mörtel auf den Ziegeln.

Mörtelbrett Zum Halten kleiner Mengen Mörtel.

Fugenkelle Kleine Kelle zum Verfugen.

Profilbrett Man nagelt ein etwa 500 mm langes Holzreststück an zwei Latten, die in den Boden getrieben werden. Man braucht für jedes Ende der Mauer ein solches Brett. An der Oberkante ist das Brett in Abständen eingekerbt. Die Kerben entsprechen den Kanten der Fundamentstreifen und der Mauer. Über die Kerben spannt man zwischen den Brettern Schnüre, an denen man sich beim Hochziehen der Mauer orientiert.

Schaufeln Man benötigt zwei Schaufeln, eine zum Mischen und eine andere, um den Zement aus dem Sack zu heben.

Wasserwaage Wichtig zum waagrechten und senkrechten Überprüfen der Mauer.

Schnur Benötigt man als Führung, damit die Ziegelschichten waagrecht liegen.

Wasserkanne Um der Mörtelmischung Wasser zuzusetzen.

Materialien

Ziegel Für Ziegel gibt es ein Normalformat: 240 × 115 × 72 mm. Da man längs und quer eine 10 mm dicke Mörtelschicht vorsehen muß, rechnet man am besten mit einem Maß von 250 × 125 × 81 mm.

Ziegel gibt es in vielen Farben und Strukturen. Man wählt eine Art aus, die zum Garten und zum Haus paßt. Gebrauchte Ziegel sind sehr geeignet für Gartenprojekte, da sie sich gut in die Umgebung einpassen. Im Bauhandel ist eine Auswahl an Ziegeln vorrätig. Bei Abbruchhäusern oder Altmaterialsammelstellen findet man gebrauchte Ziegel.

Mörtel Mit diesem Material werden die Ziegel verbunden. Mörtel ist eine Mischung aus Zement, Sand und Kalk oder Weichmacher im Verhältnis 1:5:1 mit Wasser. Man kann auch fertiggemischten Mörtel kaufen, doch das ist nur für kleine Arbeiten, wie etwa Reparaturen, rentabel.

Normalerweise verwendet man gewöhnlichen Portland-Zement (wird in 50-kg-Säcken verkauft). Es gibt allerdings auch weißen Portland-Zement, den man verwendet, wenn man bei hellen Ziegeln gleichfarbige Fugen haben möchte. Maurersand wird kubikmeterweise verkauft. Die meisten Baustoffhändler geben allerdings auch kleinere Mengen ab. Große Mengen werden direkt vom Lastwagen lose abgeladen.

Kalk wird in Tüten gehandelt, flüssiger Weichmacher in Kanistern.

Bei der Berechnung der benötigten Mengen kann man davon ausgehen, daß man für 400 Ziegel einen Sack Zement und 0,2 m^3 feuchten Sand benötigt.

Zement lagert man abgedeckt und nicht direkt auf dem Boden. Ein Sandhaufen wirkt auf Kinder und Tiere unwiderstehlich, und man sollte ihn deshalb ebenfalls abdecken.

Mörtel mischt man auf einer sauberen Oberfläche. Bei heißem Wetter mischt man jeweils nur soviel, wie man in einer Stunde verarbeiten kann, da der Mörtel dann bereits abbindet. Abgebundenen Mörtel sollte man nie mit Wasser wieder weich machen, da er sonst reißt. Wenn es sehr heiß ist, taucht man am besten jeden Ziegel vor dem Verarbeiten in Wasser.

Zuerst mischt man alle Bestandteile zusammen, bis man einen gleichmäßig grauen Haufen hat. In die Spitze macht man eine Vertiefung, gießt etwas Wasser hinein und mischt es unter. Nach und nach fügt man mehr Wasser hinzu, bis der Mörtel die Konsistenz von Butter hat. Man kann das überprüfen, indem man mit der Schaufel in den Haufen sticht. Wenn die Spuren nicht mehr zusammenfallen, stimmt die Zusammensetzung.

Techniken

Legen des Fundaments
Wenn die Ziegelmauer kein festes Fundament hat, wird sie sich ziemlich schnell senken. Im Zweifelsfall legt man lieber ein Fundament.

Einen niedrigen Pflanzbehälter oder einen Grill kann man durchaus auf eine ebene Veranda oder Einfahrt bauen. Alle anspruchsvolleren Projekte benötigen allerdings ein genau passendes, solides Betonfundament. Für eine bis zu einem Meter hohe Gartenmauer hebt man einen 500 mm breiten und tiefen Graben aus. Den Graben füllt man bis auf 230 mm mit Beton. Für eine einen Ziegel starke Mauer benötigt man einen 300 mm breiten und

1 Einfaches Ziegelfundament
Man hebt einen Graben aus und betoniert, wie angegeben, ein Fundament.

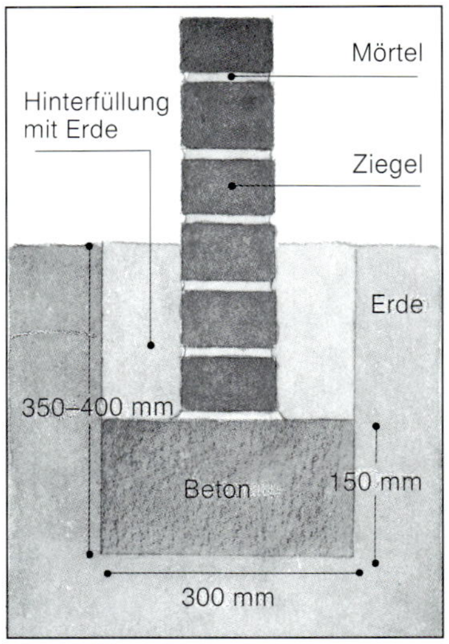

2 Das Verlegen der beiden ersten Ziegel
Beim Verlegen des ersten Ziegels orientiert man sich an dem Profilbrett.

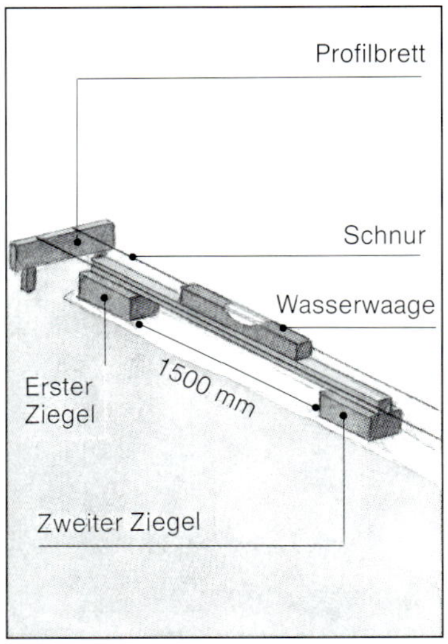

3 Das Verlegen der zweiten Schicht
Man beginnt mit einem halben Ziegel, um die Reihe zu versetzen.

350–400 mm tiefen Graben mit einem 150 mm tiefen Betonfundament. Die Betonmischung besteht aus einem Teil Zement und vier Teilen Kies. Man läßt das Fundament vier Tage durchhärten. Bei feuchtem Wetter bedeckt man es mit einer Plastikfolie, bei heißem Wetter legt man feuchtes Sackleinen darüber und besprüht es hin und wieder mit Wasser.

Spalten der Ziegel Bevor man einen Ziegel spaltet, reißt man rundum mit dem Meißel und dem Maurerfäustel eine Linie an. Dann legt man den Ziegel auf einen Sandhaufen und stellt die Schneide des Meißels in die Kerbe. Mit einem kräftigen Hammerschlag erhält man saubere Bruchstellen.

Mauerverbände Die Mauern müssen der Stabilität halber in Verbänden errichtet werden. Einige Beispiele sind in Abbildung 7 gezeigt. Läuferverband und offener Verband eignen sich für Mauern in der Stärke eines Ziegels bis zu einer Höhe von einem Meter. An beiden Enden und im Abstand von 1800 mm benötigt man, wie abgebildet, Stützpfeiler (Abb. 5).

Bei einer zwei Ziegel starken Mauer muß man die Ziegel für die Ecken spalten, damit die Stoßfugen nicht übereinandersitzen.

Verlegen der Ziegel An jeder Seite des Fundamentgrabens zieht man Schnüre, an denen man sich beim Verlegen der ersten Ziegelschicht orientiert. Aus Holzresten stellt man sich Profilbretter her und kerbt sie entsprechend ein, je nachdem, ob man eine ein- oder doppelreihige Mauer baut. In die Kerben spannt man die Schnüre fest ein.

Man verteilt über eine Länge von etwa 1500 mm Mörtel und legt den ersten Ziegel mit der Einbuchtung nach oben aus. Einen zweiten Ziegel plaziert man etwa im Abstand von 1500 mm. Über die beiden Ziegel legt man ein gerades Stück Holz und darauf die Wasserwaage. Den höheren Ziegel drückt man mit der Kelle nach unten, bis beide auf gleicher Ebene sind. Die Mörtelschicht sollte etwas dicker als 10 mm sein, da sie von den Ziegeln noch zusammengedrückt wird.

Bei jedem verlegten Ziegel streicht man an die Stoßkante eine etwa 10 mm dicke Schicht Mörtel und schiebt den nächsten dagegen. Mit Hilfe einer Wasserwaage und Kelle wird jeder Ziegel auf die gleiche Ebene gebracht. Auf diese Art beendet man die erste Schicht.

Die zweite Schicht beginnt man mit einem halbierten Ziegel. Man baut zuerst, wie abgebildet (Abb. 4), die Enden hoch, mit denen man immer drei bis vier Schichten im voraus ist. Die jeweils fertigzustellende Schicht wird entlang einer gespannten Schnur gemauert, die man mit Kammnägeln an der nächsthöheren Schicht befestigt. Mit dem Eichstab überprüft man laufend, ob jede Schicht richtig liegt. Desgleichen kontrolliert man, ob die Stirnseite des Mauerwerks im Lot ist.

Die oberste Ziegelschicht (Mauerkrönung) schützt die Mauer gegen Verwitterung. Bei einer einziegeligen Mauer stellt man halbe Ziegel hochkant. Eine doppelziegelige Mauer beendet man mit ganzen, hochkant gestellten Ziegeln.

Glätten der Fugen Am besten glättet man die Fugen nach jeder fertiggestellten Ziegelschicht.

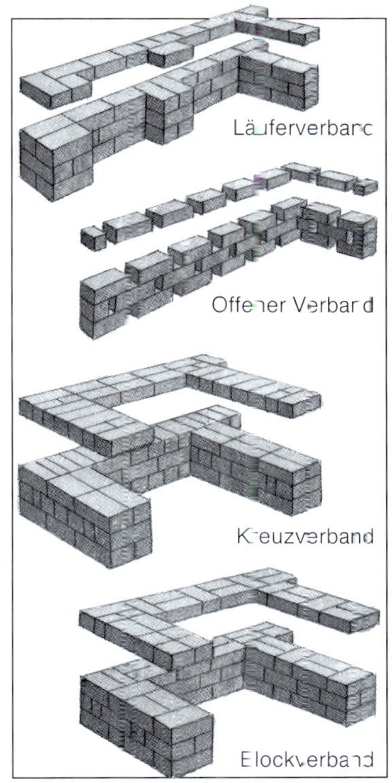

7 Mauerverbände
Jede Schicht ist versetzt zu der darüber- und darunterliegenden. Die Abbildung zeigt vier übliche Verbände.

4 Verlegen der Schichten
Man zieht die Mauer zuerst an den Enden hoch und füllt dann die Ziegel dazwischen schichtweise auf.

5 Stützpfosten
Bei langen Mauern versetzt man die Ziegel, wie abgebildet, und baut so alle 1800 mm Stützpfeiler.

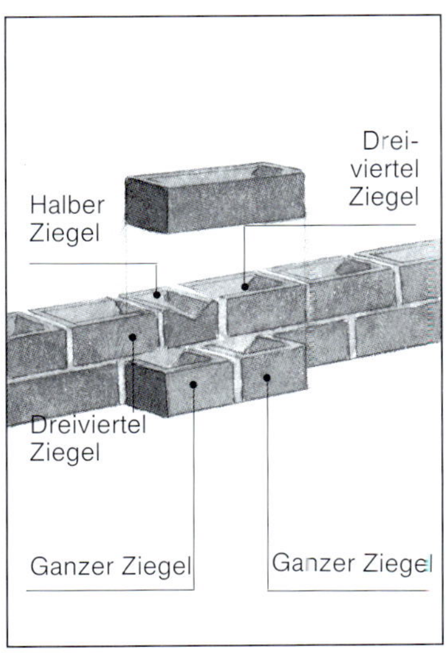

6 Bildung der Enden
Aus halben und ganzen Ziegeln bildet man den Verband an den Enden.

8 Spalten eines Ziegels
Um die Ziegelseiten herum reißt man eine Linie an. Dann legt man den Ziegel auf einen Sandhaufen.

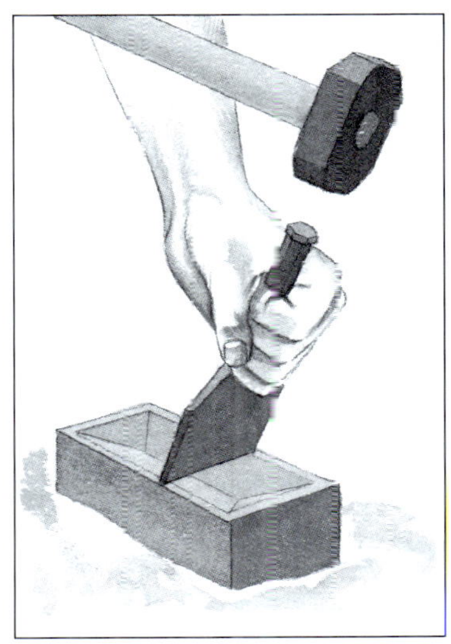

Register

DANK

Der Verlag dankt folgenden Fotografen und Institutionen für ihre Reproduktionserlaubnis:
o. = oben, u. = unten, M. = Mitte, r. = rechts, l. = links

8 l. Brigitte Thomas; **8** r. Gary Chowanetz/Elizabeth Whiting & Associates; **9** Lamontagne; **10** l. Brigitte Thomas; **10** r. Jerry Harpur/Conran Octopus (designer Tim Du Val); **11** l. Marijke Heuff (designer K Noordhuis); **11** o. r. Brigitte Thomas; **11** u. r. Marijke Heuff (The Coach House – Little Haseley); **12** o. l. Lamontagne; **12** o. r. Ron Sutherland/Garden Picture Library (Design Rick Eckersley); **12** M. l. René Stoeltie; **12** M. r. Georges Lévêque; **12** u. l. Brigitte Thomas; **12** o. r. Arnaud Descat/Agence Bamboo; **13** o. l. Bent Rej; **13** o. r. John Glover/Garden Picture Library; **13** M. l. Lamontagne; **13** M. r. Lars hallen; **13** u. l. Tim Street-Porter/Elizabeth Whiting & Associates; **13** o r. Georges Lévêque; **14** l. Gilles de Chabaneix for Terence Conran; **14** M. Lamontagne; **14** r. Gary Rogers/Garden Picture Library; **15** Brigitte Thomas; **16** Marijke Heuff (Design Mien Ruys, Dedemsvaart); **17** Georges Lévêque; **18** o. l. Lamontagne; **18** o. r. Georges Lévêque; **18** M. l. Ron Sutherland/Garden Picture Library; **18** M. r. Gary Rogers; **18** u. l. Brigitte Thomas; **18** o. r. Ron Sutherland/Garden Picture Library; **19** o. l. Brigitte Thomas; **19** o. r. Steven Wooster/Garden Picture Library; **19** M. l. Anthony Paul/Garden Picture Library; **19** M. r. Lamontagne; **19** u. l. Lamontagne; **19** u. r. Ron Sutherland/Garden Picture Library; **20** o. Georges Lévêque; **20** u. l. Belle (Geoff Lung); **20** u. r. Georges Lévêque; **21** o. Tim Street-Porter/Elizabeth Whiting & Associates; **21** o. l. Bent Rej; **21** o. r. Rodney Hyett/Elizabeth Whiting & Associates; **43** Neil Lorimer/Elizabeth Whiting & Associates; **45** Lars Hallen (M-L Rosenbroijer); **46** l. Andrew Payne/Garden Picture Library; **46** M. René Stoeltie; **46** r. Gary Rogers/Garden Picture Library; **47** Brigitte Thomas; **48** Lamontagne; **49** l. Gillian Darley/Edifice; **49** r. S & O Mathews; **50** l. Marijke Heuff (designer K Noordhuis); **50** M. Andrew Lawson; **50** r. Brigitte Thomas; **51** o. Oliver Gregory; **51** u. l. Andrew Lawson; **51** u. r. Marijke Heuff (Mr & Mrs Brinkworth); **70** Boy Syndication; **74** Marijke Heuff (Mr F Tiebout and Mr F de Greeuw); **76** Marijke Heuff (Mr & Mrs Adriaanse-Quint); **78** l. Brigitte Thomas; **78** M. Lamontagne; **78** r. Brigitte Thomas; **79** Ron Sutherland/Garden Picture Library; **80** Nexus Designs, Melbourne, Australia; **81** o. l. Christian Sarramon; **81** o. r. Lamontagne; **81** u. Georges Lévêque; **82** Hugh Palmer; **82** u. l. Ron Sutherland/Garden Picture Library (designer Murray Collins); **82** u. r. Lamontagne; **83** o. Brigitte Thomas; **83** u. l. Eric Crichton; **83** u. r. Lamontagne; **94** Lamontagne; **96** l. Joanne Pavia/Garden Picture Library; **96** M. Brigitte Thomas; **96** r. Brigitte Thomas; **97** Hugh Palmer; **98** o. Brigitte Thomas; **98** M. Lamontagne; **98** u. Georges Lévêque; **99** Hugh Palmer; **100** o. l. Georges Lévêque; **100** o. r. Philippa Lewis/Ediface; **100** M. l. Lamontagne; **100** M. r. Marijke Heuff; **100** u. l. Lamontagne; **100** u. r. Houses & Interiors; **101** o. l. Brigitte Thomas; **101** o. r. Philippa Lewis/Ediface; **101** M. l. Philippa Lewis/Ediface; **101** M. r. Gary Chowanetz/Elizabeth Whiting & Associates; **101** u. l. Ron Sutherland/Garden Picture Library; **101** u. r. Gary Chowanetz/Elizabeth Whiting & Associates; **102** l. Hugh Palmer; **102** r. Georges Lévêque; **103** o. Brigitte Thomas; **103** u. Gilles de Chabaneix for Terence Conran; **124** l. Lamontagne; **124** M. Georges Lévêque; **124** r. Lamontagne; **125** Georges Lévêque; 126 l. Jerry Harpur/Elizabeth Whiting & Associates; **126** r. Gary Rogers/Garden Picture Library; **127** Brigitte Thomas; **128** Jerry Harpur/Elizabeth Whiting & Associates (designed by Clifton Nurseries); **129** o. Erich Crichton; **129** u. l. S & O Mathews; **129** u. r. Georges Lévêque.
Folgende Fotos wurden speziell für dieses Buch von Nadia Mackenzie aufgenommen:
1–7, 23–39, 53–69, 85–92, 105–121, 131–139.

Der Verlag dankt darüber hinaus im folgenden für ihre unschätzbare Unterstützung dieses Buches:
Jonathan Chidsey, Lady Caroline Conran, Vana Hegarty, Gordon Hurden, Gareth Jones, Sian Jones, Wendy Jones, Harold Lee, Steve Stonebridge und allen bei Benchmark Woodworking Ltd., Alan Rayer und den Mitarbeitern von Servis Filmsetting Ltd., Hickson Timber Products Ltd., Bridget Boboano und dem Conran Shop, dem Administrator von Castle Drogo und dem National Trust.

Die Entwürfe in diesem Buch wurden von Sean Sutcliffe von Benchmark Woodworking Ltd. gebaut.
Besonderer Dank geht an Sir Terence Conran für die Original-Entwurfsskizzen und an Paul Bryant für seine Illustrationen.